U0944002

湖北省人文社会科学重点研究基地中南民族大学
中南少数民族审美文化研究中心

名誉主编◎范　曾
主　　编◎彭修银

民族美学

（第3辑）

中国社会科学出版社

图书在版编目(CIP)数据

民族美学．第3辑/彭修银主编．—北京：中国社会科学出版社，2015.8

ISBN 978-7-5161-6646-8

Ⅰ.①民…　Ⅱ.①彭…　Ⅲ.①少数民族—美学—研究—中国　Ⅳ.①B83

中国版本图书馆CIP数据核字(2015)第166992号

出版人　赵剑英
选题策划　郭晓鸿
责任编辑　熊　瑞
责任校对　郝阳洋
责任印制　戴　宽

出　　版　中国社会科学出版社
社　　址　北京鼓楼西大街甲158号
邮　　编　100720
网　　址　http://www.csspw.cn
发行部　010-84083685
门市部　010-84029450
经　　销　新华书店及其他书店

印　　装　北京君升印刷有限公司
版　　次　2015年8月第1版
印　　次　2015年8月第1次印刷

开　　本　710×1000　1/16
印　　张　19.5
插　　页　2
字　　数　272千字
定　　价　69.00元

凡购买中国社会科学出版社图书，如有质量问题请与本社联系调换
电话：010-84083683

目　　录

艺术人类学

身体美学

生态美学

少数民族美学

少数民族文学研究

艺术人类学

风格、文化价值和挪用：西方艺术人类学历史中的三种范式

威尔弗雷德·范·丹姆　著　李修建　译

（荷兰莱顿大学）

摘要：本文选取西赤道非洲的芳族雕像作为个案研究，探讨了西方半个世纪以来的艺术人类学的三种范式。第一种范式是风格分析，将雕像本体及形态特征作为研究对象。这种定量分析方法旨在区分雕像风格以及亚风格，其目的是对于芳族的艺术生产作出地理定位。这样的类型学方法被认为带有殖民根源，服务于监管与控制的目的。第二种范式是定性分析，关注的是意义而非形式。在本土研究基础之上，人类学家将芳族雕像看做是芳族社会文化价值系统的体现。这种方法是建立在田野调查基础之上的，突出文化的独特价值与思维方式，这种方法被认为是古典文化人类学范式，承袭了博厄斯在美国所开创的学派，这种研究传统起源于19世纪的德国。第三种范式是后殖民方法。这种范式考察了自19世纪雕像进入欧洲以来西方艺术家、收藏家以及博物馆对于芳族雕像的态度。这种方式关注对这些物品的挪用，包括将它们重新标识为“艺术品”，以及它们在国际艺术市场上的商品化。

最近三十年，“艺术人类学”这一术语在西方学术界变得流行起来，它通常指的是对西方之外的小规模社会中的艺术进行研究，或者从社会文化语境出发对艺术进行研究。事实上，这正是“艺术人类学”所具有的两个特点，在法文或英文版的维基百科上检索这一术语就能看到。20世纪的大部分时期，尤其是第二次世界大战之后，西方大量的艺术人类学研究正是融合了这两个特点，前者指的是特定的研究主题，后者指的是一种特定的研究方法，在当地社区的社会文化环境中探讨视觉艺术，尤其是非洲和大洋洲的艺术。

很明显也很遗憾的是，“艺术人类学”这一术语极少在其词源学的正确意义上被使用，即人类的艺术研究（“人类学”字面上指的是对人的研究，源于古希腊语中的人“*anthropos*”）。幸运的是，世界艺术研究的新领域开始这样做了：将视觉艺术视为人类过去和现在生活中的一个维度进行研究。当前存在的“艺术人类学”的各种形式对世界艺术研究和艺术人类学研究皆有裨益，能够加深对人类现象的视觉艺术的理解。① 人们希望并且相信，当代多样的“艺术人类学”并非仅在西方学界有所发展，在不同语境中都得到了发展，它最终对于探讨人类生活的艺术之维这一科学目标同样有所助益。

大多数艺术人类学的研究目标显然要比它适度得多。本文将以年代为序，考察过去五十年来西方艺术人类学界所采取的三种典型方法。笔者将以赤道非洲的芳族雕像的研究文献为例，来阐述这三种视角。西方学者关

---

① 对世界艺术研究的介绍，参见 *World Art Studies: Exploring Concepts and Approaches*（《世界艺术研究：概念与方法探讨》），ed. Kitty Zijlmans and Wilfried van Damme（Amsterdam: Valiz，2008）。*The Anthropology of Art: A Reader*（《艺术人类学读本》）ed. Howard Morphy and Morgan Perkins（London: Blackwell，2006）对20世纪西方艺术人类学的研究提供了概观。当代西方艺术人类学的更多研究（注意，像西方人类学传统上所研究的当代艺术的文化生产等此类话题在国际艺术界很是流行），参见 *Exploring World Art*（《探索世界艺术》），ed. Eric Venbrux，Pambrux Rosi，and Robert Welsch（Long Grove，IL: Waveland Press，2006）。

注雕像的什么方面？他们想得到什么？他们的分析框架是什么？他们所应用的方法的理论基点是什么？笔者所要思考的三种方法或范式可以概括为：风格方法，关注于形式和图案；文化主义的方法，集中于地方性意义和价值；后殖民方法，分析西方对芳族雕像的挪用。

一　赤道非洲的芳族雕塑

目前，在西赤道非洲，居住着约一百万人口，口操班图语，他们就是通常所说的芳族。现今在非洲的三个国家能看到芳族人：南喀麦隆、赤道几内亚和西北加蓬。他们是晚近才迁到非洲中西部这些地区的。根据他们的口头传统，芳族起源于他们现今栖居地东北处的草原地区。他们刀耕火种，逐渐迁移到了西南方向的热带雨林里。直至20世纪早期，他们才具备了到达大西洋沿岸的条件。彼时，大西洋海岸已经吸引了大批西方人——商人、猎人、探险者、反奴隶活动者、传教士，以及最后到来的殖民者。

19世纪下半叶，芳族出现在了西方人的文献中，当时，欧洲和北美的旅行家沿着海岸进入了赤道雨林，并提及他们遇到了芳族人。在有关芳族人的风言风语中，他们被视为食人族，以好勇斗狠出名，总之，许多西方人对芳族人从来就没有好印象。

直至19世纪末期，芳族面具和雕像首次进入欧洲，尤其是法国。20世纪早期，芳族面具和图形引起了如今被归入现代先锋派之列的法国艺术家的注意，并对他们产生了影响。这些谦逊的艺术家，尽管创作上受到非洲雕像的形式特征的启发，但似乎很少关心这些物品在其原初环境中的意义和功能，也很少关心它们的制作者。

时至今日，芳族面具的社会文化语境仍然研究得不够，不过在20世纪早期，人们已经知道芳族雕像是用于祖先崇拜的。简而言之，芳族的男性和女性雕像名为 *beyima birei*（“祖先崇拜人物”），它们被用来保护盛在树皮制成的圆桶里的祖先的头颅和骨头。这些人物同样被视为圣骨盒的保护者。圣骨盒置于祖先崇拜的头领的居室一角，通过形象化的方式与那些人物关联了起来。

二 比例和结构细节：对芳族雕像的风格研究[①]

芳族雕像是法国人类学家路易斯·佩鲁瓦（Louis Perrois）终生研究的主题。1964 年，著名史前史学家安·勒儒-瓦高汉（André Leroi-Gourhan）建议他的学生佩鲁瓦研究这一主题。对此，首先要做的是对欧洲收藏及出版物中的芳族雕像进行研究。这就要求关注物品本身，佩鲁瓦需要认真观察、绘制，如有可能，触摸这些雕像。研究的第二步，需要来到加蓬，在芳族社会宗教生活之中考察这些雕像的制作者和人物形象的放置地。1965 年，佩鲁瓦的确动身来到了加蓬。不过他发现，由于各种宗教改革运动的成功实施，制作和使用芳族雕像的活动差不多已经消失了。这可以部分地解释佩鲁瓦为什么最终对雕像的形式和视觉分析紧盯不放。

此乃对芳族雕像的第一种研究范式，这种方法被称为形态学分析或风格学分析。这种方法既研究艺术品的形式要素，同时亦将这些要素作为一个视觉整体进行研究。当这些构成要素呈现出有规律的形状，尤其是当它们的组合体现了某种规则或组织原则时，那么就可以说是一种风格了。

在对非洲雕塑的研究中，比利时根特大学的弗朗斯·佩雷尔蔓（Frans

① 对第一种范式的讨论基于路易斯·佩鲁瓦的著作 La statuaire fań，（Gabon Paris：ORSTOM，1972）以及他最近出版的 *Visions of Africa*：*Fang*（《非洲景观：芳族》）（Milan：5 Continents Press，2006）。对第二种范式的分析主要依据费尔南德斯的论文“Principles of Opposition and Vitality in Fang”《芳族美学中的相对原则与生命活力》，*Journal of Aesthetics and Art Criticism*（《美学与艺术批评月刊》）25. 1（1966）：53—64，以及他的著作 *Bwiti*：*An Ethnography of the Religious Imagination in Africa*（《Bwiti：非洲宗教想象的民族志》）（Princeton：Princeton University Press，1982）。第三种范式关注电影 Fang：An Epic Journey（《芳族：一次史诗性的旅行》），苏珊·M. 沃格尔编剧、导演，（Prince Street Pictures Inc.，New York，2002）。更多细节及参考文献，参见 Wilfried van Damme，*Cultural Encounters*：*Western Scholarship and Fang Statuary from Equatorial Africa*（《文化遭遇：西方学者与赤道非洲的芳族雕像》）（Tilburg：Tilburg University，2011），本文即基于此书写成。

Olbrechts）教授最早采用了风格分析的方法。20 世纪 30 年代早期，他将这种分析方法应用到了比属刚果的雕像研究中，在中非划出了几个“风格区”，每一风格区又由几种亚风格组成。他的学生，包括阿尔伯特·莫尔森（Albert Maesen）在内，对这一分类进行了完善，区分出更多的风格和风格群。莫尔森还指导佩鲁瓦应用风格分析法对布鲁塞尔附近的特弗伦的中非皇家博物馆进行了研究。佩鲁瓦沿着佩雷尔蔓和莫尔森的路子对芳族雕像进行了重点研究，他既研究其结构上的细部图案，如眼睛、耳朵、嘴巴，又研究人物的比例，特别是头、躯干和腿部的关系。

佩鲁瓦依据大约 250 个芳族雕像文献，在 1972 年出版了他的风格分析的成果。佩鲁瓦的总体研究目标是对处于发轫期的非洲艺术研究提供一种“客观的”方法。他设想这一新的研究领域与非洲变化多端而又令人费解的雕像风格尤为相关，他认为目前为止的研究太过肤浅，他要探索一种新的方法。在他看来，对特定的非洲艺术形态——此处是芳族人物雕像——的风格特征所作的具体而深入的研究，表明了对非洲艺术的一种真正的研究方法的开始。

佩鲁瓦提出在芳族存在两个风格区，一个在北方，人像细而长，一个在南方，雕像矮而粗。他又将这两个风格区分成了更多的亚风格。他认为这些亚风格与芳族所分出的“亚部族”一致。

佩鲁瓦的观点受到了美国人类学家詹姆斯·费尔南德斯（James Fernandez）及其妻子热内特（Renate）的严厉批评，他们二人在 20 世纪 50 年代末期开始了研究芳族的工作。他们指出了许多问题，其中之一是佩鲁瓦严重低估了芳族人在族群间的流动性，这使得难以确定雕工及其作品的“亚人种”身份。他们还指出，每个芳族雕工所制作的雕像风格多变，按照佩鲁瓦的分析，这些人就要被归入多个亚部族。

限于篇幅，笔者在此不能对风格研究法或风格区范式的特点及学术价值展开深入探讨。不过，就这一范式的学术史而言，笔者可以简而言之，尽管像佩鲁瓦这样的非洲艺术研究者没有提及，实际上，早在19世纪末，类型和风格区的方法就已经应用于新几内亚艺术的研究上了。有趣的是，采用这种方法研究新几内亚艺术的首位学者阿尔弗雷德·C. 哈登是位动物学家。他把在动物学中所采取的分类学方法应用到了艺术领域。因此，在探讨小规模社会中的艺术时所采用的风格学方法并不限于艺术史界——其中通常会用到风格研究，或考古学界——其中常用到风格学和类型学分析。

此外，风格分析法还产生自一种普遍的19世纪欲望，即提供世界上的“视觉百科全书总目”：所有的民族及其产品。分类学由此成为满足帝国和殖民野心的工具，借此监控殖民地的人们。作为一种固有的分类方式，风格分析，尤其是风格区的方法，可以被理解为根植于19世纪西方绘制世界地图和至少是象征性地把握世界的趋向，它是智识性和历史性的探索世界的可能方式之一。

从一种更为实用主义的观点来看，人们可能会认为风格学的方法在那些文献而非物品稀缺之处用得更多。我们看到，在非洲艺术研究中，风格范式在第二次世界大战以后不再突出，此时西方人类学家和艺术史家开始对非洲视觉艺术进行地方性研究。这些学者将关注重点从风格转向了对这些艺术的社会文化语境的研究。尽管目前所讨论的芳族个案可能揭示了一些别的东西，不过事实上，这些研究者大都会发现当地的艺术传统鲜活而完好，由此他们可以就地分析它们的生产、功能和意义。

三　形式和价值：对芳族雕像的文化主义研究

此类方法的研究者之一是詹姆斯·费尔南德斯，他于1958—1960年间在芳族工作。他主要关注的是毕威提（Bwiti）的调和论的崇拜。不过他同样对芳族艺术、艺术家及美学表现出了极大兴趣。与佩鲁瓦对芳族雕像采取的定量研究的方法不同，费尔南德斯使用的是一种定性分析的视角。他重点探讨的是在芳族人的价值体系中，他们如何看待他们的雕像。

费尔南德斯是美国人类学家赫斯科维茨（Melville Herskovits）的学生。赫斯科维茨受教于德裔学者弗朗兹·博厄斯，后者通常被视为美国人类学的创立者。博厄斯对艺术兴趣浓厚，鼓励他的学生在做实地研究时，调查当地的艺术品及其生产者。事实上，博厄斯是20世纪初促使田野调查成为人类学研究的方法论前提的学者之一。在此过程中，研究者需要“从内部”认识一个文化，意即要用某个特定文化自身的术语来描述它，用“局内人的视角”来分析它。

美国所发展的博厄斯传统，关注文化的神话、信仰和价值，而非其亲属体系或经济。此外，这些信仰和价值被认为反映于文化的艺术形式之中。并且，这些艺术形式所表达的“世界观”，对该文化来说被视为独一无二的。这就是博厄斯及其学派最为人所知的文化相对主义。

费尔南德斯在早期出版的一部著作中，提出了这样一个问题：对芳族人来说，什么是被视为具有审美愉悦的？他将研究重心放在芳族人对其雕像的审美评价上。事实上，费尔南德斯发现无论是按风俗行事的雕工还是观众，都和圣骨盒守护者的制作、作用和功能有联系。当要求对这些雕像的视觉品质进行评定时，芳族批评家谈到了雕像必须体现出平衡。他们特别提到，雕像的左半部分和右半部分必须保持平衡。他们说，如果没有这种平衡，雕像就会丧失生命活力。费尔南德斯指出，芳族人欣赏的正是这种生命活力，不管是雕像、音乐、舞蹈，还是其他各种文化现象之中，能够带给他们美感的都是这种生命活力。

一个问题随之而来：在一座雕像中，左右之间的平衡，或可称之为对称，如何能够产生出欲求的生命活力？为了回答这个问题，我们需要考察芳族人界定生命活力这一观念的方式。

“生命活力”（vitality）是费尔南德斯对芳族 ening 概念的翻译。它指的是在芳族所有的生活领域进行拼搏奋斗的精神品质。芳族人迁徙流浪的艰辛历程，以及此后的殖民与军事活动所造成的骚乱不宁，铸就了他们对生命活力的强调。如今人们认为，将两种具有互补性的对立双方置于一起并达至一种平衡时，就具有生命活力。芳族人将这种平衡或均衡称之为bipwé。这种对立互补而又需要平衡的元素在本质上体现为男性和女性，以及与此相同的品质。男性品质包括活力四射和任性决断，而女性品质则表现为平和安宁和冷静思考。尽管这些品质以性别相分，却并不判然有别地分属于男性或女性。男性品质可用术语 elulua 概括，意指适宜的活动或欢快的生机，女性品质可用术语 mvwaa 表述，意指平和冷静。尽管芳族人对男性品质和女性品质皆予以评定，不过生命活力的产生需要二者保持平衡，成对出现。

基于此种背景，我们来看一座左右平衡的雕像所具有的生命活力。以对称的艺术手法表现人体，并不会产生一种对立而互补的平衡。所以它还不足以产生生命活力。在此需要指出，芳族人将人体的左边当作女性，右边当作男性。由此，一座对称的雕像可以被视为具有对立而互补的品质，并能够产生活力。

芳族雕像似乎还以另一种方式融合了男性品质和女性品质。芳族人将人体躯干视为能量和力量的容器。因而躯干关联着活力四射的男性品质。实际上，在雕像中，我们通常认为强壮的躯干以及上肢的姿态意指力量和毅力。而头部作为身体的一部分，控制着存在于躯干中的能量。因此头部就与平和沉思的女性品质联系了起来。与此相关，雕像的面部时常作镇静沉思状。看上去，就像镇静沉思的女性品质控制和引导着放纵不拘、喷涌欲出的男性能量。雕像以这种方式平衡了男性品质与女性品质，因而给它们以生命活力。

在上述所作分析中，芳族人对雕像的审美偏好是完全根据芳族的宇宙观来解释的，此乃芳族文化与历史的独特产物。这一从文化角度阐述文化的研究方法，或被指认为文化主义者。当对诸如审美偏好这样特有的文化现象进行解释时，就需要将注意力转向其他文化现象，如地方价值体系。

这种研究方法被博厄斯学派以及诸多人类学流派广泛应用，似乎很难加以标示。

不过，文化主义范式并非理解文化现象的唯一方法。它也不是研究审美偏好的唯一方法。还有一种方法可以应用，是为自然主义方法，可用以探讨诸如对称这种基本的审美偏好，它用生物进化论的理论考察人类的视觉偏好。[①] 然而，这种自然主义的路径与非洲艺术研究界相去甚远，他们完全是文化主义者，或称为社会建构主义者。不仅这一领域的人类学家是如此，研究非洲艺术的艺术史家同样如此。他们多数采用了人类学家的方法和阐释思路，尤其是像费尔南德斯这样的博厄斯学派人类学家。

四　挪用和价值创造：对芳族雕像的后殖民研究

美国艺术史学者苏珊·沃格尔（Susan Vogel）持此研究方法。她的田野调查点位于象牙湾的博勒（Baule of Ivory Coast）。在此笔者主要谈谈她的研究方法，她提供了本文探讨的第三种也是最后一种关于芳族雕像的研究方法。

20 世纪 90 年代后期，在做过研究人员、博物馆馆长和博物馆董事等卓越的职业之后，沃格尔回到学校求学，就读于纽约大学，成为一名电影制片人。她的毕业电影是由她创作和导演的《芳族：一次史诗性的旅行》，发行于 2001 年。在这部简短的八分钟的作品中，沃格尔讲述了一座芳族雕像在 20 世纪早期脱离了最初的应用语境之后的虚构的生活史。沃格尔的作

① 跨文化间的比较分析表明，对称具有审美普遍性。如果所有人都喜欢视觉对称，那么运用自然主义方法而非文化主义的方法探讨这种偏好的可能性就变得十分诱人。这种自然主义方法关注人类的生物性遗存，它认为人类像其他有机体一样，是生物进化过程的产物。这种方法假定人类天生就具有倾向性和偏好性。这种偏好的很好证明就是关注人体的对称。有人指出，这种偏好之所以变成天生的，是因为有着很好的进化上的原因，身体对称是健康的标志之一，此乃选择配偶的重要因素。对身体对称的偏好，也就很容易用于对雕刻的人体的评价上。芳族的价值体系可以视为以对称和平衡这一基本的人类偏好为基础的智力加工。

品的智识结构可以概括为后现代的自反性，并被其他各种后现代主题所增强。在深入阐述这一语境之前，笔者先对影片内容略作梗概。

影片开场，展现给观众的是1970年的纽约。一名学者正在埋头著述，他的桌子上摆放着一座芳族雕像。雕像属于一名妇女，她将其借给了该学者，为他正在写作的一本书作参考。目前该书即将完成，她写了封信要他物归原主，因为她已答应将雕像出借给一个展览会，在欧洲几座城市巡回展出。

一个闪回，将我们带到了1904年的喀麦隆。一个身着殖民地服装的人物坐在桌子旁边，将他面前的一座芳族雕像添加进清单。影片中提示，殖民地的主人刚刚没收了他们所称的“偶像”及其树皮桶。

下一个场景中，那座带羽毛的雕像被当成了“食人者玩偶”，连同那个树皮桶，准备卖给巴黎的一家零售店。店主同意购买雕像，却不愿买树皮桶。他将雕像看成了“丰收神”。还是在巴黎，时间为1907年，我们看到一名艺术家正在一间房子里作画，这间房子让我们想起1911年的一张照片上显现的立体主义画家乔治·布洛克的一个工作室。艺术家正在努力搞清芳族雕像的视觉构成，他将之画成了油画，不过并不成功。他把雕像称为“拜物教”。

十年之后，芳族雕像出现在了巴黎一家拍卖会上。它被标注为“原始偶像”，售价500法郎。影片的视觉线索表明，非洲雕像进入了更大的流通圈，它不再被视为一件奇珍异宝，而是一种艺术形式，预示着当时欧洲先锋派艺术的产生。我们看到有人篡改了芳族雕像，很明显是为了迎合西方收藏家的流行趣味。雕像的阴茎被移走了，脖子上戴了金属环，雕像上的羽毛也不见了，看上去更像一座“纯雕像”，这正是现代艺术爱好者所喜好的。更有甚者，似乎用鞋油把雕像原本清浅的颜色加深了。因此，它又待价而沽了。现在它被称为“非洲雕像”，售价攀升为30万法郎。

场景切换至1933年的柏林。一位神情沮丧的德国学者无精打采地坐在

椅子上。他此前购买了芳族雕像，因为他认为它能很好地证明世界各民族有着同样的人性。这位人类学家将此雕像称为“原始雕像”。他至今犹记那天，超现实主义摄影家曼·雷（Man Ray）拜访了他，并为此雕像拍摄了数张照片。智识性理解的新时代似乎即将到来。但是现在看来真是天渊之别啊。他担心纳粹会没收他所说的“非洲艺术”藏品。于是，这位学者决定采取极端的方式保存他喜爱的雕像。他将其一分为二，分别送给了国外的两位朋友。

1948年，纽约。一位住在精雅寓所的漂亮女士继承了芳族雕像的上半部分。她开始联系影片开头看到的非洲艺术专家。她很快意识到她手头的芳族雕像不完整，开始寻找丢失的另一半。一天，她收到一个包裹，里面是一个台灯，台灯底座即是雕像的另一半。雕像重又完整了，该学者的书中对此有所反映。

影片结尾，雕像拥有者举办了这本书的正式报告会，书中探讨了非洲的创造性，她认为将对解决“美国的种族问题”有所助益。影片最后指出，芳族雕像在结束其欧洲之旅以后，会捐献给纽约艺术博物馆，将其作为它的“最后归宿”。

影片上映之前，在被问及对这部作品作何评价时，非洲艺术史家让·博格提说，她需要两次讲座来解读这部八分钟的电影。沃格尔的电影确实提出了众多议题，并且绝大多数具有典型性。更为重要的是，这部电影考虑到了一系列与物品有关的问题，这些问题早在20世纪90年代就成为人文社会科学领域的关注焦点，并且至今仍为我们所关注。

在当下语境中，所谓物品的社会生活，或曰物品的生活史，已成为中心议题。有人提出，在物品的流通过程中语境发生着改变，而每一次语境的改变就意味着物品的意义和价值的转换。人们很快认识到，这一推理方法能够很好地应用于那些从西方以外的殖民地传到欧美国家的物品的文化传记。在西方殖民主义语境中，物品的获取本身成为广受瞩目的问题。在这一联系中，一个关键性的概念成为批判性学术研究中耳熟能详的术语：挪用，或使其成为自己的，通常具有非法的和不道德的否定性含义。

它们一旦来到西方，这些象征性物品就会像沃格尔的电影中所展示的，被纳入各种各样的类别。它们被标示为偶像或神物，最终是雕像和艺术品。如果将对这些物品的收藏和占有称为“物质性挪用”的话，那么基于西方分析范畴对这些物品所作的归类可以视为“概念性挪用”。沃格尔电影中所示的第三类挪用是“艺术性挪用”，如立体主义画家的文献以及摄像家曼·雷的作品所示，他们受到了非洲艺术品的启发或是将之吸收到了其作品中。最后，还有“学术的”和“博物馆的”挪用，因为电影中的芳族雕像最终进入了一部学术著作和一家博物馆。

由沃格尔编辑、配合电影出版的小册子名为《偶像变成了艺术!》。这表明，对沃格尔来说，雕像分类意义的变化以及随之而来的价值（包括货币价值）的转换，乃是电影的主题。这与马克思主义影响下的后现代主义强调商品化和价值创造十分契合。事实上，来到西方并在西方旅行的物品经常被作为具有交换价值的商品加以分析，它们在国际市场体系中流通，尤其是在艺术市场上。

除了上述所有主题以外，沃格尔的电影还可作如是理解，它同时提出了如殖民条件下不对等的权力关系、文化所有权、可信性、博物馆展览的伦理等诸多问题。简而言之，人们对博格提的感慨表示赞同。

不过同时，有人或许会想，需要多少场讲座来介绍电影中没有提及的芳族雕像的所有维度。因为，尽管这部电影的所有主题都以后现代和后殖民研究中的批判性价值为前提，但他们的讨论几乎没有涉及创作这些物品的人们的信仰、价值和评价，以及他们在原产地是如何使用这些物品的。因而，我们对芳族雕像在其最初的文化环境中的创作、使用、功能和评价等问题，在沃格尔的电影中一无所知。

事实上，现如今，在西方有一整代学者都认为艺术人类学主要就是研究“殖民化挪用”或非西方物品在国际艺术市场上的“商品化”等问题的。本文意在指出，对艺术人类学的这一印象是不完整的。它还表明学术研究总是在发生着变化，艺术人类学亦复如此，如果它还继续存在，那么在未来就会转向不同的研究路径。我们拭目以待。

塑料树为什么是恶的

西村清和　著　梁　青　译　梁艳萍　校

（日本国学院大学）

1972 年 2 月，洛杉矶当局决定实施一项实验计划，在杰斐逊大街一段 2.7 千米长的中央隔离带上设置 900 多株塑料树。其理由是由于烟尘污染使得自然的树木难以生存，比起枯死的、腐烂的树木，塑料树更加美观而富有吸引力。但是这一计划遭到了当地居民的强烈反对，3 月 14 日即被终止了。同样在 20 世纪 70 年代，政府智囊团曾经有过这样的提案，林业厅将红杉树国家公园的树作为木材采伐，在空出的土地上种植大豆，同时在迪斯尼乐园附近设置巨杉树样式的塑料模型树林作为补偿。这一提案并非是功利主义和破坏环境，而是出于生态学观点的考量。因为塑料树不需要使用杀虫剂，也不怕风雨侵蚀，而大豆田与森林相比，能提供更多的氧气与蛋白质，还能更有效率地回归土壤。在迪斯尼乐园附近设置塑料模型的植被，可以让更多人观赏到与实物一模一样的巨杉，这样一来进入原始森林的人数会减少，更有利于原始森林的保护。此外，我们还能得到木材，可谓一举多得。[①]

---

① Mark Sagoff，On Preserving the Natural Environment，in：*The Yale Law Journal*，vol. 84，No. 2，1974，p. 206.

事实上，采用人工复制品取代自然物的做法早已不知不觉地融入了我们的生活。棒球场和阳台的人造草皮，迪斯尼乐园的人造石山、河流、森林都已经司空见惯。乍一看难辨真假的人造花也早已不知不觉进入购物中心、办公室乃至各家各户。甚至在商业街的春季展销会上、地铁的站台上还有人工模拟的鸟鸣声，对自然进行模仿已经得到了一定程度的认可。在这样的环境中，要想弄清楚“塑料树为什么不好”，[①] 必须解决以下三个问题。

第一，何谓作为文化概念的“自然”。

第二，自然之树与人造之树在美的本质上的区别。

第三，“美的”与“伦理的”两难困境。

一 作为文化概念的“自然”

要区别自然的树和人工的树，首先要明确“自然”这一极为暧昧的概念。我们一方面可以认为海狸造的堤坝是自然的，巨大的发电用的堤坝是人工的，但另一方面由于人类也是生于自然的，如果立足于“自然本身”这一立场，那巨大的堤坝也是自然的了。这一围绕“自然”的命题成了哲学上的难题。

康德认为：人们一方面将一切现象，即“一切存在”的“总体（synthesis)”称为“世界”，与此同时又关注这些现象的发生，把这同一个世界通过因果关系结合起来的“现象的总体（Inbegriff der Erscheinungen)”称为“自然”。但这并不是关于自然的经验概念，而是宇宙论理念下的“超越的（transzendenz）自然概念”，若将它作为经验概念来使用，人们就会陷入矛盾之中。[②]

---

① ［日］西村清和『プラスチックの木でなにが悪いのか』、勁草書房、2011 年。《塑料树为什么是恶的》，（东京）劲草书房 2011 年版。

② I. Kant，*Kritik der reinen Vernunft*，Zweite Auflage，1787，S. 446ff.

事实上，现代的环境保护理论、环境伦理、环境美学中，有许多人无视康德的警告，陷入一种循环乃至悖论中——一方面站在自然与人类、自然与精神、自然与人工的二元对立的立场上，另一方面又把人类归于自然，想要回归所谓的“作为整体的自然”、“自然本身”、“大自然”等一元理论。例如阿恩·纳斯（Arne Naess）的深生态学（深层生态学），主张包括人类在内的所有生物都享有“生存并自我实现的权利”，应当实现“生物中心主义平等”，[①] 彼得·辛格（Peter Albert David Singer）认为动物与人类应当享有同样的生存权，应当从人类的压榨下解放出来，[②] 他们都采用了将人类所特有的权利、平等这样的概念强加到整个自然这一方法论。那么如何才能把“自然”这个词语理解为对日常经验有意义的概念，从而避免陷入宇宙论理念的矛盾中呢？

动物行为学者认为，各种动物都栖息在适合自身生存的特有的“环境（Umwelt）”和“群落生境（Biotope）”中。在一块土地上，往往存在不同种类的群落生境互相重合的情况。因此可以说，自然界就是由数量众多的物种编织而成的群落生境的网，它结构复杂又互相交叉，从而形成一个多层构造。人类作为自然的动物，也在其特有的群落生境中生存。但人类由于大脑的充分发育，身体器官失去了适应外部环境的特殊功能，变成为“缺陷生物（Arnold Gehlen）”，这种作为动物非常不利的条件，促使人类通过大脑产生了语言和文化，最终创造了文明。当人类通过文化·文明超出了自然的时候，也发现了这一点，于是把人类原本在自然界中的群落生境特称为“世界”。

“世界”作为人类的群落生境，不仅包括了其他物种的群落生境，在

---

① Arne Naess, The Shallow and the Deep, Long - Range Ecology Movement. A Summary, in: *Inquiry: An Interdisciplinary Journal of philosophy and Social Sciences*, vol. 16, 1973, p. 96.

② ［英］彼得·辛格：《动物的解放》，户田清译，《技术与人类》，光明日报出版社 1988 年版，第 7 页。

现代甚至超出了地球范围，拓展到了哈勃望远镜所能观测到的全部宇宙空间。事实上，古代人仰望星空，在那里看到了众神的世界，为那些星星命名，从这个意义上说，或许也可以认为从人类的群落生境转变成世界的时候，它就已经拓展到了宇宙之中。在这个世界的内部，有霉菌、细菌等菌株集团的生存领域，有各种植物的植被群落，螨虫、昆虫、鱼类还有哺乳类动物也都有自己的群落生境，它们在互相交织、重叠、共存着。因此，今天我们所命名的“自然”，是我们人类的群落生境“世界”内部发现并经验的自然。这个自然包括水、空气、山川、昆虫草木等自然物种，或是地球、月球、富士山，各种诸如狗、马乃至海狸的堤坝、蜘蛛巢等由生物创造的自然产物，甚至还有除了这些自然个体外的日出日落、彩虹、影子、风雨雷电等自然现象。这样一来，我们日常生活中所使用的经验概念上的“自然”就应当是指：在通过文化·文明超出自然的人类自身的群落生境“世界”内部，与人类生产无关的物种、个体以及现象。自然是一个文化概念，而深生态学主张动物的“利益”、“权利”，其利益、权利、责任这些概念本身，可以说也是由人类经历漫长历史到近代才最终雕琢而成的，适用于人类社会成员的文化概念。

从作为宇宙论理念的“自然本体”来看，区分动物和人类、夏天和冬天并没有意义，台风和热带低气压也不存在差异，所有的一切都是一系列过程而已。但是，在对其寄予关心的特定时代与文化中，作为我们人类世界内部的自然事物或现象，夏天和冬天、台风和热带低气压的差异是重要的。古希腊神话时代的雷鸣是宙斯的怒吼，米利都的自然哲学时代的自然是由四大元素（地、水、火、风）构成的。18 世纪的欧洲，化学家认为有“燃素”（phlogiston）这样一种元素存在，到了 19 世纪就消失得无影无踪了。对明治以前的日本人而言，险峻的山是山岳信仰的对象，而到了明治以降，在接受了西方近代自然科学的洗礼之后，那些名山中必定存在的“灵”，在志贺重昂的《日本风景论》中，就成了“没有神、没有鬼，只是雨水、冰、雪不断侵蚀火山岩，表层脆弱的土壤剥落，并加剧其分解的结果”,① 这“火山岩的山岳”中所体现的“壮绝天地的宏伟景观”，成为被称作“日本阿尔卑斯”的审美对象。这样一来，对我们来说最重要的不是和与人类、精神、文化的世界相区别的，独立存在的作为实体领域的自然的关系，而是和在我们世界内部，并构成这个世界的一个文化领域乃至概念领域的自然的关系。对此，我仿照丹东的“艺术世界”，称其为“自然世界”。

因此，作为我们审美对象的自然，属于我们群落生境的世界内部，被我们特称为“自然”的领域。即使人类对它施以品种改良或是保护、景观设计等手段，其物种和个体的存在本身也是人工不能生产的。我们欣赏人行道树木的新绿和红叶，观赏路旁开放的一朵鲜花，陶醉于它的香气中。我们屏息眺望都市高楼上架起的彩虹，还有它对面连绵的群山之影上夕阳染红的晚霞。这些的确是我们日常生活中审美体验的自然。对自然的鉴赏，首先应当确保这个审美对象是属于世界内部的，归属于自然领域的，而非人工的。

那么，如果真有看上去和自然的树难辨真假的塑料树，当知道它不是自然产生而是人工制作的时候，对这种人造的树的鉴赏与对自然的美的鉴赏又有怎样的差别呢？

二　自然之树与人造之树在美的本质上的区别

假如能有与自然的花无法区分的完美的假花，那么按照康德以来的无关心性和形式主义的美学观点，这两种花的美的性质应当没有区别。若是如此，那至少在审美层面上用人造的花和树代替自然的花和树是毫

① 志贺重昂：《日本风景论》（明治二十七年），近藤信行校订，岩波书店（文库）1995年版，第80页。

无问题的。但实际上，也有马丁·克里格（MartinH. Krieger）那样的立场——“无须认为它是不好的”。如果完美的赝品可以提供与原作相同的经验，“我们仍然要求必须是原作就只能说是俗气的”，因此只要用塑料仿制的树能“给多数人以自然的体验”，[①] 那么就没有理由仅仅因为它是塑料的而指责它。当塑料树刚出现的时候，人们可能会因为尚未习惯而感到不适应。这就需要通过宣传活动消除人们对塑料树的抵触，引导人们认同“低成本营造的环境”。与克里格一样，劳伦斯·特里伯（Lawrence Tribe）也承认人造树与自然的树在审美经验上是相同的。但他站在深生态学的立场上，认为人造树只是自然的代理物，是人类伤害自然这一行为的“遮羞布”。[②] 人造树违背了对自然的伦理，因此他并不认同。

对于以上观点，马克·萨戈夫（Mark Sagoff）进行了批判，认为克里格和特里伯所谓的完美的人造树与自然树具有相同的审美经验这一论断本身就是错误的。“优美”、“生机勃勃”、“水嫩水嫩的”这些表明美的质感的词语，看似是对个体对象进行独立的修饰，但事实上若要使用这些词语，那些被修饰的对象必须要归属于一定的范畴。说“那个前锋身材高大”的时候，究竟说的是德国队的前锋还是日本队的前锋，这对“身材高大”的意义有很大的影响。在第二次世界大战中，荷兰画家米格伦（Han van Meegeren）伪造了维米尔（Johannes Vermeer 1632—1675）的画作。当这幅画被发现是赝品时，就已经不再属于17世纪荷兰绘画的范畴，即便它看起来充满了维米尔风格的透明静谧感，但在20世纪荷兰绘画的范畴里，也只能是模仿维米尔，缺乏独创性的过时作品，其审美感受是完全不同的。因此萨戈夫认为，即便自然的树和人造的树在外观的“形式上的

---

① Martin H. Krieger, What's Wrong with Plastic Trees? in: *Science*, American Association for the Advancement of Science, vol. 179, No. 4072, 1973, p. 453.

② Laurence H. Tribe, Ways Not To Think About Plastic Trees: New Foundations for Environmental Law, in: *The Yale Law Journal*, vol. 83, No. 7, 1974, p. 1347.

美”这一特质上毫无区别，但自然的树属于自然物范畴，象征了现实自然所拥有的特质，可以说这是人造树所欠缺的另一种美的特质。若是用塑料树代替自然树，自然树所独有的“表现性的”美的特质“就要失去其最好的部分了”，[①] 因而这种做法是不能得到认同的。

萨戈夫的观点是有一定说服力的，但他列举出的“表现特质”都是人类从自然的风景或者动物的行为中提炼出来的“道德象征”，诸如“自由、雄壮、纯洁、平安、爱、勇气、决心、强壮、愤怒、忍耐”等。它们在何种程度上超越宗教、道德的范畴成为美的特质，还并不明确。众所周知，康德也将假花和模拟夜莺的行为视为一种欺骗，认为这种美只是一种人为的东西，并指出“人们在这些东西里……已经无法看到任何的美”。[②] 其理由是：当人们明白这些属于人类行为的时候，他们对“是自然产生了那样的美”这种知性的关心就消失了。这样看来，康德和萨戈夫都认为自然的花与假花具有同样的“形式上的美”，两者的区别只在于有没有对自然美的“知性关心”或类似道德象征的“伦理关心”。

问题是萨戈夫虽然对维米尔画作的赝品有了正确的认识，但他仍然没有摆脱康德以来的无关心性和形式主义美学中的“视觉上的观感”之美，或称为“形式上的美”这一设定。而形式主义的错误在于，不管对象“是谁”，只要其拥有的特定形式与感觉之内，都存在着被特称为“美”的某种特质，只要我们关注这一点或者采取关注的态度，即采取“美的态度”，就一定能找到并经验它。要克服这种形式主义，我们有必要学习弗兰克·西布利，[③] 将对象形式中感受到的“非美的”特征与人们通过特定方式反

① Mark Sagoff, On Preserving the Natural Environment, in: *The Yale Law Journal*, vol. 84, No. 2, 1974, p. 259.

② I. Kant, *Kritik der Urteilskraft*, Berlin, 1799, S. 172.

③ Frank Sibley, Aesthetic Concepts, in: *The Philosophical Review*, vol. 68, No. 4, 1959.

应、感受的“美的”特质相区别，并在此基础上重新探究两者的关系。

假设这里有一块纯蓝色的面板。我将朋友带到这块面板前，告诉他这是被一个叫做伊夫·克莱因（Yves Klein）的人命名为“国际克莱因蓝(IKB75)”的独特的蓝色。这时，我和朋友可以说是将其作为一块色板，共同确认这种被称为“IKB75”的与其他色调的蓝色不同的蓝色，这是一种非美的特征。但若是将其作为定做套装时的色板，那么我们或许可以说它与其他的蓝色相比是“更雅致”的。但事实上，这块面板是伊夫·克莱因的一个现代艺术作品《蓝色（IKB75)》(1960)。对于在形式上，即在视觉感受层面上完全相同的这块面板，我们可能会有以下三种各不相同的记述。

(a) 这是某种独特的“蓝色”的色板。

(b) 这种色板上的“蓝色”作为套装的布料非常“雅致”。

(c) 这是伊夫·克莱因的作品《蓝色（IKB75)》（1960)，这个作品“高雅而深远”。

这里的（a）是对象内所能感受到的独特的“蓝”色，其本身是一种非美的特征，而（b）和（c）对感觉上相同的“蓝”色，分别在“套装的布料”或者“艺术作品”的概念范畴内，反映为“雅致”或者“高雅而深远”这种美的特质。用伊夫·克莱因自己的话说，这种蓝色是“不属于任何维度的、非物质的，因此是绝对的”。

颜色是红的或是明亮的，线和形状是锐角的或是柔和的，这些对对象“形式”的记述实际上都是其物理的特征，是我们通过五感感受到的。因此可以称为“感觉的·非美的”特征，而不属于美的特质。对于这种亮红色的柔和曲线，我们称其为“热情的”、“优美的”的时候，它就与明亮的、红色的、柔和的曲线这种形式上的感觉特征相对，成为一种“美的”反应，也就是对美的特质的记述。原来我们是将“优美”、“热情”等美的特质用形式上的感觉特质来说明，就好像我们说“这个花瓶很优美是因为它那柔和的轮廓线”或者“那幅画的红色和明亮使它显得热情”那样。诚然，“热情”这种美的特质是依存于“明亮的红色”这样一种属于物理性质的非美的特征，但将这种特征感受定义为“热情”，是源于身处特定时代和文化的我们的反应，而不是源于该对象在物理上的性质。而所谓的形式主义，是将对象原本具有的感觉的非美的形式特征，直接等同于在我们身上所反映出的美的特质，此类主张是错误的。

实际上，颜色和声音只作为感觉被经验，在生理学实验室甚至是日常生活中都是少见的。我们通常将其经验为“某种”颜色、“某种”声音。我们看色板是为了给即将定做的套装选定颜色，CD里播放的弗拉基米尔·霍洛维茨（Vladimir Horowitz）钢琴演奏的第一声就让人为之一振，是因为那是肖邦钢琴曲中的一个音符。接下来要定做的是套装，按照现代时装界约定或习惯上设定的“套装”的原则所规定的美的特质的标准，笔者认为这种蓝色比别的色调或彩度的蓝色更加雅致。最初传入耳中的霍洛维茨的演奏，不是在日本古典音乐界，而是在西洋古典音乐界，是作为一定历史的、一定领域的“框架”内的肖邦的乐曲来聆听的，因此比起波利尼（Maurizio Pollini）的演奏更加庄严而华丽。

那么，将小便池命名为《泉》（1917，现存的是复制品），将纯蓝色的一块面板不作为单纯的色板而是作为艺术作品，这正是由艺术理论与历史形成的艺术世界。重要的是，并非是因为某个对象中潜藏有特定的美的特质才成为艺术作品，恰恰相反，是因为它“成为艺术作品”，其固有的美的特质才被体验出来。虽然在感觉层面上的形式完全相同，但普通的“蓝”色色板并不具备《蓝色（IKB75）》特有的美的特质。这种美的特质正是在艺术世界所设定的一定“标准”内，通过将其认定为艺术作品而体现出来的。若是在17世纪荷兰的艺术世界里，只是一个小便器或者纯色的色板的话，一定不会被当作艺术作品而具有审美体验吧。这里有的只是一种社会的、文化的、习惯性的行为，它基于特定的时代和文化的原则，将非美的感觉按照特定的“标准”组织成美的，并进行结构化。换言之，这是一种把非美的感觉“塑造成美的”的行为。笔者将这种社会性行为命名为“美的构造（framing)”。

虽然普通小便器和杜尚的《泉》在形式上的感觉特征甚至物理构造上都毫无二致，但两者具有的美的特质是不同的。虽说小便器正如乔治·迪基（George Dickie）所述，具有这样一些美的特质，即“有着洁白光滑又富有光泽的陶制表面，具有镜子般能映出周遭景象的深度，鹅卵形的出色外观”,[①] 但这些同样都可以在我们翻看马桶广告册的图片时感受到。如果我们因此就将其作为小便器的美的特质，像迪基一样把它当作《泉》的美的特质就不对了。事实上，这个作品正如亚瑟·丹托（Arthur Danto）所说，“虽然大胆无礼、厚颜无耻，但又富于机智、无可指责”,[②] 我们可以从中体验到普通马桶所不具备的作为艺术的美的特质。

这里，我们讨论的问题是“自然”的花和“人工”的花，因此即便在视觉上乃至五感上与自然的花无法区分的假花，只要它不是克隆体，那么与自然的花在物理上就是截然不同的。即使我们无法感知自然的花与假花在物理上的特征差异，无法在形式上进行区别，但只要我们对其冠以“自然”之名，我们就知道它具有生命的过程和生命体诸机能，这些物理特征是假花所不具备的。人们对这样的物理特征，有着相应的美的反应。就假花而言，我们在五感的感觉上无法将其与自然物区分开来，虽然对它所具有的物理特征，也会产生某种形式的美的反应。但与自然的花相比，这种美的特质是截然不同的。事实上，我们能在玫瑰花瓣上感受到天鹅绒般的厚实质感、在嫩叶上感受到含翠欲滴的质感，这与花瓣和嫩叶在物理上是“活着的”这种非美的特质不无关系，我们沉醉于它带来的“湿漉漉”、“水嫩水嫩”的美的特质。但当我们知道它是假花的时候，这种“活着的”

① George Dickie, *Art and the Aesthetic. An Institutional Theory*, Cornell U. P., 1974, p. 42.

② Arthur Danto, *The Transfiguration of the Commonplace*, Harvard U. P., 1981, p. 93f.

非美的特征就变质成干瘪的人造材料所具有的非美特征，其相应的美的反应也会发生变化。

我们将塑料树叶子的颜色称为“绿”色，将院子里树叶的颜色也称为“绿”色。但在自然的树叶里，在非美的物理层面上，是自然的有机过程内部产生的“（构成）树叶的”特质，展现在我们面前的是“有生气的饱含水分的绿色”，体现出的是“湿漉漉的水嫩水嫩的”美的特质。而外观与之类似的塑料树叶具有的是人造的“颜料的”特质，具有“无生气的干燥的绿色”这一非美的特质。因此在进行审美鉴赏时，能经验的最多只是与自然的树叶相似的“看起来水嫩水嫩的”这种美的特质。从语源上来看，日语中的“绿”原本与表示颜色的“青”是不同的，正如“幼儿（日语中写作：緑子/みどりこ）”这个词所体现的那样，原本是“嫩芽、新枝”的意思。今天我们所说的“绿”这种颜色，应当是以前在“青菜”、“青物”中被叫作“青”的颜色，[①] 若是这样的话，颜料的“绿”也许应当用其他的名字才对。

用塑料树来替代自然的树，并不能取代自然的树带来的审美体验，因此至少对于那些想要从自然的树那里获取审美体验的人来说，可以说是“错误的审美、不好的体验”。那么，像洛杉矶当局一样，认为塑料树尽管与自然的树有所不同，但仍有自己独特的美的特质，而用它代替由于烟气污染枯萎的树木，作为行道树的做法又如何呢？是如同克里格所说的，至少在愿意接受它的人看来，在审美方面并没有什么不好，还是如同特里伯所说的，这是违背自然“伦理”的错误呢？

---

① 山口佳纪编：《生活用语语源辞典》，讲谈社1998年版，第632—633页。根据段义孚的说法，在大多数语言中，表示绿的词语都与植物和生长有关系。英语中的“绿（green）”、“成长（growth）”、“草（grass）”恐怕都有“成长”的意思，是从日耳曼语的词根groˆ派生而来的。与此相对，无论在哪种语言中，青都是专用于表示最后一种原色的词。

三 “美的”与“伦理的”两难困境

现在我们要面对的是关于“美的”价值与“伦理的”价值这一美学上的历史难题。之所以说是难题，是因为有一些作品虽然被很多人称赞为美的，但由于在道德上的邪恶而被否定。莱妮·里芬斯塔尔（Leni Riefenstahl）应希特勒的要求拍摄的，关于1934年纽伦堡举行的纳粹党大会的纪录片《意志的胜利》就是典型的例子。事实上，这部电影对以往无趣的新闻电影（纪录片）的拍摄手法进行了革新，在20世纪30年代获得了威尼斯和巴黎电影节的大奖，可以说是一部“美与恶的结合”的难以评判的作品。这里无暇对此详细论述，仅提出以下观点。

正如在谈到形式主义的时候所确认过的，关于《意志的胜利》所进行的纪录片领域的“样式、形式的革新”上——尤其在拍摄手法和移动摄影等方面——可以指出的是，这部作品的革新性和卓越性与其说是体现在样式的“美的”特质上，倒不如说是在支撑其形式的感觉的“非美的”特征上。因此不能说无论何时，对任何人来说都具有同样的“美的”效果。肯德尔·沃尔顿（Kendall Walton）认为，希特勒乘坐的飞机从云中冲出的镜头“在完全没有争议的语境中毫无疑问是美的，当观众对这个镜头想要传达的信息并不了解的情况下，要从中体验到美感是毫无困难的”[①]。这是关于这个镜头在技术上的非美的形式特征的表述，甚至在某种语境下被看作是救世主从天上降临的象征，也是毫无问题的。

如前所述，将某个对象作为审美经验的对象，是将对象中非美的、形式的感觉置于一定原则的“标准”下引发审美的反应，并使其组织化、结构化，这是一种社会的、文化的、习惯性探讨的实践，即被我称为“美的

① Kendall Walton, Morals in Fiction and Fictional Morality, in: *Marvelous Images: On Values and the Arts*, Oxford U. P., 2008, p. 29.

构造（framing）”的行为。归属于特定时代、特定文化的艺术世界，是美的构造探讨的一个领域，它对艺术的目标、应当如何面对艺术等问题进行规定，艺术特有的美的特质只有由此才可能被经验。在20世纪30年代多数民众信奉纳粹信条的德国社会的美的构造中，《意志的胜利》被认为是出类拔萃的作品，人们对其进行了审美体验。但除了一部分顽固的纳粹分子，在现代我们看这部电影时恐怕无法感受到那种狂热了。关于这一点，当我们认为这部作品本身是谁都会感到“美的”优秀作品，只是因为其宣扬的纳粹具有不道德性，而在“伦理上”对其进行批判的时候，我们就陷入了“美的”和“伦理的”这一难题。事实上并非如此，对于我们来说，这个作品首先已经超过了我们伦理的接受范围，所以一开始就无法成为我们审美的对象。在“美的”和“伦理的”的关系上，需要追究的是对美的构造有意无意支持的、与个人或共同体的信念条件相关的伦理性。作为社会实践的美的构造，它使某个对象造型为美的，经验为美的。数百年后自不必说，在今天，即使我们看到广岛和平纪念公园以废墟的形式呈现在我们面前，我们也不会有现在流行的以废墟为美的类似经验。

正如罗尔斯顿（Holmes Rolston）[①] 指出的“美的伦理”中的自然主义谬误，自然的树虽然是美的，但不能以此为依据，导出必须要保护自然这种伦理。我们所关注的恐怕正相反，是与我们应当如何看待自然、如何美化都市景观和生活环境相关的美的构造的伦理性。在以往没有那么尊重人权的时代，美术馆发生火灾需要救援时，恐怕比起守卫人员，会优先抢救维米尔的作品吧。而在主张动物权利的社会中，对狗进行救援的伦理性优先级要更高一些。同样的，在伦理上认同克里格的美的教育的社会中，人工的树与自然的树相比具有成本优势，在某些方面还具有生态优势，也

---

① Holmes Rolston，III，From Beauty to Duty：Aesthetics of Nature and Environmental Ethics，in：A. Berleant（ed.），*Environment and the Arts*，Ashgate，2002，p. 127.

有一定的审美价值。他们选择种植人工树，营造迪斯尼乐园那样的环境也是可能的。但若不是这样，类似于洛杉矶当局的行为，就必然会在“美化自身生活环境的前提是使用自然物”这种美的构造的伦理性参照下受到指责。此外，塑料树无法带来与自然的树完全相同的审美体验，因此要用塑料树取代自然的树，就会永远失去这种审美体验，在这一点上也必然会遭到非难。

艺术民族志：一种“方言性”[*]文化的诗学阐释

——兼论艺术家的“异文化写作”：《诺阿·诺阿》

彭修银　吴震东

（中南民族大学中南少数民族审美文化研究中心）

摘要：本文旨在探讨艺术民族志的写作，努力将其问题化，并还原为三方面的疑问：其一，民族志写作的“人文转向”对艺术民族志的写作的意义何在？结论是“艺术”能以更加诗意的文本形态进行“艺术的深描”。其二，艺术家进行人类学“田野”时，如何立于自身审美经验以对“他者”的文化及艺术语言，进行一种“方言性”文化的“诗学阐释”？其三，这种“诗学阐释”的张力，如何在“生活场”与“审美场”之间，实现从“本文”到“文本”的“间性互渗”。同时，本文结合对高更的塔希提手记《诺阿·诺阿》的多元思考，言说了艺术家在人类学的“异文化”写作中，“诗学阐释”作为一种方法论的必要性。

* 此处用“方言性”而不用“地方性”来指称民族文化，原因在于：民族艺术与文化符号的象征系统都可视为一种“语言的符码”，亦即“能指”与“所指”的对应性表达方式。在特定的人文场域中，文化语言和艺术语言的表达有其“方言性”的意味，而这种“方言性”不仅仅在于指涉“共时性”的他律因素，或者一种空间层面的“地方性”或“地域性”因素，也在于一种“历时性”的文化自律性选择，英语中的“localism”也有“方言性”的文化含义。

缘　起

艺术人类学是以文化研究为基础的人类学分支学科之一，秉承着人类学“田野——民族志”的基本研究方法论，注重研究世界边缘化族群的日常审美和节日仪式。民族艺术是族群文化的鲜活象征，同时也是一种“情感的符号”的显现形式。因此，“艺术田野”的民族志写作则应兼具“文化记录”和“诗学阐释”的双重性。

而现代派艺术家高更，在塔希提岛的异文化写作——“诺阿·诺阿”中曾点燃的某些“火种”，为艺术家的民族志写作，进行了一些开拓性的尝试。在塔希提岛上，高更有两年的生活体验。在此期间，他选择了与土著居民“同吃同住”的生活方式。在“参与观察”到“观察参与”的过程中，他与当地人结下了深厚的友谊。比之人类学家”拜土著人为“兄弟”或“父母”，高更以更为直接的方式成为一个“当地人”：他在这片充斥着平淡、善良与温情的土地上，找到了他爱情的归宿，并迎娶了一位塔希提的姑娘。作为一名伟大的艺术家，他从未停止过艺术创作，更没有停止过对异族文化生活的思考，就此而言，高更无疑表明了一种人类学家的精神气质。他以“田野随笔”的形式写出《诺阿·诺阿》——虽然这本手记没有详细分析异族文化中的艺术样式，不能成为一般意义上的艺术民族志。但是，《诺阿·诺阿》与当下热议的“人类学诗学”和“作为文化批评的人类学”有着跨越时代的“共振”，也为艺术家的民族志撰写，以及基于异族文化思考之上的自身的艺术创作提供了可鉴的思路。

一　“功能”与“阐释”：民族志写作的转向

“Ethnography”一词来源于希腊文，词根“enthno”是“人”或“种族”的意思，“graphy”意指书写。那么从字面上看，民族志也就是关于特定的“人”或“人群”的书写。

在中国，最早的类似于民族志的记录出现于《史记》的《西蛮夷列传》。其中，记载了我国西南（包括今云南以及贵州、四川西部）地区在秦汉时代的许多部落国家的地理位置和风俗民情，以及同汉王朝的关系，记述了汉朝的唐蒙、司马相如、公孙弘等汉朝官员抚定西南夷的史实，描述了夜郎、滇等先后归附汉王朝，而后变国为郡、设官置吏的过程，揭示了中国不同地域，不同民族，最终将形成一个和睦的多民族国家的必然趋势。

而自人类学在西方正式成为一门学科以来，特别是在马林诺夫斯基的倡导下，开创了“田野工作——民族志”的研究范式。民族志成为异文化记录、传播的主要载体。马林诺夫斯基以《西太平洋上的航海者》奠定了现代民族学之文化研究的“民族志方法论”。

在文化研究的宏旨下，人类学者撰写民族志的功能一般有二。第一，在照相影视技术尚欠发达的20世纪初，人类学家依仗手中的纸和笔，做一种异族社会生活的“民族志文本照相”。在对个别部落社会文化事实进行描述的基础上，建立世界各族文化的资料库，以便作进一步的跨文化比较研究。第二，通过民族志的书写过程，研究者对异族文化知识作了更进一步的细化和梳理，从而让自己的观察更加贴近于“他者”。别林斯基曾说：“民族性是民族特性的烙印，是民族精神和民族生活的标记。”① 要描写处于特定场域中民族生活，首先意味着作家应真实地体验“在那里”的生活状态。因此，从事民族学的研究者，都要求在异域完成至少一年的持续观察，确保能够完整地观察、记录该群体的社会文化活动，以便尽量科学、客观地描述观察对象。

① 别林斯基：《别林斯基选集》第一卷，满涛译，上海译文出版社1979年版，第107页。

诚然，经典人类学作为介于自然科学和社会科学的学科范畴，其学科性质首要体现在其科学性和实证性。为此，马林诺夫斯基将人类学定义为一种“文化的科学”。但是，知识之于主体的观照总是趋于一种相对性的存在，虽然马林诺夫斯基有着建立精密客观的“文化科学”的宏愿，但是民族志的写作，其客观性本身就是有待商榷的。随着马林诺夫斯基的去世，他身前的一些私密的手稿也得以公开。其中的一些言论，则让人更加质疑所谓“文化科学”的民族志写作。马林诺夫斯基曾写道：“至于民族学，照我看来，土著的生活完全没有兴味和意义，他就像一只狗的生活一样离我那么遥远。”[①] 在此不难看出，“文化功能主义最初包含着作者角色的自我意识，只是被隐抑于客观‘程式’”。[②] 马林诺夫斯基以这种态度来观察和分析异文化而写出的所谓的“科学民族志”，其科学性和客观性难免让人质疑：潜意识层面的“主体情感的偏好性”与意识层面的“理性科学的客观性”同时存在于民族志写作中。

这种“二律悖反”，被后来的解释人类学家格尔茨所捕捉。格尔茨将田野工作界定为对“解释的理解”，他在其著作《文化的解释》中写道：“在即已完成的人类学写作文本中，我们称之为资料的（data）实际上是我们对他们及其他们同胞所做解释的解释……在全部人类学事业的基石之上我们已经在进行阐释，而且更加不妙的是我们在对解释本身进行解释。”[③] 他力图将马林诺夫斯基的“文化科学性”转向为“文化解释性”。人类学的研究重心，也由此从族群行为和社会结构的探讨，转向对文化符号、象征意义和思维方式的研究。

---

① 原文为：As for ethnology：I see the life of the natives as utterly devoid of interest or importance，something as remote from me as the life of a dog. 见：Bronislaw Malinowski：A Diary in the Strict Sense of the Term，Stanford University Press，1989，p. 167.

② 周泓：《人类学本体论：从文化、社会到人性、主观——主体观照》，《广西民族研究》2006 年第 1 期。

③ Clifford Geertz：The interpretation of cultures. Perseus Books Group，New York，1973，p. 9.

他本人深受胡塞尔现象学、伽达默尔阐释学的影响，在其阐释人类学理论的辐射下，民族志文本的写作方式也发生了转向：族群文化的“本质直观”不再是写作的最终目的。相反，民族志写作的活动成为一种创作，是解释主体对客体文化现象的一种“交互阐释”，从而使“文化符号”的意义得以生成。在此过程中，尤其突出了一种“主体性”的理论倾向。这种“主体性”范式的显露，与当时整个人文社会科学的理论话语转向有关：从现象学到阐释学，从结构主义到解构主义，从现代主义到后现代主义等，这无一不是对“主体性话语”的一种理论和现实回应。

因此，人类学家在进行“文化深描”（thick description）的过程中，走入由“地方性知识”所编织的“意义之网”，从而对其文化符号的“能指”与“所指”（更多情况下，可能是一种“滑动的能指”，即一个能指对应多个所指）进行一种主体性的阐释。以此作为论述的基点，“在人类学领域，民族志被意识到是一种撰写的作品，人类学家的志趣从理性、科学、实证、结构，转向人文、体验、理解、阐释、解构。人类学范式的这个转换使得它在作品的主观性、建构性、话语性及意义创造等方面，越来越将诗学作为民族志写作的一种实验方法”。[①] 格尔茨认为人类学家所写的民族志必须让读者身临其境地感受到异族文化，确信作者“到过此地”。那么，书写者就会不可避免地运用风格化的语言表述，其文本写作会达到一种“文学性”的倾向。

格尔茨在《论著与生活：作为作者的人类学家》中分析了列维·斯特劳斯，埃文斯·普理查德，马林诺夫斯基，露丝·本尼迪克特，这四位身份不同的人类学家的民族志作品。他指出：由于以往的经验，所处的社会阶级身份的不同，各人的民族志文本都呈现出不同的风格化写作倾向。

① 周泓：《人类学本体论：从文化、社会到人性、主观——主体观照》，《广西民族研究》2006年第1期。

“人类学家究竟在干什么？格尔茨抛开‘他观察，他记录，他分析’的标准答案，响亮地回答：他在写作。既然是‘写作’，那就免不了存在个人性、主观性、文学性的因素了。”① 乔治·E. 马尔库斯也在《作为文化批评的人类学》一书中回应道：“获取关于这个世界的精确而自信的知识，唯一的途径在于借助复杂精致的认识论来充分地重视和考虑在解释人类行为时碰到的那种难以应付的矛盾、悖论、反讽以及不确定性。这看来就是不同人文学科中涌现出来的、对我们所界定的当代表述危机之反应的精神实质。”②

其实，从根本上说这也是一种“文化本体论”（客观、本质、功能）到“文化认识论”（主观、阐释、意义）的写作转向，即从“文化理式”的分析到“文化叙事”之探究的转向。自此，阐释人类学对传统的民族志写作提出了质疑，也不再关心古典人类学关于社会形态进化进行划分的宏大叙事。以此作为背景，格尔茨认为人类学则不应遵循自然科学的研究模式，反对提出普适性的教条律令，转而对具体的、个别的社会群体做深入而细致的文化内部分析，以“文化深描”的方式来揭示其社会行为的意义内涵，他将人类学的学科发展做了一个人文研究的转向，让一门冷冰冰的实验科学有了人文关怀的温暖。③

二 “拘囿”与“超越”：艺术民族志的“方言性诗学”建构

这种人文研究的转向，为艺术人类学的民族志写作提供了新的契机：艺术逃开了理性与科学的拘囿，才能更为感性灵动地呈现于世。同时也为

① 胡鸿保、张丽梅：《“从事民族志”：马林诺夫斯基与格尔茨世界民族》，《世界民族》2010年第1期。

② ［美］乔治·E. 马尔库斯、米开尔·M.J. 费彻尔：《作为文化批评的人类学：一个人文学科的实验时代》，王铭铭、蓝达居译，生活·读书·新知三联书店1998年版，第33页。

③ 吴震东：《“田野的美学”——兼论少数民族艺术研究与日常生活的审美批判》，《民族艺术研究》2013年第4期。

民族艺术的“二度创作”提供了新的空间，让民族文化以“诗学”的文本表述和艺术展演的活性形态得以传播和传承。再者，艺术在“非理性”力量的促使下，往往能产生伟大的作品，这也与原始民族的“野性思维”和“诗性思维”有关，高更在塔希提岛上的一系列的艺术作品，如《我们从何处来？我们是谁？我们向何处去?》、《未开化人的诗》、《苔拉》等，作品中无一不表现着异族文化中常见的图式和色彩。

因此，艺术人类学家的创作可以基于两种形态：具体的艺术形态和民族志文本形态。第一种是艺术人类学家提炼异族文化中的活性审美要素，对地方艺术的一种个性化的“二度创作”，其创作形态可以还原为之前的艺术形态，也可能被艺术人类学家以自身最为熟悉的艺术语言来“重塑”，如乐器、歌谱之于音乐家，画作、雕塑之于美术家；第二种便是基于异族文化“阐释之为阐释”的民族志创作，即一种地方性审美文化的个性化文本揭示。前者是“纯艺术”形态的“还原”或“给予”，后者便是研究者对于异族的“艺术形态”和“文化美学”的文本阐释。[①] 艺术原本就是一种情感符号的外化，情感的质素不可能以所谓科学的计量单位来度量。因此，艺术民族志的文本既然不是传统意义上的仅仅囿于科学性的“记录照相”之文本，而是一种关于文化的情感记忆和关于艺术的审美经验表达，那么就必然是一种“诗学”向度上的阐释和写作。由于民族艺术是带有地方性特征的、一种族群文化的感性显现，所以艺术民族志得以成为一种“方言性”文化的阐释性诗学写作。

诚如斯蒂芬·格林布莱特在《文艺复兴与自我造型》中所写道：

① 在此，必须将“书写文学”与“艺术”区分开，因为有些民族是无文字的民族，也就不存在一般意义上的“文学艺术”了，而民间传唱的口头诗歌应该列入“展演”或“表演”艺术一类，而非异族自身的“书写文学”。因此，这里的“书写文学”专指艺术人类学家基于异族文化生活所写作的文化文本。

> 我在本书中企图实践一种更为文化的（cultural）或人类学的批评（anthropological criticism）——说它是“人类学”的，我们是指类似格尔茨，詹姆斯·布恩，玛丽·道格拉斯，让·杜维格瑙，保罗·拉宾诺，维克多·特纳等人的文化阐释研究（interpretive studies of culture）。上述学者并不同意聚集到一面旗帜之下，其中更少有人分享同一种科学方法。然而，他们确实认同一个信念，即认为人天生是一种“未加工琢磨的动物”，生活现实并不像它们看上去那样缺少艺术性，而那些特殊的文化及其研究者都不可避免地走向一种对于现实的隐喻性把握（metaphorical grasp），并且还认为，人类学阐释工作应当较多地关心某一社会中的成员在经验中所应用的阐释性构造，而不是去研究习俗与机构的制动关系。与此类工作有着亲缘关系的文学批评，因而也必须意识到自己作为阐释者的身份，同时有目的地把文学理解为构成某一特定文化的符号系统的一部分；这种批评的正规目标，无论多么难以实现，应当称之为一种文化诗学（poetics of culture）。[①]

如果说，“诗学的转向”为艺术民族志的文本写作打开了更为广阔的方法论空间，那么研究者自身的知识结构缺陷，则形成了艺术民族志写作的第二层拘囿。不难发现，当下的艺术民族志文本，多是由民族学、人类学出身的学者，基于文化整体观的宏旨下所撰写的。这固然为民族学交叉学科的发展做出了可贵的贡献，但是由于研究者在艺术学、美学方面的知识结构空缺，导致对其所观察的“艺术本体”，即艺术形式层、艺术语言层的分析不甚明了。激进一点来说，“艺术品的价值完全在于它作为一个特殊构造的语言事实。这样一来，艺术品成了一个自足的本体，而与外界

① ［美］斯蒂芬·格林布莱特：《文艺复兴自我造型导论》，赵一凡译，载于中国社会科学院外国文学研究所编《文艺学与新历史主义》，社会科学文献出版社 1993 年版，第 89 页。

没有任何联系，只有形式是唯一的存在”。[①]

换言之，研究者基于艺术形式本身的分析没有达到一定的深度，就急不可待地绕到艺术背后来言说“文化整体”，而在此基础上所写作的艺术民族志难免是隔靴搔痒。如内蒙古的长调，如果仅仅将“长调”作为一种文化仪式，即讲述蒙古族对于草原情怀的歌赞，以一种艺术的“仪式”来概括其族群的文化全景——这固然是传统人类学对于民族艺术的权威研究方法。但既然研究的对象是艺术，则不能仅仅只谈及艺术“他律性”的层面，更需要从艺术“自律性”的层面做分析。就长调而言，它与处于其他文化范式中的音乐有无对比印证的价值？长调的装饰音演唱与西方巴洛克时期的装饰音演唱方式有何区别，此区别中所蕴含的审美精神的差异如何分析？笔者看来，这种差异性既是一种文化本体之间的差异，同样也是一种艺术本体之于“言说”方式上的差异。因此，只有在全面把握这种艺术语言的“方言性”特质之后，才能进一步的揭示出其地方性的“族群审美精神”，最后触摸到隐于艺术和美学之后的“文化全景”，即完成一种从“艺术语言”至“审美精神”到“文化逻辑”的三阶段“梯度上升”，三个层面绝不能一概而论。

反过来说，一些研究音乐和美术的学者借用人类学的“田野”方法来研究一些地方性的艺术作品，则收获了不错的成果，如音乐人类学家布鲁诺·内特尔、A. P. 梅里亚姆等。由此可见，研究者自身的艺术素养对于艺术接受过人类学的“田野”工作至关重要。对于兼具深厚艺术素养和人类学训练的研究者而言，观察异族文化的目的不仅仅局限于对“客位文化”的记录和描写，也是对自身创作的“灵性启蒙”和既有文化观念的“诗意再造”。

艺术民族志的文本写作，要表达的不仅仅是拘囿于一种科学和实证的

① 王岳川：《艺术本体论》，上海三联书店1994年版，第26页。

"真实"，更在于一种情感和艺术的"真实"。艺术与审美的这种"灵动的真实"比之实证意义上的确定性更赋予超越的地位。这种"灵动的真实"需要一种诗学的文本表述，如果忽略了主体的意识和情感，艺术本体的意义也就消解殆尽了。笔者在此结合"细读"高更的塔希提手记《诺阿，诺阿》中的一些段落，来分析艺术人类学家在进行异文化写作的叙述手法和主体审美状态的转变。

首先，《诺阿，诺阿》在写作中，多处运用感情细腻的诗意性语言进行表述：

> 在绛紫色的地面上，散落着一些长长的树叶。它们拳曲着，呈明黄色；看上去像是遥远的东方哪个国度的文字……一道隐蔽的目光从那上面射入大海的深处。芸芸众生触及了科学之树，犯了罪，犯了胡思乱想的罪，现在已经被大海吞咽。这个盘饰下面也有一个头颅；我觉得它和斯芬克斯有一种说不出的相像之处。你看，那道宽宽的裂缝，不就是它的嘴吗？你看，那嘴角的笑意，不正向埋葬着往事的波涛庄重地投去讥讽与怜悯吗？夜幕完全闭合了，莫雷阿进入了梦乡，寂静包围着我。今天我总算领略到了塔希提岛上夜的寂静。①

高更以诗意的语言，言说着对这片土地深沉的爱。"倡导民族志诗学的主要目的就是希望把简化为文本的僵化的文学还原为具体传播情境中丰富而多彩的活的文学。"② 这种"方言性"诗学的写作方式，能更加生动地捕捉到特定生态文化机制所建构和维系的审美认同及隐匿其中的审美

① ［法］高更：《诺阿·诺阿——芬香的土地》，郭安定译，中国人民大学出版社2004年版，第19页。

② 叶舒宪：《口传文化与书写文化："民族志诗学"与人类学的表现危机》，《广东社会科学》2001年第5期。

权利，也提供了对艺术蕴含加以调节和把握的诗学深度和阐释性空间。“方言性”文化的诗学表达，是作者基于从“文化它观”到“文化自观”，从“参与观察”到“观察参与”之后的一种文化经验性考察与诗学审美性描述的“视域融合”，并意指一种文化与人文的回归。进而言之，文化艺术的“方言性”与民族志表达的“诗学性”在此成为一种“文化文本”的同一。

从主体上说，异族文化的田野经历也为观者自身带来了多角度的文化视域和艺术审美观念的重塑。

> 我的境况一天天好起来，还学会了当地人的话。他们所说的，我差不多都能听得懂。我的邻居们——有三家住得很近，其他远近不等，但为数不少——不把我当外人看待。我的双脚经常和石子碰撞，脚掌长满厚茧，赤脚在土地上走也非常自如了。衣服穿得很少，几乎终年赤身露体，太阳再毒，也不怕晒了。文明慢慢从我身上消退，我的思想也变得单纯了。对邻居们的怨恨所剩无几；相反我开始喜欢他们了。①

在此，作者从一个“场内的局外人”慢慢向“社区的一员”进行着一种身份意识的转换。身份意识的转变，也随之带来了审美判断和文化观念的转变，即从一个“西方中心主义”视域下的“你们”，转而成为一种“文化相对论”尺度下所声称的“我们”。

> 神像被放到雕刻华美的担架上，由祭司们抬着出了庙门；新国

① ［法］高更：《诺阿·诺阿——芬香的土地》，郭安定译，中国人民大学出版社2004年版，第19页。

王则由几个首领抬着，走在后面，仍然由阿里奥依簇拥着，向海边前进……老百姓打破了仪式开始以来的沉默，发出响亮的呼喊……国王卧坐在席子上，接受臣民“最后的洗礼”。好几个一丝不挂的男子和妇女在国王周围跳起猥亵的舞蹈，并千方百计地用身体的不同部位触碰国王的身体，使他难以避免受到最不体面的玷污……不过，请允许我谈点不同意见：这些场面并不是无美可谈的。[①]

高更在此达到了一种美学意义上的“同情”之理解，也就是从“主体性的认识论”上升到一种“主体间性的理解论”，他已经完全浸入式地体验到了当地文化的美学意义。即是说，他是从“文化自观”的“内部人”的视角，来审视作为“艺术”的“仪式”的美学价值，从而发现其族群内部的文化张力。也只有具有广阔的人类学视野和深厚艺术积淀的研究者才能达到这种“方言性”诗学的写作范式。

三　从“文本”到“本文”：诗学与生活的间性

诚然，地方艺术的意义和价值并不完全在于其艺术形式的“自律性”本身，更在于对作品成形的社会意识和文化语境的交互阐释。在此阐释过程中进而实现由文本走向文化，从艺术美学走向意识形态，进而揭示出其地方艺术形态的“寓言”价值和文化意义。

对于艺术民族志而言，狭义的“诗学”是一种浪漫化的文本表述；而从广义上讲，“诗学”也是一种态度，是艺术人类学家“田野”时，所应具有的一种开放的“生活审美”心态和“诗意创造”精神。艺术和诗总是一种关乎生活的隐喻。而“方言性”的文化幔帐成为艺术和审美生成的独

① ［法］高更：《诺阿·诺阿——芬香的土地》，郭安定译，中国人民大学出版社2004年版，第102—103页。

特场域。在此场域中，精神与物质的文化“二元结构”双重叠合，成为一种象征性符号的隐喻，最后衍生成为一种特殊的审美生态系统。因此，“生活文化”的观察与“诗意审美”的写作，理应在艺术民族志的文本层次上，形成一种“形式对话”和“阐释共鸣”。进而言之，生活文化的体验与艺术审美的表达，在艺术民族志的写作上是两个共在的向度，即“文化诗性的阐释”和“文化阐释的诗性”。

再者，异族的艺术形态、审美观念和文化逻辑是以日常生活作为前提的，这就是说，其研究必须以族群的现实生活样态和艺术活动作为支撑。以此作为论述的逻辑起点，艺术和审美文化的研究应以“日常活动审美”为基点，日常活动是一个民族与自然世界沟通的媒介和方式，也是一个民族对内凝聚、对外排拒的一种表现形式，受生活文化的影响而形成的特定的审美思维方式和观念信仰，并指向一个特有的意义世界，一个包含着真、善、美、用的特殊维度。

“田野”工作的目的，就是让研究者进入调查社区的日常生活中，从他们生活中不经意间所表露的无意识细节，如谈话中细微的肢体行为等，来解释地方性艺术和文化中所存在的“内隐性”。例如：

> 晚上躺在床上，我俩喜欢没完没了地长谈……在这个女孩的心灵深处，我搜寻着往昔的踪迹……我一个问题接一个问题地询问，她的回答常常是令人满意的……苔拉按时到教堂去，用嘴唇和手指做着官样的礼拜。但是，她能背出毛利族奥林帕斯诸神的全部名姓；知道他们如何创造世界。①

① ［法］高更：《诺阿·诺阿——芬香的土地》，郭安定译，中国人民大学出版社2004年版，第69页。

高更惊奇地发现，有些毛利人的信仰竟然是多重的，塔希提的“塔阿罗阿神”和外来的“耶稣基督”相安共存。

在这种类似的谈话中，高更分析了毛利人关于月亮的文化情结，并深入地观察了原始居民关于“天人”意识的宇宙观思考。

> 有时候，碰对了机会，她就给我上一堂塔希提神学课；毛利人似乎连月光的性质都有所了解。他们设想月亮是和地球大致相同的球体；和地球一样，月亮上也有人居住，也有种种物产。他们用自己的方法测量从地球到月亮的距离。奥拉树（榕树的一种）的种子，是由白鸽从月亮上带到地球上来的。白鸽飞了整整两个月才到达地球的卫星。又过了两个月，终于返回地球。[①]

在此之上，高更进一步地挖掘出，月亮与毛利人的信仰及其思维方式有很重要的关系。

> 在毛利人的“形而上学思辨”里，月亮占有很重要的地位。过去，好几个盛大的节日与月亮有关。阿里奥依帮会的传统记事也常常提到月亮……首先是明确提出了世界的两项基本要素。它们是普遍的、无所不包的，又是唯一的、没有例外的。然后，这两项基本要素又构成一个至高无上的统一体。一个要素是阳性的：灵魂与智慧，塔阿罗阿，等等。另一要素属于阴性，纯粹是物质的，在某种意义上构成了造物主自身的身体，它就是希娜女神。希娜不仅仅是月亮的名称。还有“空气女神”希娜、“海洋女神”希娜和“内部女神”希娜。不过这个名字仅

① ［法］高更：《诺阿·诺阿——芬香的土地》，郭安定译，中国人民大学出版社 2004 年版，第 70 页。

仅属于空气、水、土地和月亮；太阳和天，光明以及它的帝国，这些都是塔阿罗阿的范围。[①]

由此不难看出，在毛利人的世界里，“塔阿罗阿”象征着阳性，而月亮女神“希娜”象征着阴性，并将这两项作为他们文化中最基本的“二元对立”结构。而且，毛利人将月亮阴晴圆缺的连续变化视为象征世界的“永恒”和生命的“终结”的图式：“毛利人把月亮看成永恒运动的体现，把月亮这个星辰列入永存事物的数目之中。它熄灭是为了重新燃亮，它消亡是为了重生。”[②] 由此可见，毛利人颇具哲性和诗性的思维，并内化成他们日常生活的思维方式。这种思维方式常常呈现为一种充满想象和诗意的模式，这即是说“原始思维”中带有某些“诗性思维”的要素。人类符号学家卡西尔将类似的这种思维称为一种“隐喻思维”（Metaphorical thinking），认为这种思维不是按照一般的逻辑程序去思考事物，而是“先于逻辑”的一种概念和表达方法，即呈现出一种形象的直观性、模糊的混沌性，喜爱用想象、联想、比喻来思考，而缺少逻辑推理的抽象性提炼，这种思维方式也正是使其文化生活所具有的“诗性”特征的关键所在。

这些诗性的要素，也在于“原始思维”或“隐喻思维”对“生活世界”的一种“创造性的想象”，同时也表征着一种“生活场”向“审美场”的“互换”与“同构”。人类学家可以通过民族志的写作去把握这个面呈于我们眼前的生活文化，并力求提炼其诗性的意义，进而才能以诗性的文本表述将其呈现于世。作为文化现象的“内容”是片面的，但意义的阐释的空间却为人所敞开。那么艺术民族志的写作就必然是一种方言性文化的诗学阐释。

---

① ［法］高更：《诺阿·诺阿——芬香的土地》，郭安定译，中国人民大学出版社2004年版，第88页。

② 同上书，第89页。

因此，艺术民族志，旨在以其“可考”的族群文化艺术现象，展开多维阐释的对话性空间，在对话的过程中完成一种诗学的描述。达到艺术民族志（文本）到文化生活（本文）的互文，即“文化阐释的诗性”与“文化诗性的阐释”的一种间性的“互补”与“互渗”的状态。这种“互补性”和“互渗性”也进一步说明，艺术和审美不属于实证科学和伦理学的范畴，而是从诗学意义上，对其族群艺术文化符号的一种审美性阐释。诚如李泽厚先生所言：“艺术不是理智所能替代、理解和说明，它有其非观念所能限定界说、非道德所能规范约束的自由天地。这个自由天地恰好导源于生命深处，是与人的生命力量紧密联系着的。”[①] 因此，一般意义上的民族志写作，并不能贴切地表述异族文化中艺术和美的内隐性。故而，艺术民族志唯有建立在一种“诗学阐释”的基础上，才能更加贴近其“方言性”文化中的艺术精神。

① 李泽厚：《人类学历史本体论》，天津社会科学出版社 2008 年版，第 240 页。

身体美学

实践转向与身体美学

张玉能

（华中师范大学文学院）

摘要：实践转向对身体美学的影响不可忽视，因为实践与身体不可分开，审美实践和艺术实践同样不可能与身体及其审美化分割开来。实践转向将使身体美学密切关注人的自身生产，由人的自身生产的数量方面转向其质量方面，由一般的优生优育转向审美的优生优育。身体美学的实践分析将由物质存在转向其符号存在和精神存在，不仅关注身体的外在的审美实践，同时注意身体的符号和精神的审美实践。身体美学的实践分析还将由身体规训的实践分析转向身体自由的实践分析，不仅关注人类身体的社会化实践，而且关注人类身体的审美化实践，在审美实践和艺术实践中塑造物质身体、符号身体、精神身体相统一的完整的人类身体整体。

马克思的《关于费尔巴哈的提纲》（1845 年春）不仅宣告哲学和美学由“解释世界”转向了“改变世界”，[①] 而且在实践的基础上关注人与自然

① 中国作家协会、中央编译局编：《马克思恩格斯列宁斯大林论文艺》，作家出版社 2010 年版，第 49 页。

环境、人与自身的关系。马克思说："环境的改变和人的活动或自我改变的一致，只能被看做是并合理地理解为革命的实践。"① 实质上，马克思在这里也指明了实践转向与人的自我身体的密切关系，蕴含着身体美学的实践基础。同时，马克思和恩格斯还把人的自身生产视为物质生产的一个方面，提出了"两种生产的理论"。这就形成了马克思主义的"现代实践转向"与身体美学产生的契机。20世纪90年代西方当代理论进一步出现了"后现代实践转向"。所谓实践转向就是一种"实践进路"，而"实践进路宣扬一种独特的社会本体论：社会是围绕着共有的实践理解而被集中组织起来的一个具身化的、与物质交织在一起的实践领域。"② 实践转向关注的焦点在于"转向实践"，其中一个重要方面就是：由实践理论转向实践分析。这种"实践分析"的趋向，就是"少关注理论的范畴，多关注对特殊实践现象的分析"。③ 这种"实践转向"对于当代身体美学的产生和发展具有非同寻常的指导意义。

一　实践转向与人的自身生产

实践转向对身体美学的影响不可忽视，因为实践与身体不可分开，审美实践和艺术实践同样不可能与身体及其审美化分割开来。众所周知，实践永远是离不开人的身体的，实践说到底就是人的身体的活动，离开了人的肉体存在就不可能有任何实践。这是一个人尽皆知的浅显事实。一般说来，人的社会实践是指，人类的感性的、现实的、对象化的活动，也就是身体即肉体存在和精神存在的整体活动。

① 中国作家协会、中央编译局编：《马克思恩格斯列宁斯大林论文艺》，作家出版社2010年版，第48页。

② ［美］西奥多·夏兹金、［美］卡琳·诺尔·塞蒂纳、［德］埃克·冯·萨维尼主编：《当代理论的实践转向》，柯文、石诚译，苏州大学出版社2010年版，第4页。

③ 同上书，中文版序言第1—3页。

所谓感性的活动，就是指以人的眼（视觉）、耳（听觉）、鼻（嗅觉）、舌（味觉）、身（触觉）五种感觉器官来具体接触、把握、改变对象的活动。感性活动与感性认识，虽然二者都离不开人的五官感觉，但是，感性认识只是通过感觉器官收取对象的各种外在性质状态的信息，却并不触动、改变对象本身。而感性活动则必然要以感觉器官触动、改变对象本身。因此，马克思在《巴黎手稿》中专门提出了“实践感觉”，并指明它指的是“意志、爱等等”。[①] 这种所谓的“实践感觉”应该就是一种感性的活动，或者确切地说，是通过人的五官感觉进行的实践活动。因此，感性的活动和感性的认识是有联系而又有区别的两种人类存在的范畴。毛泽东在《实践论》中说过：“你要有知识，你就得参加变革现实的实践。你要知道梨子的滋味，你就得变革梨子，亲口吃一吃。”[②] 由此可见，感性活动应该是感性认识的前提，实践就是变革或改变现实对象。感性的实践活动也就是人的身体的五官感觉直接变革或改变现实对象，而感性的认识则是在感性的实践活动的基础上在意识之内对对象的性质状态的信息的接受、加工和传递。正因为如此，人的实践活动就是一种不离开现实对象的外观形象的感性活动。也许从这个角度来看，我们就可以直观地理解马克思在《巴黎手稿》所说的人的生产“也按照美的规律来构造”。大概这也是古希腊人把美学称为“感性学”或“感觉学”的原因吧：审美对象具有外观形象性，而审美活动必然离不开作为审美器官的人的五官感觉。反过来说，人的实践活动也改变和形成人的感觉器官，使得人的感觉器官同时也成为审美感觉器官，即“有音乐感的耳朵、能感受形式美的眼睛”。[③] 从柏拉图

① 中国作家协会、中央编译局编：《马克思恩格斯列宁斯大林论文艺》，作家出版社 2010 年版，第 26 页。

② 《毛泽东选集（一卷本）》，人民出版社 1964 年版，1967 年 11 月改横排袖珍本，第 264 页。

③ 中国作家协会、中央编译局编：《马克思恩格斯列宁斯大林论文艺》，作家出版社 2010 年版，第 26 页。

开始，托马斯·阿奎那、席勒、黑格尔等美学家都把审美器官限定在眼睛和耳朵这两种感觉器官上，或者把眼睛和耳朵视为主要的审美器官。这是因为通过人的以物质生产为中心的社会实践越来越离开人的身体的肉体存在需要而逐步走向身体的精神存在需要。就是从身体的外形来看，五官感觉中的实用性强的感觉器官逐步在人类进化过程中收敛，而审美器官逐渐凸显出来。比如，越是低级的哺乳动物，它们的鼻子和嘴巴（嗅觉器官和味觉器官，即主要的实用器官）越是突出在脸部的前方，而它们的眼睛和耳朵（视觉器官和听觉器官，即主要的审美器官）就越是萎缩在脸部的后面。原始人与现代人相比也显现出同样的面部器官的分布特点。这应该是人类的感性实践活动对于感觉器官的进化性的改变在身体外形上的表征。从这个角度来看，美学之中必然地包含着身体美学，它应该是以艺术为中心研究人对自身身体的审美关系的科学。

所谓现实的活动就是指，人的个体身体直接参与的，与对象直接相互作用的活动。正是实践的这种具身性，即人的身体的直接参与性和主客体之间的相互作用性，保证了实践的现实性。这种实践的现实性对于审美实践和艺术实践具有非常重要的意义。因为，如果审美实践和艺术实践没有了这种具身性或现实性，就会使得审美想象和艺术想象或者审美虚构和艺术虚构失去了现实根据，成为无本之木，无源之水，也就可能失去了真和善的基础，同时也就丧失了美的属性和价值。这是我们不敢苟同后实践美学的所谓“纯粹精神性的审美超越性”的根本原因。我们认为，美和审美及其艺术肯定是具有超越性的，但是，这种审美超越性却不是“纯粹精神性”的，那样就必然会是纯主观的，任意妄为且随心所欲，毫无根据的胡思乱想。这样的“审美超越性”只能是主观唯心主义的审美乌托邦，在这种审美乌托邦中，人的肉体存在已经化为乌有，灰飞烟灭，只有人的精神存在的幽灵随风飘荡，无所不在。或者换句话说，在这种审美乌托邦中，审美主体的身体没有了，只有审美超越性的精神的主体间性任意飞扬，恣意飘荡，像一股青烟在后实践美学的王国里飘散，不可捉摸，不知所以，不知所往。因此，身体的现实性是实践的依据，也是审美实践和艺术实践的依据，也应该是身体美学的依据，身体美学在实践转向中之所以会勃兴起来，就是因为人类要改变在现实中存在的自己的身体，使其审美化和艺术化，而且是在身体的整体上，而不仅仅是在身体的精神存在方面，与人发生审美关系，成为审美对象和艺术对象。

所谓对象化活动就是指，人类的实践活动是要把人的肉体的和精神的本质力量对象化为独立于人的身体之外的对象和对象世界。人类的实践活动是一种人类主体见之于对象世界客体的活动，这种活动是要在对象和对象世界中按照对象和对象世界的规律或尺度实现人的某种目的。因此，人的实践（物质生产，话语生产，精神生产）就是按照任何物种的尺度进行的活动，在这种活动中还要把人的内在的固有的尺度运用到对象上去。这就决定了人的实践是一种“按照美的规律来构造”对象和对象世界的活动，“劳动的对象是人的类生活的对象化：人不仅像在意识中那样在精神上使自己二重化，而且能动地、现实地使自己二重化，从而在他所创造的世界中直观自身”。[①] 从而，人才能够产生审美愉悦，生成美感。所以，人类的社会实践永远是主客体之间的相互作用，是主体改变客体世界的对象化活动，而不可能是所谓的“主体间性”的活动，那么，所谓的“主体间性的美学”也只不过是一种主观的设想，因为在一个没有客体的“世界中”，主体的存在本身也就没有任何意义。就是人类的每一个个体的身体本身，它既是社会实践的主体，同时也是社会实践的客体；人们在改造自然世界的同时，也在改造自己的身体。正是这种人类对自身身体的改造活动，才使得人的身体本身作为客体能够与人类主体

---

① 中国作家协会、中央编译局编：《马克思恩格斯列宁斯大林论文艺》，作家出版社2010年版，第21页。

发生审美关系，因而才会有研究这种人对自身身体的审美关系的身体美学。因此，身体美学只能是实践转向以后被凸显出来的一般美学的一个分支。在身体美学独立出来之前，人们当然也会关心人对自身身体的审美关系，不过，那只是作为自然和社会的一部分来关注的，因此，关于身体的美和审美及其艺术就成为自然美和社会美及其审美和艺术的一部分。身体美学凸显出来的只能是实践转向以后的结果。其中，马克思主义关于“两种生产的理论”中的“人的自身生产理论”就是身体美学开始萌生的重要契机。

马克思主义的“现代实践转向”的一个重大的理论成果就是“两种生产理论”，也就是把人类的自身生产与人类的物质生产相提并论，并把人的自身生产作为人类的物质生产的大前提。这样的实践转向不仅把人类的物质生产及其经济基础作为人类社会的最终决定因素，而且把人的自身生产作为人类社会最终决定因素的前提条件，这样不仅提出了实践本体论的历史唯物主义，而且突出了历史唯物主义的人文精神，打破了历来对历史唯物主义的所谓“经济决定论”的误解或曲解。因此，实践转向将使身体美学密切关注人的自身生产，由人的自身生产的数量方面转向其质量方面，由一般的优生优育转向审美的优生优育，促进身体美学的健康发展。

一般说来，人类的实践离不开人的身体，人的身体的数量和质量往往决定着社会实践的质量和数量，而且随着科学技术的发展，人的身体的质量对于人类社会实践的数量和质量的决定作用比之人的身体的数量更加重要。因此，人的自身生产就必须保证人的身体的质量，优生优育的课题必然成为人的自身生产的主要问题，而随着工业社会向后工业社会、信息社会、消费社会的转变，工业化进程初期的人口过剩的危机已经随着马尔萨斯人口理论的破产被化解了，人的身体质量问题就日益凸显出来，因而身体美学就呼之欲出了。20 世纪 30 年代，苏联无产阶级杰出艺术家高尔基就多次从人的身体和人的自身生产的角度谈到了美学问题。1931年12月6日同时发表于《真理报》和《消息报》的《谈谈〈诗人丛书〉》一文中，高尔基说："个人的爱情的浪漫主义化具有深刻的文化教育意义，——它表明男子希望和女人建立一种使两脚的雄性动物不同于四脚动物的关系。因为有这样一种愿望，想象力就帮助了男女两性培养了对形式完美的生理倾向，培养了他们的性的美学。"[①] 在1935年5—6月发表在《我们的成就》杂志第5—6期上的《论艺术》中，高尔基又说："希望形体的完美，是一种来自生物学的追求，它的基础就是：人希望锻炼自己，使身体柔韧，肌肉有力，动作灵巧。这是对体育的期望，古代希腊人已经在他们无比完美的雕塑里特别鲜明地体现出来了。人们知道，健康是伴随着生活的极大快感而来的；从事改变物质和生活条件的人，可以享受到最大的快乐——不平凡的新事物的创造者的快乐。"[②] 在1931年6月12日在劳动宫同三百名工人突击队员的谈话《就全苏工会中央理事会工人编辑委员会提出的问题同突击队员作家的谈话》中高尔基也说过："美学是什么呢？美学——这是生物对形式的完美的追求。这种美学的基础是一种非常明确的、纯性欲的动机。美学的基础是性和性本能。为什么一定需要漂亮的女人呢？只不过是因为她是个漂亮的女人，她可能会生出漂亮的孩子。可是一个驼背的女人恐怕根本就没有这种可能，因为生第一胎时，她就会死去，她的骨盆窄小，脊椎骨不直，等等。美学里包含着生物学和用石头、木块、声音、语言来创造完美形式的本能和智力——理智的渴望。当我们根据社会劳动条件来树立我们的艺术标准的时候，我们就会理解这种渴望。"[③] 译者在最后这一番谈话的中间做了一个译注，称高尔基关于"美学的基础是性和性本能"的观点与弗洛伊德的"反科学的学说"有关。译注

① ［苏］高尔基：《论文学》，孟昌、曹葆华、戈宝权译，人民文学出版社1978年版，第51页。
② 同上书，第141页。
③ 同上书，第306—307页。

所说是有根据的，不过说弗洛伊德的学说是“反科学的学说”却有失偏颇，尤其是从身体美学的角度来看是有一定道理的，多少有一些生物进化的根据。

从人的自身生产来看，这种生产的最原始动力只能是性和性本能。不过，这种人类性本能（无意识）的基础，在社会实践过程中发生着变化：由动物祖先的“乱交”到人类社会的“群婚”或摩尔根所谓的“血缘家族”，即以血缘为基础的家庭组织，这种婚姻按照辈分而划分，同辈间互为婚姻；这种婚姻虽然排除了不同辈分之间的婚姻，但是所有的兄弟姐妹之间却可以结婚，经过自然选择，排除了族内婚，因为族内婚所形成的遗传病直接影响到后代的身体健康；人的自身生产的方式变化为“普那路亚婚”，即典型的族外群婚形态，即母系社会的母权制氏族公社的形成：人们只知其母，不知其父，世系按照母系来计算。大约到了15000年前中石器时代和新石器时代，原来的群婚制演进为“对偶婚”，夫妻关系比较明确，不过两性结婚并不稳固，婚姻关系很容易解除；但是，对偶制婚姻严格禁止氏族内部成员之间的通婚。在这样的基础上，才逐渐产生了自觉的人工选择方式，转向“一夫一妻制婚姻”；因此，大致说来，从原始社会的母系社会转向父系社会，人类的自身生产才开始自觉追求健康的后代及其生存发展，接着才可能有审美的人工选择，即对于“完美形式”的追求；或者用马克思的话来说就是“按照美的规律来构造”，形成人类的自身生产的审美倾向。[①] 因此，高尔基的上述反复论述的学说观点，虽然受到弗洛伊德精神分析学说的影响，但是进行了历史唯物主义的改造。他从本能（原始动机）——自然选择（健康上的优胜劣汰）——人工选择（形式完美的审美选择）的递进层次阐述了人的自身生产的演进过程，基本上是历史唯物主义的形象解说。这从上引他的第三段论说的最后说明“当我

① 参见高福进《地球与人类文化编年：文明通史》，上海人民出版社2003年版，第46—48页。

们根据社会劳动条件来树立我们的艺术标准的时候，我们就会理解这种渴望”，即可见一斑。高尔基并不是纯粹从生物学的角度来阐述人的自身生产的，而是以生物学的本能为出发点，从人类的社会实践的发展过程的不同层次的自然选择和人工选择的进化过程，来分析人的自身生产，最后归结为人对形式完美的渴望，这种渴望根源于人类的动物性本能，发展生成于“社会劳动条件”中所树立的“艺术标准”（审美标准）之中。

因此，实践转向所凸显出来的身体美学，首先应该关注人的自身生产。要把人的自身生产这种植根于动物性本能之中的物质生产，如何在人类社会实践中逐步演进、升华为“按照美的规律来构造”以及实现“希望形体完美”的“生物学追求”和“创造完美形式的本能和智力——理智的渴望”的社会实践过程分析出来。我们是否可以接着马克思和高尔基所开辟的思路，在实践转向和实践分析之中建立起新实践美学的身体美学？[①]

二　身体美学转向符号和精神的审美实践

身体美学当然首先必须关注物质存在或肉体存在的身体。物质身体和肉体身体是身体美学的基本出发点，因为没有了物质身体和肉体身体，符号身体和精神身体就不能存在，物质身体和肉体身体是符号身体和精神身体的载体。而且，物质身体和肉体身体是最直观、最外在、最实在的身体存在。因此，物质身体和肉体身体往往成为人对自身的审美关系的直接显现，这大概就是人体美成为人们最早的审美对象的直接原因。但是，人的物质身体和肉体身体要成为人们的审美对象，那是一种社会实践的产物，是人们在长期的以物质生产为中心的社会实践中逐步形成人对自身身体的审美关系的结果，只有在这种审美关系的语境下，人的肉体才可能成为审美外观，成为审美形象，因此，人体美是社会实践的产物，欣赏活生生的

① 参见张玉能《人的自身生产与身体美学的建立》，《吉林大学学报》2007 年第 3 期。

人体美是需要较高的美的文化修养的。德国诗人美学家席勒在《审美教育书简》第26封信中这样说："一个活生生的女性的美当然会使我们同样喜欢，而且甚至会比一个同样是美的，但仅仅是画出来的女性更使我们喜欢；但是，只要我们比喜欢画出来的女性更喜欢活生生的女性，那么这个活的女性就不再是作为独立自主的外观使我们喜欢，不再是使纯粹的审美情感感到喜欢，因为即使活生生的东西只有作为现象，即使现实的东西只有作为观念，才可能使纯粹的审美情感感到喜欢。但是，要在活生生的东西之中也只感觉到纯粹的外观，比起使生命不具有外观来，所要求的美的文化修养水平不知要高多少。"① 那么，我们欣赏活生生的人体美，必须更多地从审美关系、审美文化、审美外观、审美形象的角度来展开，把人的肉体身体存在作为一种审美符号，文化符号，精神存在，形式存在来对待，感受、体验它的审美内涵，文化意蕴，精神意味，形式完美，而不是回到生物学的本能上来欲求、渴望，而是把这种植根于生物学本能的欲求、渴望在实践转向和实践分析中确定它的审美实践和艺术实践的性质状态。

因此，身体美学的实践分析将由物质存在转向其符号存在和精神存在，不仅关注身体的外在的审美实践，同时注意身体的符号和精神的审美实践。

即使是人的物质身体或肉体身体本身，它与人的审美关系也不仅仅是物质外形，或肉体本身直接表露出来的审美价值，更重要的是它所蕴含的符号价值和精神价值。比如，一个女性人体美的审美对象，不论她是米罗的维纳斯雕像，还是波提切利的《维纳斯的诞生》中的维纳斯的画像，抑或是其他伟大画家的镜前的维纳斯或者侧卧的维纳斯，当然她首先必须是一个容颜姣好，身材美妙的肉体身体存在，但是，她还要超越这个物质身体的层面，达到符号象征意义和精神内在价值的层面上，才能够称得上是

---

① ［德］席勒：《席勒美学文集》，张玉能编译，人民出版社2011年版，第288页。

真正的审美实践和艺术实践，因为在现实生活和人类的实践活动中，女性人体美除了外在的、完美形式的外观形体以外，还蕴含着青春、健康、生命、孕育、丰腴、未来等符号象征意义和精神内在价值。法国伟大的雕刻艺术家罗丹在谈到女性人体美时说过："人体，由于它的力，或者由于它的美，可以唤起种种不同的意象。有时像一朵花：体态的婀娜仿佛花茎，乳房和面容的微笑，发丝的辉煌，宛如花萼的吐放；有时像柔软的常春藤，劲健的摇摆的小树。""它有时像弹簧，良弓，花瓶，生命的壶。""人体，尤其是心灵的镜子，最大的美就在于此。""我们在人体中崇仰的不是如此美丽的外表的形，而是那好像使人体透明发亮的内在的光芒。"[①] 而且，在人们的审美实践和艺术实践中，人体的每一部分都不仅仅是一种执行着某种功能的、美妙的身体器官，同时还具有符号象征意义和精神内在价值。比如，头，象征着人的强有力：被割下的人头似乎就是这个头的主人的精神、生命、力量，皇帝、国王、英雄的头像往往出现在钱币、柱子上面代表着权力和纪念，多头的人或动物是威力和智慧的象征，如"天上九头鸟，地上湖北佬"，头的不同姿势表示着不同的含义——低头表示顺从，昂头显示骄傲等。[②] 在印度教艺术中梵天通常具有四个头，面向他所创造的宇宙的四个方向。在中世纪晚期和文艺复兴时期的艺术中，拟人化的谨慎长着三个头，象征她的主要特征：记忆力、智力和预见性，或者象征过去、现在和未来。[③] 头是人体最重要的部分，在人体的顶端，因而引发出"头目"、"首领"、"首长"之类的称谓，意指在其他人之上的人，即领导者，就像头统领四肢一样。同时，头还是一个人区别于其他人的主要

---

① ［法］罗丹口述，葛赛尔记：《罗丹艺术论》，沈琪译，人民美术出版社 1978 年版，第 62—63 页。

② 檀明山主编：《象征学全书》，台海出版社 2001 年版，第 265—266 页。

③ ［美］詹姆斯·霍尔：《东西方图形艺术象征词典》，韩巍等译，中国青年出版社 2000 年版，第 230、232 页。

标志。正因为头在人的身体上的重要地位，在古代社会中，猎头是一种颇为盛行的风俗习惯，在全世界各地都很流行。猎头，在中国古代称为馘首、祭首、猎首、祭枭，意为把人的头割下来。[①] 这些象征意义和精神价值实质上都是在人类的社会实践、审美实践和艺术实践中长期积累沉淀下来的，因而身体美学的实践分析也就必然会把它们揭示出来。并且只有把身体的符号意义和精神价值揭示出来了，身体的完整的意义和价值才能被人们所把握了。这样就可以超越一直以来对身体的规训和控制，而关注身体的实践自由。

三　身体美学与身体自由

诚如历史事实所呈现的那样，在私有制社会中，统治阶级总是要想方设法控制被统治者和某些持不同政见者和反抗者，而身体的控制则是一个极其重要的方面，因而身体的规训就成为统治阶级密切注意的一个焦点。为了巩固自己的统治地位，统治阶级设立了学校、工场、工厂、军营、医院、修道院、精神病院、监狱、礼法、刑法、刑具、刑场等来规范和培训合乎统治者要求的人及其身体。法国思想家福柯在《规训与惩罚》一书中指出18世纪社会对身体的规训的新颖之处："当然，人体成为如此专横干预的对象，并非史无前例。在任何一个社会里，人体都受到极其严厉的权力的控制。那些权力强加给它各种压力、限制或义务。但是，在这些技术中有若干新的因素。首先是控制的范围。它们不是把人体当作似乎不可分割的整体来对待，而是'零敲碎打'地分别处理，对它施加微妙的强制，从机制上——运动、姿势、态度、速度——来掌握它。这是一种支配活动人体的微分权力（infinitesimal Power）。其次是控制的对象。这种对象不是或不再是行为的能指因素或人体语言，而是机制、运动效能、运动的内

① 易思羽主编：《中国符号》，江苏人民出版社2005年版，第138页。

在组织。被强制的不是符号，而是各种力量。唯一真正重要的仪式是操练。最后是控制的模式。这种模式意味着一种不间断的、持续的强制。它监督着活动过程而不是其结果，它是根据尽可能严密地划分时间、空间和活动的编码来进行的。这些方法使得人们有可能对人体的运作加以精心的控制，不断地征服人体的各种力量，并强加给这些力量以一种驯顺—功利关系。这些方法可以称作为‘纪律’。许多规训方法早已存在于世，如在修道院、军队、工场等。但是，在 17 和 18 世纪，纪律变成了一般的支配方式。它们与奴隶制不同，因为它们不是基于对人身的占有关系。纪律的高雅性在于，它无须这种昂贵而粗暴的关系就能获得很大的实际效果。它们也不同于‘服役’。后者是以主人的个人意志‘为所欲为’这种形式确立的，是一种全面持久、不可分解的、无限制的支配关系。它们也不同于附庸关系。后者是一种高度符号化的但又保持一定距离的依附关系，更多地涉及劳动产品和效忠仪式标志，而较少地涉及人体的运作。此外，它们也不同于禁欲主义以及修行式‘戒律’。后者的目的在于弃绝功利，而不是增加功利。虽然后者也包括对他人的服从，但是其宗旨是增强每个人对自身肉体的控制。纪律的历史环境是，当时产生了一种支配人体的技术，其目标不是增加人体的技能，也不是强化对人体的征服，而是要建立一种关系，要通过这种机制本身来使人体在变得更有用时也变得更顺从，或者因更顺从而变得更有用。当时正在形成一种强制人体的政策，一种对人体的各种因素、姿势和行为的精心操纵。人体正在进入一种探究它、打碎它和重新编排它的权力机制。一种‘政治解剖学’，也是一种‘权力力学’正在诞生。它规定了人们如何控制其他人的肉体，通过所选择的技术，按照预定的速度和效果，使后者不仅在‘做什么’方面，而且在‘怎么做’方面都符合前者的愿望。这样，纪律就制造出驯服的、训练有素的肉体，‘驯顺的’肉体。纪律既增强了人体的力量（从功利的经济角度看），又减弱了这些力量（从服从的政治角度看）。总之，它使体能脱离了肉体。一方面，它把体能变成了一种‘才能’、‘能力’，并竭力增强它。另一方面，它颠倒了体能的产生过程，把后者变成一种严格的征服关系。如果说经济剥削使劳动力与劳动产品分离，那么我们也可以说，规训的强制在肉体中建立了能力增强与支配加剧之间的聚敛联系。”① 既然如此，在“后现代实践转向”的语境下，后现代时代身体美学的实践分析还将由身体规训的实践分析转向身体自由的实践分析，不仅关注人类身体的社会化实践，而且关注人类身体的审美化实践。因为按照马克思、恩格斯的《共产党宣言》的设想，人们在后资本主义社会中的理想是：每一个人的自由是一切人的自由的前提条件。后现代主义者，虽然并不完全赞同马克思主义，但是在每一个人都应该有自由这一点上却是基本一致的。因此，身体美学的实践分析就应该比福柯的资本主义批判更进一步，追求人的身体的审美化实践及其自由。

人的身体的审美化实践及其自由首先表现在人的身体的外在方面，特别是在消费社会和消费文化中尤其如此。布莱恩·特纳在《身体问题：社会理论的新近发展》一文中指出：“20 世纪增长的消费文化和时尚产业特别重视身体的表面。消费社会重视强健/美丽的身体，在这个消费社会的成长过程中，我们可以看到西方价值发生了历史性变化。西方价值先是因为一些苦行原因强调内心控制，现在则因为审美目的而强调对身体表面的操控。这种身体的变化代表了西方价值的世俗化倾向，在此，饮食的目的以前是控制精神和灵魂生活，现在的目的则是为了更加性感和长寿。为了对身体进行控制而设置的饮食管理，其最初的宗教表白通过医学化的作用转变成了世俗的健康和卫生道德。”② 其实，在全球化语境下，处于前现

① ［法］福柯：《规训与惩罚》，刘北成、杨远婴译，生活·读书·新知三联书店 1999 年版，第 155—156 页。

② 汪民安、陈永国编：《后身体：文化、权力和生命政治学》，吉林人民出版社 2003 年版，第 19 页。

代、现代、后现代杂呈的中国社会同样也发生了人们的价值观念和审美观念的变化。“与消费主义密切相关的是，人们对身体的审美性质日渐重视了，而这则是从长相的角度来强调苗条和自我调控。身体成为趣味和区分的一个重要特征，根据这种区分，对人的形式的管理成为文化资本或身体资本主要方面的一部分。（布尔迪厄，1984）”[①] 我们可以看到，人们对自己的身体的审美性质和审美选择越来越重视，于是，社会上瘦身保健业、减肥保健品、装饰奢侈品、长寿保健品、美容美体会所应运而生，生意兴隆，成为时尚。不仅如此，而且这种身体表面上的审美化实践也成为一种人们的社会身份的区分标志：人们往往可以从每一个个体或者某一个群体成员的穿衣打扮、休闲生活、饮食习惯等审美化实践来识别他们的身份地位和阶级属性，比之于以往的经济标志和政治标志更加明显，所谓白领和蓝领的区分，所谓舍宾一族、健美一族，时尚一族等，都是把身体的审美化实践作为人们身份的符号或象征。不过，这里应该注意达到身体的审美化实践的合规律性与合目的性相统一的自由境界，否则会适得其反，造成一种所谓的时髦病态或时髦病态美，不利于人的身体的自由健康发展。

因此，另一方面，人的身体的审美化实践及其自由更多地表现在审美实践和艺术实践之中。在我们看来，美学是以艺术为中心研究人对现实的审美关系的科学，而身体美学当然也应该以艺术为中心，研究人对自身身体的审美关系。实际上，人类的审美实践和艺术实践在自身身体上的表现是比较早的，而且也比较多。诚如人体文化研究学者刘峻骧所说：“人体文化是人类文明的母体、先声和必然归宿。”“人类的历史是不断认识自然，同时不断认识自身、完善美化自身的历史，一切科学技术和学说，最终都是为了这个目的。艺术，这朵人们踩着她升入明净幸福天国的五彩祥

① 汪民安、陈永国编：《后身体：文化、权力和生命政治学》，吉林人民出版社 2003 年版，第 19 页。

云，在她氤氲成雾之际，就是从对人类自身的美的认识和追求开始的。其实，衣、食、住、行，一切文化，它的发轫之始，都是从对人体自身的保护和认识，满足和雕饰开始的，正由于此，笔者才把人体文化称为人类一切文明的母体和先声。”[①] 一方面，人们的审美实践和艺术实践最直接关注的对象就是人的身体本身，对自己的身体的审美和艺术的加工改造可以使人类在想象中变得更加强大，可以更好地利用和改造大自然。这样就形成了诸如刺面、文身、穿耳、面具、装饰之类的原始艺术与原始宗教相结合的身体审美和身体艺术。这在山顶洞人的贝壳项链等装饰物中，在原始部落的大部分人的脸面、身体上就可见一斑。另一方面，人的身体本身就是一种审美实践和艺术实践的直接物质媒介和表现手段，这样就形成了诸如歌唱、舞蹈、百戏（杂技）、人体雕塑、人体岩画和洞穴壁画之类的审美实践和艺术实践及其审美类型和艺术类型。这在马家窑出土的舞蹈纹饰彩陶盆的群舞象形之中，在遍布世界各地的岩画和洞穴壁画之中也表现得一目了然。人类的人体雕塑、人体岩画、舞蹈、歌唱、百戏（杂技）之类的艺术，往往起源于劳动之中或者劳动之余的“象形取意”。“象形”就是以人体动作，模拟客观事物的形象，既可是飞禽走兽，花木鱼虫等生物，亦可是云雷湖海山河金石，甚至是客观现实中并不存在的想象中的神佛灵物，抑或是人的特定的形态处境。“取意”则是指象形动作中所含蕴的意义。[②] 这样人们就可以以这种“象形取意”的方式，在想象中实现强大自身力量以征服、改造大自然的目的，所以，原始人的这种“象形取意”的人体实践活动，恰恰是人类最早的原始艺术与原始宗教相结合的实践起源。它要么是为了完成物质生产（生活资料的生产和人的自身生产）的功利目的，要么是为了完成生产劳动之余的演练、休闲、娱乐、游戏、

① 刘峻骧：《东方人体文化》，上海文艺出版社1996年版，第7—8页。

② 同上书，第119—120页。

审美的目的。前者更多的是原始宗教的缘起，后者更多的是原始艺术的根源。较早的身体艺术表现形式就是文身、刺面、穿耳、装饰、面具、歌唱、舞蹈、百戏（杂技）、人体雕塑、人体岩画和洞穴壁画等具有巫术、审美、休闲、游戏等目的和功能的身体实践活动。因此，只有对它们进行身体美学的实践分析，才可能真正地发现人的身体的审美化实践及其自由表现形式。

四 身体美学与身体整体

毋庸置疑，人的身体只有在实践活动中才可能是一个完整的整体，而在实践活动中人的手脑并用，五官感觉器官也会相互配合，人的感性活动与理性活动也会相互渗透，才能够真正实现身心一体，真正打破自法国哲学家笛卡尔以来的身心二元论和二元对立的思维方式。因此，从马克思主义的“现代实践转向”到“后现代实践转向”都在拒斥形而上学，反对身心二元论和二元对立的思维方式，实践转向和实践分析就必然促使身体美学追求在审美实践和艺术实践中塑造物质身体、符号身体、精神身体相统一的完整的人类身体整体。

笔者认为，人的身体在身体美学的范畴内应该有三个层次：物质身体（肉体存在），符号身体（身体符号），整体身体的人。那么，人对身体的审美关系也应该有三个层面：人体的美和审美，身体符号的美和审美，整体人的美和审美。[①] 而且，从实践转向和实践分析的角度来看，这三个层次的审美关系都表现为审美实践和艺术实践，都是人类的一般生产（物质生产，话语生产，精神生产）的审美化和艺术化。

所谓物质身体（肉体存在）生产的审美化和艺术化当然就包括了人的自身生产和人体美生产，它们都与马克思所谓“按照美的规律来构造”和

① 张玉能：《身体美学与人的全面发展》，《上海文化》2007年第2期。

高尔基所谓“性的美学”密切相关，而且是人类的生产发展必不可少的前提。那么，作为研究人对自身身体的审美关系的身体美学，自然就必须密切关注人的肉体、肉体欲望，以及与之相关的性和暴力等，然而这些人的肉体、肉体欲望、性和暴力等对人的关系在身体美学范畴内必须上升和升华为审美关系的形象的自由显现。而且也不能停留在肉体（物质身体）的层面上，还必须深入到它们的符号层面，阐发它们的内在蕴含和象征意义。这样就可以顺理成章地过渡到人的符号身体的话语生产的层面。所谓人的身体符号的生产是人的自身再生产的话语实践，或者称之为人的身体的话语生产，它是在人的自身生产的物质生产的基础上进行的对人的自身身体的审美化和艺术化的话语生产，其主要内容有：文身、刺面、穿耳、发型、美容、美体、妆饰、服饰等。如上所述，这些身体符号的生产是人类社会早期就已经开始了的，而且一直延续到今天成为消费社会和消费主义审美观的一个重要方面。它一般都不过是在人的肉体（物质身体）之上施行某种修饰、打扮、造型，以彰显出一定的符号蕴含和象征意义，构造出某种具有符号蕴含和象征意义的感性形象来显示人的某种社会身份和社会价值，并超越其中的功利性目的而实现人们的审美目的，以满足人们的审美需要。但是，在社会实践中，尤其是在审美实践和艺术实践中，人的肉体存在和符号身体并不是二元对立和灵肉相分的，而是物质和精神对立统一，身心一体的。那么，人的身体的美和审美同样也不是二元对立，灵肉相分的，人的身体的肉体的美和审美同身体符号的美和审美也绝不会是完全分立或者简单相加，而是人们完整地把握一个作为他者（审美对象），完整的人的身体与人发生审美关系的完整过程。这样来看，在实践转向和实践分析中身体美学研究的对象不仅是肉体、肉体欲望所形象显现的人体美和审美，还应该包括身体符号所形象显现的身体妆饰和服饰的身体的美和审美，最后更加有必要关注作为整体的人对人的审美关系所显现出来的人的身体的整体美。这个整体人的美或者人的身体的整体美及其审美，除了显现为物质身体（肉体存在）和符号身体的外在美（语言美、行为美、服饰美）及其审美和艺术，还少不了以审美和艺术的形象显现出精神意蕴的内在美（思想美、情操美、心灵美）。一方面，人的身体的外在美是人的内在美的形象显现的物质基础，这种内在美不可能独立于人的外在美而存在，另一方面，外在美必须与内在美一起生成为作为整体身体的“整体人的美”，并融汇于人对自身的认知关系和伦理关系之中，以达成人的全面自由的发展。因此，身体美学在实践转向和实践分析的语境下，所谓的“身体转向”也就是这种“实践转向”中的一个维度，在这种实践转向之中身体美学的终极宗旨就只能是人的自由全面发展。[①]

① 详见张玉能《身体美学与人的全面发展》，《上海文化》2007 年第 2 期。

感性生存与“身体美学”的反思与重构

廖述务

（海南师范大学文学院）

摘要：在鲍姆嘉通的美学思想中，感性生存只是一个若隐若现的维面。批判理论将这一维面发挥为美学的核心价值。身体美学力图维系美学的“新感性”功能，但其理论诉求、现实表现均与此构成尖锐冲突。在消费语境中，身体美学更有可能转化为一种尴尬的话语实践，并在经验层面沦为一种与消费合谋的身体力行。就身体美学的反思与重构而言，詹姆逊与福柯的理论思考尤为紧要。

尼采以来，“身体转向”逐渐成为后现代哲学当中一个引人注目的话语事件。不过，这种哲学话语狂欢并不意味着身体自身处境的改善。尤其在消费社会，身体已成为一个主要的异化对象。相比哲学，美学更加关注身体的感性形态。美学学科的诞生与确立，就与对身体感性的关注密切相关。同时，美学也是反抗与抵制身体异化的重要据点。近年，舒斯特曼所提出的“身体美学”概念引起较大反响。这一概念与身体感性有着内在的关联，但两者在理论诉求上又有着重大差异。

一

总体上讲，美学意义上的身体与哲学上的身体有所不同。[①] 比如，它更多地关注身体的处身性，更执着于个体肉身的美学体验和实践。当哲学痴迷于概念、范畴方面的智力角逐时，美学更愿意将目光投注到个体的生存遭际和生命体验上，尽管这些努力貌似缺少客观知识与真理的色彩。或者，在鲍姆嘉通的意义上，我们至少可以认为，美学从感性方面谦卑地扮演了哲学逻辑的补充与完善者的角色。那么，在美学领域，身体感性究竟处于一个什么样的位置呢？只要考察一下美学史，不难发现，它与美学学科的产生是形影相随的。对此，伊格尔顿做过颇有价值的回顾：美学是作为有关肉体的话语而诞生的。[②] 他认为，在鲍姆嘉通最初的系统论述中，美学这一术语首先指的不是黑格尔意义上的艺术，而是如古希腊的感性（aisthesis）所指出的那样，是指与更加崇高的概念思想领域相比较的人类的全部知觉和感觉领域。在抽象的哲学精神领地之外，还有一个极端拥挤的领域，这里充斥着我们全部的感性生活。伊格尔顿认为，美学关注的就是人类最粗俗的、最可触知的方面，它对于后笛卡尔哲学是一种长期而无言的反叛。[③] 伊格尔顿这些近乎笼统、武断的言说至少表明，美学与身体

① 这里使用了"总体上讲"这一犹疑、含混的表述方式。相比哲学，美学尽管更多地表现了肉身化的理论诉求，但在美学学科的早期发展中，这一倾向一直受到理性的严密监控和防范。它诉诸感性，往往意在让理性更好地控制与引导粗俗、低级的感觉领域。这一偏见一直到后来美学的非理性转向以及反抗资本主义总体异化的斗争中才得以根本性释除。其时，感性的合法地位也才得以完全确立。

② 伊格尔顿的论述简明而粗略，毕竟感性与肉身并没有必然的等同关系。如前所述，在西方哲学史中，肉身的对应物是灵魂。与灵魂相抵触的主要是跟感官、欲望相关的部分。显然，感性所指涉的比肉身所指涉的要宽广得多。在鲍姆嘉通那里，感性至少包括感官的感受、想象、虚构、一切混乱的感觉和情感等诸多方面。而这些恰恰是后来分析身体美学、实践身体美学、实用主义身体美学所涉及的方面。在这个意义上，感性比肉身、躯体，更适宜于用来指称"身体"。

③ ［英］特里·伊格尔顿：《美学意识形态》，王杰、傅德根、麦永雄译，广西师范大学出版社 1997 年版，第 1 页。

关怀、感性话语是休戚相关的。不过，他对两者的内在关联与逻辑演变缺乏深入的探讨，自然就没有有效呈现出这种关联的复杂性。其实，这种关联至少需要从两个维度做进一步的探讨：其一，从认识论角度来看，因中世纪神学本体论的逐步退场，感性认识愈益显得重要。在承认理性认识优先性的前提下，它终于成为一个与伦理学、逻辑学并立的学科。“感性”在这个层面，既是认识内容、对象，也是一种重要的认知方式。学科意义上的早期美学与笛卡尔及后笛卡尔哲学是相伴而生的，理性主义哲学无时无刻不在暗中影响美学的发展路径。舒斯特曼所批评的分析身体美学（以早期福柯、罗蒂的部分美学思想为代表）就是从这个层面介入感性问题的。其二，从存在论角度出发，感性生存则是人类审美化生存的一种重要方式，也是美学反抗身体异化的基本途径。这一诉求是在美学学科相对成熟的阶段出现的。一些西方马克思主义者（如马尔库塞）的批判美学以及后现代主义者（如晚期福柯）的美学思想，都力图从改善人类生存处境的角度诠释美学与身体的复杂关系。有意思的是，认识论层面的身体感性地位尴尬，其合法性一直需要得到理性的首肯与认可。只有在存在论层面，感性才一定程度上真正获得了自身的合法性与独立性。

鲍姆嘉通主要从认识论层面为感性谋取生存空间与学科地位。在《诗的感想》中，他沿袭了希腊哲学家和教会神学家慎重区分感性事物与理性事物的思想。[①] 并在此基础上进一步指出，研究知性与理性认识有逻辑学，研究意志有伦理学，相对应的，研究情感也应当有一门独立的学科。他如是描述这一“低级认识能力”的科学：“既然心理学提供了许多可靠的原理，我们不用怀疑，也可以有一种有效的科学，它能够指导低级认识能力从感性方面认识事物。”[②] 他对于美学的经典定义，人们已经耳熟能详，

① ［德］鲍姆加登：《诗的感想》第116节，《缪灵珠美学译文集·第二卷》，中国人民大学出版社1988年版，第130页。

② 同上。

“美学（美的艺术的理论，低级知识的理论，用美的方式去思维的艺术，类比推理的艺术）是研究感性知识的科学”。[①] 在鲍氏的美学体系中，莱布尼茨与沃尔弗的影响相当明显：美学的目的在于清理感性上可能的混乱认识，以达致明确的理性认知之途，使感性认识本身得以完善。于是，在谈到身体和欲望等问题时，鲍姆嘉通自然会表现出明显的抵制态度，以为必须用理智的类比推理对其进行切实的控制。不过，从伊格尔顿前面的表述可以看出，相比于后来黑格尔对于美学的狭隘界定，鲍姆嘉通的最初定义无疑更有包容性。

可见，在认识论层面，身体感性在美学当中的合法地位往往是暧昧不明的，也正因此会压抑感性反抗异化的拯救功能。自 19 世纪叔本华、尼采非理性主义的唯意志哲学问世起，美学就踏上了其非理性转向的征程。这一转向在 20 世纪与所谓的“语言学转向”合流，使得传统的认识论问题得到彻底解决。语言本质代替了人的认识能力，认识主体成为理论幻象。[②] 后现代哲学解构了（主体）真理，方为感性的合法性真正腾出了空间。尽管如此，两大转向并没有直接关注身体异化问题。霍克海默与阿多诺就曾指出，尼采、高更等人已经注意到，身体的现代奴役“这种不可名状的愚蠢正是进步所带来的结果”。然而尼采等人据此得出的结论却是错误的，“他们并没有揭露原来意义上的不公，反而粉饰了这种不公。对机械过程的厌恶，已经变成了大众文化工业的装饰，其中，还不能没有各种高贵的仪态。尽管身体和灵魂相互统一的影像已经消失了，但艺术家们还仍然违背自己的意志，用这种影像来为广告服务”。[③]

① ［德］鲍姆加登：《美学》第 1 卷第 1 节，参见北京大学哲学系美学教研室编《西方美学家论美和美感》，中国图书馆学会 1980 年版，第 142 页。

② 朱立元：《当代西方文艺理论》，华东师范大学出版社 2002 年版，第 5—9 页。

③ ［德］马克斯·霍克海默、西奥多·阿道尔诺：《启蒙辩证法——哲学断片》，上海人民出版社 2006 年版，第 218—219 页。

基于对身体异化的关注，存在论层面感性生存的倡导日益成为美学当中一个浩大而又激进的理论潮流。结合近代以来的社会历史条件，我们可以发现，这一理论诉求最受批判理论的追捧。不过，这一潮流又不仅限于批判理论，比如席勒，可以说是感性生存论的首倡者。有论者通过深入的分析指明，与其说“游戏说”是艺术起源论、艺术本质论，不如说更是感性生存论。在席勒的诗歌创作与美学理论中，处处可以看到对感性个体生存的关注，对人的自由本性的呼唤和寻找。尤为重要的是，席勒所强调的精力剩余说，已经初现反抗主体异化的理论雏形。① 席勒之后，马克思是从感性入手关注异化问题的重要理论家。在《关于费尔巴哈的提纲》中，马克思指出，感性的人是具有感性意识和感性需要的人。它不是“非对象性的、唯灵论的存在物”，而是“肉体的、有自然力的、有生命的、现实的、感性的、对象性的存在物”。② 这样，人的活动就不是纯粹黑格尔意义上的精神活动，而是感性的、现实的活动。同样，所谓的“异化”也就不是自我意识的“外化”，而是感性的、现实的人的异化。③ 异化劳动使得人的本质、能动性完全丧失，最终“把自主活动、自由活动贬低为手段，也把人的类生活变成维持人的肉体生存的手段”。④ 因为，“国民经济学把工人只当作劳动的动物，当作仅仅有最必要的肉体需要的牲畜”。⑤ 从这些论述可以看出，人的异化最终体现为感性的异化。也就是说，人的解放与去异化最终要落实到感性的解放上来。正如马克思所说的，“对私有财产的积极的扬弃，就是说，为了人并且通过人对人的本质和人的生命、对象性的人和人的作品的感性的占有，不应当仅仅被理解为直接的、片面的享

① 尤占生：《审美与人的感性生存——试论席勒的游戏说》，《山东社会科学》1997年第1期。

② ［德］马克思：《1844年经济学哲学手稿》，人民出版社2000年版，第105页。

③ 范明华：《从感性看美的发生学依据——论马克思关于美的本质和发生的思想》，《马克思主义研究》2009年第8期。

④ 同上。

⑤ 同上。

受，不应当仅仅被理解为占有、拥有。人以一种全面的方式，就是说，作为一个总体的人，占有自己的全面的本质。人对世界的任何一种人的关系——视觉、听觉、嗅觉、味觉、触觉、思维、直观、情感、愿望、活动、爱——总之，他的个体的一切器官，正像在形式上直接是社会的器官的那些器官一样，是通过自己的对象性关系，即通过自己同对象的关系而对对象的占有，对人的现实的占有”。[①] 可以看出，马克思侧重于从政治经济学的层面来完成感性的解放，因为解放的前提是私有财产的扬弃。而且这种感性的解放（“总体的人”的解放），必须超越狭隘的本能需求，必须是人化了的感性。

马克思经由感性反抗异化的思想在一些西方马克思主义者那里得到了积极的回应。这个层面，马尔库塞的出场令人瞩目。在他那里，感性不止是美学的重要研究对象，更重要的在于，它还是据以反抗身体异化的重要堡垒，是工业化社会个体可能的生存取向。不过，他基本放弃了马克思政治经济学的维度，更侧重于从文化、审美的层面去寻求解放的可能。在《爱欲与文明》中，通过对弗洛伊德本能理论的考察，马尔库塞在压抑的升华与非压抑的升华之间作了区分。他认为，取消各种压抑性行为，将为非压抑升华提供前提条件。在此意义上，只有通过审美，才能通达本能的解放。在谈到美学时，马尔库塞指出：“美学一词的哲学史反映了对感性（因而是肉体的）认识过程的压抑性看法。在这个历史上，作为一门独立学科的美学的基础抵抗着理性的压抑性统治：由于想要证实审美功能的核心地位并使之成为一种生存范畴，结果使感觉的固有真理价值在盛行的现实原则下没有发生退化。美学这门学科确立了与理性秩序相反的感性秩序。”[②] 显

① 范明华：《从感性看美的发生学依据——论马克思关于美的本质和发生的思想》，《马克思主义研究》2009 年第 8 期。

② ［美］赫伯特·马尔库塞：《爱欲与文明：对弗洛伊德思想的哲学探讨》，黄勇、薛民译，上海译文出版社 2006 年版，第 139—140 页。

然，在马尔库塞这里，“美的根基在其感性中。美的东西，首先是感性的，它诉诸感观，它是具有快感的东西，是尚未升华的冲动的对象”。[①] 他所倡导的新感性具有反抗的政治因素。因为，感性是统治的意识形态一直试图征用的对象，压制、剥削及工业文明的意识形态就镌刻在我们的感性之中，使得我们成为异化的“单向度的人”。在此意义上，新感性意味着将与自己决裂：“除生物水平之外，新感性的紧切性，还是一种历史的紧切性，这就是说，感观遭遇和领悟的对象，是特定文明阶段和特定社会的产物，而感观反过来，又被引向它们的对象。这种历史的相互作用，甚至影响到原初的感觉；现存社会向其所有成员都强行贯注着同样的感觉媒介。并且，社会通过所有个体和阶级在视野、水平和背景的差异，提供出同样普遍的经验天地。所以，要与攻击性和剥削的连续体决裂，也就同时要与被这个世界定向的感性决裂。今天的反抗，就是想用一种新的方式去看、去听、去感受事物；就是要把解放与惯常的和机械的感受的消亡联系在一起。这一遭，包括了消除由现存社会塑造的自我。”[②] 在这里，美学要从内部瓦解意识形态，要通过改写和颠覆“普遍的经验天地”来与“定向的感性决裂”，借此破除密不透风的压抑的连续体，以重新解放已经异化的自我。

二

可见，身体感性是美学中的一个核心词汇，并且在批判理论那里，成为抵抗异化的重要据点。这些思想资源无疑是“身体美学”出场的逻辑前提。问题在于，“身体美学”概念的提出是晚近的事，其面临的语境也有了巨大的变化。马尔库塞所强调的新感性在这一语境中能否继续发挥其美

① ［美］赫伯特·马尔库塞：《审美之维》，李小兵译，广西师范大学出版社2001年版，第114页。

② 同上书，第109页。

学影响，值得我们深入探讨。

舒斯特曼曾在《实用主义美学——生活之美，艺术之思》一书中尝试性地建议：应当将身体美学建构成一个学科。在该书中，舒斯特曼对鲍姆嘉通的美学思想进行了深入反省。鲍姆嘉通强调了感性认识的价值和必要性，它是逻辑的必要补充。而美学就是感性认识的科学，其目的在于感性认识的完善。舒斯特曼肯定了鲍姆嘉通的理论远见，因为他"最初的美学方案比我们今天认作美学的东西，具有远为广大的范围和远为重要的实践意义，它涉及在生活艺术中的哲学自我完善的总体方案"。[①] 不过，如前所述，在鲍姆嘉通的视野中，身体依旧是被忽视的[②]。正是因为对身体的厌憎情绪，鲍姆嘉通的美学观已经预示，他所定义的美学往后很可能会缩减其领地，全面退缩，直至成为一个狭小的、专门的大学学科。舒斯特曼认为，鲍姆嘉通的这种偏见，源自"从笛卡尔通过莱布尼茨至沃尔夫继承下来的理性主义传统"。而这一哲学传统无疑受到将"身体贬低为保存和展示非实质性灵魂的宗教学说的激发"。[③] 从前面的论述不难看出，舒斯特曼的这一推断是有着厚实的哲学基础的。他特意指出鲍姆嘉通美学视野中感性的地位，并凸显他美学观的狭隘，其目的在于重构美学自身。提出与建构"身体美学"无疑是他重构美学的主要思路。这一重构大致包括三个层面：一，应当复兴鲍姆嘉通的感性美学观。它超越美和美的艺术问题，成为涵括理论和实践两个方面的改善生命的认知学科；二，要终结鲍姆嘉通否定身体向度的美学理念；三，身体美学的提出，将成功恢复哲学最初作为一种生活艺术的角色。[④] 显然，在理论动机上，舒斯特曼力图撇清鲍姆

---

① ［美］理查德·舒斯特曼：《实用主义美学——生活之美，艺术之思》，彭峰译，商务印书馆 2002 年版，第 348—349 页。

② 同上书，第 352 页。

③ 同上书，第 353 页。

④ 同上。

嘉通与理性主义的复杂关联，以恢复感性生存在美学中的核心位置。舒斯特曼还为“身体美学”下了一个定义：

> 身体美学可以先暂时定义为：对一个人的身体——作为感觉审美欣赏（aisthesis）及创造性的自我塑造场所——经验和作用的批判的、改善的研究。因此，它也致力于构成身体关怀或对身体的改善的知识、谈论、实践以及身体上的训练。[①]

由此可见，身体美学对于传统美学之反动还表现在它的实用色彩上。舒斯特曼自己也经常将其称为实用主义身体美学。这与他的美学观念相关。他认为，“美学的最高作用，是增进我们对艺术和美的经验，而不是制造关于这些概念的语言定义。而且，增进我们对艺术的经验，不只是意味着增加我们个人对艺术作品的享受和理解。因为艺术不仅是内在愉快的一个源泉（同样是一个重要的价值），而且也是赋予日常生活的社会运行以雅致和优美的一种实践方式”。[②] 在他这里，“实践和审美之间的裂隙，不是一个必然的不幸，而是一个历史的灾难”。[③] 正因此，他将早期福柯与布尔迪厄等人有关身体的一些思考，归之为分析身体美学。这是理性主义在身体美学领域的一种变体。相对于这种侧重纯粹分析的身体美学，实用主义身体美学总是预先包含分析的维度，“它不仅通过对分析描述的事实进行评价，而且通过提议以不同的方法重塑身体和社会去改善某种事实，从而超出了纯粹的分析”。[④] 其实，这种“包含”是通过倡导美学的感性生

---

① ［美］理查德·舒斯特曼：《实用主义美学——生活之美，艺术之思》，彭峰译，商务印书馆2002年版，第354页。

② 同上书，第3页。

③ 同上书，第40页。

④ 同上书，第361页。

存维度来实现的。因为在舒斯特曼这里，“通过身体美学的实践维度，它甚至还从事对传统哲学如果不是敌意的也是有害的身体训练：武术、时尚、美容化妆、健美、节食等等”。[①] 身体美学无疑希冀个体把自己当成一件艺术品来创作。这是对福柯“自我的技术”观念的一种形而下的转化与应用，但又有意无意地忽视了对福柯式启蒙观念的承继。

显然，舒斯特曼实践性的身体美学在理论动机上既具有浓烈的感性存在论色彩，又表现出一种去精英的解构姿态。他主要通过为大众文化辩护来拆解“博物馆概念”，并借此完成艺术的去精英化的。也就是说，他并不低估抑或排斥享乐的美学功用。大众文化能给人们提供大量的审美满足与快感，正体现了其不可估量的美学价值。可见，舒斯特曼意义上的美学实用主义方案对大众文化持拥抱与开放的态度。而且这一审美方向，在很大程度上朝向艺术和生活的重新整合。摇滚、拉普等艺术样态，是舒斯特曼所津津乐道的。这些艺术样式在很大程度上结合了身体的主动参与，是身体美学重要的实践形态。“身体美学”所涉及的身体实践形式也基本上是立足于大众文化中的审美实践的。因此，可以说，“身体美学”最终意图谋取的是在大众文化合围背景下一种有意义的感性生存形式。

大众文化也是一种消费文化。“身体美学”因此受到消费主义极大的侵蚀。首先，身体的抵抗能量被消费文化有效地释除与消解。女权的或另类的身体抵抗形式，都有可能成为消费的对象。其次，身体的意义维度得到极大地削减。在消费文化的合围中，阶级、性别、民族与劳动等维度的身体，已被尽可能地遮蔽与忽视。再次，身体消费成为规训个体的重要渠道。而且，这种规训选择了更为隐蔽、平和的方式。侧重大众文化视野中身体审美实践的“身体美学”必然会导致身体批判维度的丧失。这正是

---

① ［美］理查德·舒斯特曼：《实用主义美学——生活之美，艺术之思》，彭峰译，商务印书馆 2002 年版，第 369 页。

"身体美学"最大的局限。它所涉及的意义只是个体的、局部的，不再与历史、社会相关联。对此，伊格尔顿曾嘲讽性地指出："当社会主义左翼的种种力量被无可挽回地驱退之时，性政治就开始同时去丰富它们和替代它们。在19世纪70年代初期，被大谈的是能指、社会主义与性（sexuality）之间的种种关系；在19世纪80年代初期，被大谈的则是能指与性之间的种种关系；从19世纪80年代进入19世纪90年代之时，被大谈的就只是性了。理论几乎一夜之间就从列宁转到了拉康，从本维尼斯特转到了身体；如果说这乃是从政治向政治以前所未能达到的种种领域的一个有益扩展的话，那这部分上也是其他种种政治斗争陷入僵持状态的一个结果。"[①] 显然，如何将局部的快感（消费社会个体的感性生存）嵌入文化政治结构的整体之中，将成为许多理论家聚焦的问题之一。针对身体被消费收编这一窘况，南帆就表达了他的忧虑与担心："的确，身体隐含了革命的能量，但是，欲望以及快感仍然可能被插入消费主义的槽模。身体虽然是解放的终点，可是，身体无法承担解放赖以修正的全部社会关系。这个意义上，身体是局部的。局部的解放可能撼动整体，局部的解放也可能脱离整体。"[②] 近年，伊格尔顿在这方面有了新的思考，他强调道德在这当中的桥梁作用——"自然与人类、物质与意义之间的联系，就是道德。可以说，具有道德的躯体，是我们的物质性与意义和价值交汇之处"。[③] 在他这里，道德不是纯粹伦理学层面的，它与政治密切相关。自然的身体（包括快感）正是通过道德与文化政治联系起来。

左翼批判理论家在解决快感的意义问题时，往往诉诸一种政治总体性，如在马克思、马尔库塞身上就尤为明显。这种总体性在历史实践中一

---

① ［英］特雷·伊格尔顿：《二十世纪西方文学理论》，伍晓明译，北京大学出版社2007年版，第225页。

② 南帆：《身体的叙事》，《天涯》2000年第6期。

③ ［英］特里·伊格尔顿：《理论之后》，商正译，商务印书馆2009年版，第151页。

定程度上已被证明是一种虚幻。也就是说，完全式微的政治总体性从根本上再也难以替代跋扈的商品总体性。我们今天面临的不再是现代性危机中不断呼唤的总体性（现象学层面的），而是被替换为资本的总体性，商品/货币的关系是个别性/总体性的最新版本。而且，面对这一新的总体性，并没有确凿的变革方案。[①] 阎连科的小说《受活》，在这一意义上是具有很深刻的历史批判意识的。身体在这里遭遇政治与商业的双重围剿与伏击。最后，他们全体撤退到没有任何管束的小民社会。事实上，这些残缺的身体并没有退路，这种理想主义的撤退更多地出自阎连科对陷入“绝境的受苦人”的一种同情与怜悯。失去总体性之后的身体，似乎只能回到主体的感性生存。不过，在每个个体身上，快感的世界与现实的世界经常处于分裂状态。在当下，人们晚上可以放松身体，参与到狂欢的世界，但白天还必须规规矩矩、按部就班地去劳作，接受“现实原则”的规约。生产的身体与享乐的身体、劳作的身体与休闲的身体、被压抑的身体与放纵的身体，在今天的人们身上离奇地统一在一起，互不干扰，相安无事。显然，消费社会中的个体，精神、肉体两个层面有着一种不可克服的分裂症。在社会的这些“原子”个体上，享乐与现实互不排斥，快感与政治相互分离。

三

以上分析表明，身体美学无疑可能转化为一种尴尬的话语实践，其在经验层面也完全可能成为一种与消费合谋的身体力行。有关身体感性的美学思考如何继续前行，显然已成为这个思想领域醒目存在的语义空缺。就此而言，至少有如下理论维度值得深化与探讨：首先，在政治总体性已成虚幻的前提下，詹姆逊对马尔库塞的批评能给身体美学何种启示？其次，

① 李小白：《身体的悖论：美学和政治经济学》，《天涯》2009 年第 6 期。

舒斯特曼多次提及晚期福柯的一些观念，但没有进一步深化。晚期福柯可能给予我们什么新的鉴镜呢？对这两个角度批判性思考的探讨，构成了一种既相互借鉴、补充，又彼此独立、自足的互文性关系。也就是说，两个维度间没有指认对错、评判优劣的压抑性关系。这种探讨并不希图为“身体美学”给出一个全新的替代性阐释，也不企图一劳永逸地消除美学感性诉求在当下的理论尴尬，其目的主要在于反思与重构这一范畴内部的诸多元素，以尽可能激活与恢复该理论话语的思想活性以及部分的抵抗效能。

詹姆逊是从总体性角度反思身体快感文化政治意义的代表性人物。他与一般的左翼思想家不同，在坚持总体性的前提下，同时对后现代状况有深入的研究和反思。因此，他对感性、快感的批判对于身体美学的反思与重构来说尤为紧要。詹姆逊认为，美学与艺术在后现代语境中通常经由大众媒介异化为商品的形式。这样，身体美学也不可避免地充分地进入到了商品生产的世界。在他看来，经济与文化之间复杂的双向运动已经成为晚期资本主义最显著的特征，“由于作为全自律空间或界的文化黯然失色，文化本身落入了尘世。不过，其结果倒不是文化的全然消失，恰恰相反是其惊人的扩散。这种扩散的程度之泛滥使得文化与总的社会生活享有共同边界；如今，各个社会层面成了‘文化移入’，在这个充满奇观、形象、或者蜃景的社会里，一切都终于成了文化的——上至上层建筑的各个平面，下至经济基础的各种机制”。[①] 在晚期资本主义阶段，与资本总体性对应的是文化的总体性。对此，阿多诺等左翼思想家悲观地认为，艺术的商品化（文化生产）意味着最后取消任何独立的批评观点。在此基础上，任何衍生的文化政治诉求都将成为泡影。

前面我们论述过马尔库塞的新感性学说。这一学说认定身体感性具有

① 詹姆逊：《晚期资本主义的文化逻辑》，生活·读书·新知三联书店2003年版，第381页。

颠覆资本主义意识形态的强大能量。显然，马尔库塞生活的时代依旧沉浸在一种理想的政治话语实践中。他本人就曾扮演学生运动的精神领袖。从主客两方面看，他都不太可能充分考虑后现代语境下身体感性可能遭受的困境。詹姆逊对马尔库塞的分析十分到位，“以往对于文化空间、功能或文化领域的讨论（最有名的当属马尔库塞的经典文章《文化的正面性格》），一向坚持文化领域的所谓‘半自主性’，即强调这一领域诡秘而又富有乌托邦色彩的存在”。[①] 不过，马尔库塞倡导、肯定的文化半自主性已经让晚期资本主义的整体逻辑所摧毁。因此，这进一步显示我们在讨论文化政治的本质时一向最崇敬、最爱戴的较为激进的观点，到今天可能已经不合时宜了。詹姆逊认为，“从否定性、对立性、反抗性、批判性的到反身性——这种种口号都共享一个同一的基础，一个根本上以空间观念为本的假设：一言以蔽之，那正是确立已久的所谓‘批评距离’的准则。我们知道，在今天的所有左翼理论里，凡是有关文化政治的分析皆无法不借助于至少一种最基本的美感距离论，以求使文化行动本身置于资本的偌大存在以外成为可能。借此，文化实践最终能够攻击资本的存在”。[②] 在后现代时期，情况发生了变化。与之伴随的是新空间的形成，它“涉及对距离（本雅明所说的辉光）的压制，和对仅存的空无和空地的无情渗透，以至于后现代的身体——无论徘徊于后现代的旅馆，通过耳机而被闭锁在摇滚乐的音响之中，或像迈克尔·海尔告诉我们的那样，在越战的枪林弹雨中经历无数次的冲突——现在都暴露给一种感知的直接攻击，一切掩蔽的层面和介入的中介都被这种攻击摧毁了”。[③] 后现代主义的空间重

① Fredric Jameson, *Postmodernism, Or the Cultural Logic of Late Capitalism*, Durham: Duke University Press, 1991, p. 48.

② Ibid.

③ 詹姆逊：《认知的测绘》，《詹姆逊文集》（第一卷），王逢振主编，中国人民大学出版社2004年版，第298页。

组，最终导致了批评距离的撤销："在后现代主义的崭新空间里，'距离'（特别是'批评距离'）正是被摒弃的对象。我们沉浸在后现代社会的大染缸里，我们的后现代躯体也失去了空间协调能力，并且几乎（理论上更不消说）丧失了维持距离的能力。同时，我们也已经察觉到，近年来跨国资本的庞大扩张，终于侵占了前资本主义的据点（'自然'与'无意识'）。而它们能为批判的有效性提供资本主义制度之外的阿基米德基点。"[①] 晚期资本主义的资本扩张无孔不入，连我们曾经作为抵抗据点的无意识（身体很多时候以它为变体）都被有效操控和征用了。詹姆逊意识到了身体和主体的尴尬处境，所谓后现代的"超级空间"使得"空间范畴终于能够成功地超越个人的能力，使人体未能在空间的布局中为其自身定位；而且个体不能凭知觉有效地组织当前环境下周围的事物，也不能透过认知系统为自己在可标绘的外部世界中确立方位"。[②] 这种个体状况与实践政治遭遇的危机既处于共时状态，又有着互文性的关联。

值得注意的是，尽管詹姆逊认为马尔库塞等左翼思想家的观点不再适用于后现代，但却依旧认同批评本身需要空间和距离这一基本理论姿态。距离的丧失，将使得批判成为不可能。因此，问题的关键就在于如何在新的语境中为主体获取空间与批评距离。詹姆逊诉诸的是一种切合时代需求的全新的美学实践——"我们不再身处古典时期的历史情境与困境。因此，也不可能回归到那一历史境况下所产生的特定美学实践。而同时，我们在这里要提出的空间概念，却能为大家带来一个切合我们历史境况以空间问题为基本关切的政治文化模式。……让我把这个崭新的（假设的）文化形式暂且界定为一种'认知绘图'式美学"。[③] "认知绘图"这一概念是

---

① Fredric Jameson, *Postmodernism, Or the Cultural Logic of Late Capitalism*, Durham: Duke University Press, 1991, pp. 48—49.

② Ibid., p. 44.

③ Ibid., pp. 48—49.

詹姆逊从美国地理学家连殊（Kevin Lynch）那里借用过来的，原指通过把一个可予操作的信号系统重新组织起来，让它在我们的记忆中生根，以使个体依据信号系统，在变化了的城市空间布局中认清自身所处位置。连殊的研究局限于探索都市形式问题，詹姆逊则将其应用到全国性甚至全球性的空间上，目的在于将“认知绘图”直接与政治实践相关联。[①]“认知绘图”美学是詹姆逊叙事理论的一种发展。在他与卢卡奇那里，叙事的作用就是把事件整体化，离开这一整体，单独的事件不可能得到合理、有效的解释。“认知绘图”式美学无疑给诸多局部性抵抗提供了文化政治实践的范式。对马尔库塞与之后的身体美学而言，它提供了最为直接的批判范例。因此，在当下语境，身体美学要继续发挥其抵抗的效能，就必须参照詹姆逊为实现文化政治使命而拟出的实践路径。也就是说，任何身体审美实践形式，要预防其成为纯粹的消费能指，都必须确定其在社会以及文化政治实践中的方位。不过，詹姆逊一直没有就此给出一个形而下的“作战指南”。他对鸿运大饭店的“绘图”不具有普遍性，只是提供了一个话语分析的典范。而且，在后现代语境中，试图完成一种普遍与具体的辩证结合，其自身可能就是一种悖论。比如，拉克劳、墨菲就认定，詹姆逊被改造后的总体性文化政治诉求依旧是本质主义的。

四

如前所述，在消费社会的每个个体身上，快感的世界与现实的世界经常处于分裂状态。在此意义上，晚期福柯孜孜以求的生存美学也许不能成为某种普遍性的范例（这也不是福柯所冀求的），但至少可以给予一些良性的启发。晚期福柯在研究重心上发生了一个转移，即更多地将注意力倾

---

① Fredric Jameson, *Postmodernism, Or the Cultural Logic of Late Capitalism*, Durham: Duke University Press, 1991, p. 54.

注到了“自我的技术”这一问题上来。如果说在《性经验史》第一卷中，对欲望主体的讨论仍旧从属于认知意志，那么，在第二卷“快感的享用”与第三卷“关注自我”中，这一认知发生了逆转。他不再将自我当成是身体的必然对立物。身体自身（包括快感）就是自我的构成元素，或者说是自我成长、完善的土壤。也就是说，自我不仅作为主要对象被加以正面论述，而且被赋予了一种生存美学色彩。

在福柯看来，古希腊人通过对自己的躯体、灵魂，以及存在方式等施加影响，改变自我，从而开启了一种“生存美学”。这种生存方式不是为了一般地保存一种纯洁，而是为了获得自由并能够保持它。福柯有意地将古希腊人处理性的方式与基督教的进行对比：古希腊人对性进行调节与限制，是“自由人”的一种德性训练，目的在于建立一种生活的技术，它有关自我改造和真理，而基督教禁欲主义则是对自我的看管与抛弃。[①] 尤为重要的是，“这种规定有节制的男人的生活方式的自由—权力是与真理相关的”。[②] 在福柯这里，快感伦理学与政治结构性质相同。[③] 无节制的人同时就是无知者。这在儿童、女人、奴隶及没有价值观的人群中有十分鲜明的体现。他们被大量的欲望、快感与痛苦所淹没，无法享有一种经受理智与正确意见引导的简单适度的欲望。无疑，在福柯这里，欲望的节制是与真理、自由联系在一起的。

如何进一步认知这一福柯式的生存美学呢？马库斯·S. 克莱纳对此所做的解说简明准确。他认为：“福柯重返古典时期既不是为了重述柏拉图式的性爱观念，也不是为了讲述古典时代的性爱活动；而是为了找出古典时代性爱活动衍生出的现实意义。福柯在古人的性爱活动中，在他们有关性的道德哲学和医学保健文献中发现了个体进行自我塑造的方式；自我塑

---

① Michel Foucault, *The Use of Pleasure*, New York: Vintage Books, 1990, p. 138.

② Ibid., p. 86.

③ Ibid., p. 138.

造成为可能就在于，当时的人把生活艺术这一概念当成了个性化的伦理学的中心概念。”[①] 那么，对于生活艺术，福柯是怎么看待的呢？这涉及有关个人伦理的生活态度，它将引导自我的形成和对自我生活的规划。借此，个体不但有能力让他的生活适用社会规范，而且还能通过对自我的关怀主动地赋予自己的生命一定的形式和风格。风格的形成需要个人的选择，更需要技巧，即个体要学会规划自己的生活并让它有一个短时的形式。生活的艺术是一种行为实践，它表现为存在的形式，它意味着自己可以成为自身行为的主体，也就是使自己成为自身机灵而智慧的领袖。通过自我的技术，就能把自己的生命有意识地当成行为的目标，当成创作的材料。这里，没有所谓预设的、等待召回的自我，我们必须把自己当成一件艺术品来创作。[②]

不过，克莱纳注意到，人在将自己的生活当成艺术品来加工的同时，必须面临如何避免陷入纯艺术意义上的唯美主义，或走向极端的个人主义和享乐主义的问题。这需要回到对“启蒙”的重新理解上。在福柯看来，并不存在永恒不变的人性，启蒙意味着对我们的现在进行持久的、不间断的批判性分析。或者说，人对自我的工作和打造自我的工作永远都是一个新的任务。这显然是对康德所理解的启蒙的一个发挥与改进。在康德那里，启蒙的中心思想是我思，而福柯则将它看作是对自我的改变与加工。[③] 在此意义上，自我的技术不是纯粹后现代意义上的享乐与规避，而是对启蒙传统的重新改造。启蒙意义的介入使得生活的艺术具有伦理学色彩。但这并不是一种现代性伦理学，而是具有后现代的个性化色彩。克莱纳别有意味地将其称作是生存美学的伦理学。这样的伦理学的建构主要经由个体

① 马库斯·S. 克莱纳：《愉悦的享用——福柯关于实践的生存美学》，《福柯的迷宫》，商务印书馆 2007 年版，第 66 页。

② 同上书，第 67 页。

③ 同上书，第 69 页。

的道德和态度，而不是遵循一种旨在使生存规范化的、占统治地位的道德和传统。正因此，它的最终目标不是制造出具有普遍约束力的某种价值和规范，而是表现为一种伦理关系：它注重自我的引导，将个体建构成以伦理行事的行动者，并随时以批判的眼光看待一切约定俗成的规范。值得注意的是，这种生存美学的行动者虽然不接受或制造固定的价值规范，但他力倡一种允许个人有节制地按照自己的选择纵情于他的愉悦并利用他的愉悦修行的原则。

正如舒斯特曼所指出的，在美学刚刚诞生的时候，就已经包含了福柯所谓的生活艺术的向度。尽管鲍姆嘉通遗漏了身体这一至关重要的领域，但他最初的美学方案涉及在生活艺术中的哲学自我完善的总体方案。舒斯特曼的身体美学意图复活的正是这一最初的美学方案，它能对许多至关重要的哲学关怀作出重要的贡献，因而使哲学能够更成功地恢复它最初作为一种生活艺术的角色。[①] 由此可见，这一身体美学的诉求与福柯的生存美学具有较多的重合性。实际上，福柯正是舒斯特曼最为重要的思想资源之一。舒氏是通过否弃罗蒂来凸显福柯的意义的。后现代哲学力图将伦理审美化，这在罗蒂身上也有鲜明的体现。在罗蒂看来，审美生活的大师等同于表面上非常不同的两种形象：古怪的知识分子讽刺家（也许最好被人格化为多疑的、涉及面广的文学批评家）和"十足诗人"。他还试图将两者同化为在本质上同一的形象，因为它们都企图冒险地通过使用新异语言重新描述自我，来实现自我丰富和自我创造。舒斯特曼认为这种同化注定要失败：对变化的无止境寻求，可能威胁以一种强势的和令人满意的方式创造自我（十足诗人）所必需的集中性。[②] 在舒氏看来，罗蒂所主张的后现代伦理存在较大的问题。首先，罗蒂描述的是由多样的、不断变化和经常

① ［美］理查德·舒斯特曼：《实用主义美学》，彭锋译，商务印书馆2002年版，第348—353页。

② 同上书，第327—328页。

不可比较的叙述和词汇构成的，且没有复杂叙述"能够将它们全部附着在一起"的不一致的"准自我"。它抛弃统一的、一致的自我叙述目标。其次，罗蒂所谓的"十足诗人"是一种将审美生活与浪漫个人主义艺术意识形态和现代主义的前卫相混淆的结果。它以新的语言、从未有的词语来描述自身，试图创造前辈从不知道其可能性的自我。舒氏认为，这与福柯所追求的生活的审美构造是背道而驰的。最后，罗蒂最为关键的问题出在一味强调人的语言本质。虽然罗蒂"否定我们通过共有一个叫做语言的共同东西而共有人的本质，但是，他的自我作为只是词汇和叙述的复杂网络的观点，似乎令人不舒服地接近实在说唯有语言作为人类本质的观点"。这种依托语言实在论的审美生活自然会表现出对身体的轻蔑否定。要不是有迷惑了许多传统美学理论和似乎依然诱惑着罗蒂的那种理性主义偏见，美学与身体感觉和愉快的联系，与非语言的感知的联系，应该是显而易见的。[①] 在批评罗蒂的基础上，舒斯特曼进一步指出，审美生活"应该培养身体的愉快和规范。虽然这种身体经验也许不能还原为语言表述，但它对心灵和自我形成的贡献是不容否定的，并且真正显示了将心灵和身体认作分离的实体、将自我狭隘地等同于前者的那根本固执的错误。虽然罗蒂正确坚持自我是由它继承的词汇构造的，但福柯同样正确强调它也是铭刻在身体上的训练实践的产物。如果我们能够通过新的语言解放和改变自我，我们或许也能够通过新的身体实践来解放和美化自我"。[②] 身体美学概念的提出，无疑是对这一批评的进一步深化。舒氏身体美学包括三个基本的维度——分析美学的、实用主义的、实践的，可谓包罗甚广。舒氏这一表述与前面对罗蒂的批评彼此牴牾。个体在这种繁复的审美实践中，无疑难以建构出统一的自我。舒氏在探讨福柯之后就曾略带迷惘地反问：

---

① ［美］理查德·舒斯特曼：《实用主义美学》，彭锋译，商务印书馆 2002 年版，第 342 页。

② 同上书，第 344 页。

"我们应该怎样塑造和关怀我们肉身化的自我呢？用迷幻的毒品还是素食，用光头还是长发，用细托环和皮革面罩还是用类固醇和硅树脂灌注，通过穿刺、有氧运动还是普拉纳雅玛（pranayama）的瑜伽练习？在兜售的大不相同的身体美学项目中，存在进行选择的标准吗？存在将它们结合起来的好方法吗？"[①] 对此，舒氏没有给出确凿的答案，但回到了福柯能带给我们新的启示。

舒氏身体美学理论的建构较大地受到福柯的影响。[②] 在舒氏看来，"福柯对包含所有三个主要分支的身体美学的渴求，尽管与杜威截然不同，但比杜威的追求更加引人注目。……福柯为了勇敢地实践他所鼓吹的身体美学，他用自己的血肉之躯和他人活的肉体进行试验以检验他所推崇的方法论"。[③] 显然，在受福柯影响的同时，舒氏又对福柯的激进行为抱有不满，因为他"把艺术前卫派的暴力与性怪癖加以组合，来体验无政府状态的身体训练似乎是危险的"。[④]

这一为福柯具体遭际所误导的批评显然是不准确的。福柯对启蒙的反思，以及将快感与政治结构相关联的做法恰恰表明其生存美学有着比之舒氏层面的身体美学更为广阔的文化政治诉求。可以说，将身体美学最彻底、完整地予以实践和贯彻的恰恰是福柯。他甚至可以说是在自我"统一"问题上迷惘的舒斯特曼与过于分析哲学化的罗蒂的完美结合。罗蒂规避了身体感性，而舒斯特曼无形中遗失了身体的分析哲学维度。尽管后者一再强调身体美学以分析哲学为前提并将其包含在内。舒氏对罗

① ［美］理查德·舒斯特曼：《实用主义美学》，彭锋译，商务印书馆2002年版，第373页。

② 在这一理论建构中，福柯是唯一可以和杜威相提并论的。杜威主要为舒氏提供实用主义"身—心"方法论基础，而福柯则给予他切入后现代身体问题的具体启示。可参考［美］理查德·舒斯特曼：《实用主义美学》，彭锋译，商务印书馆2002年版，第371页。

③ ［美］理查德·舒斯特曼：《实用主义美学》，彭锋译，商务印书馆2002年版，第371页。

④ Shusterman, Richard, *Practicing Philosophy—Pragmatism and the Philosophical Life*, Rutledge, New York and London, 1997, p. 36.

蒂的态度就表明，他无法将一个语言论的身体与实践的身体进行有效地综合。前面对福柯的分析则显示，启蒙的主题在身体美学的视野中并没有完全消失，它变换形式之后依旧能够焕发出生机与活力。不过，福柯的死具有吊诡性含义，它至少表明一种成熟的身体美学依旧在尚未企及的远方。

对舒斯特曼身体美学思想及其研究的思考

王亚芹

（首都师范大学文学院）

摘要：由美国新实用主义美学代表理查德·舒斯特曼提出的“身体美学”理论在全球范围内产生了广泛的影响与关注。据笔者观察，目前国内外对于舒氏身体美学的研究主要分为三个方面：置于实用主义美学之下的美学考察、聚焦于身体美学理论本身的理论评述，以及应用于不同学科领域的身体美学实践。笔者则直举舒氏身体美学的“具身化”特征，在整体地、系统地分析舒斯特曼“具身化”身体美学思想的基础上，凸显其身心合一的美学特色，在古今结合、中西对比的“具身化”图景中进一步阐发身体美学的时代意义。

一 舒斯特曼身体美学思想研究综述

由美国学者理查德·舒斯特曼正式提出的“身体美学”思想，在全球范围内产生了广泛影响，并一度成为国内外学界讨论的焦点话题。但由于舒斯特曼的思想涉及领域较广，内容分散繁多，其概念也往往独具一格。而且，由于“身体美学”本身所具有的多元化、开放性属性，以及舒斯特曼本人所秉持的“包容性析解”立场，学界对该话题的探讨一直持续至今，并且仍在不断发展与完善。十多年来，国内外不少学者纷纷从不同角度、采用不同方法、在不同学科领域对舒氏身体美学及其相关问题展开了各种各样的分析与研究，取得了丰硕的研究成果。尽管中西方存在文化传统、现实语境等方面的差异，但在全球化与消费文化的总体趋势下，中西学界对身体美学问题的探讨似乎共性更多一些，至少其面临着共同的理论困境。

（一）置于实用主义框架下的身体美学片段

笔者在搜集和整理大量有关资料的基础上，发现从研究内容的角度来看，无论中西方哪个研究角度出发，似乎对身体美学的研究都摆脱不了实用主义思想的限制，“身体美学”只是作为实用主义的一个极小的、分散的杂乱片段。

首先，从国外的研究情况来看，波兰哲学家、文艺批评家 Wojciech Małecki 所著的《具象性的实用主义：理查德·舒斯特曼的文学与哲学理论》一书是英语世界第一本以舒斯特曼的文学和哲学思想为主要研究对象的专著，具有非常重要的理论意义与参考价值。该书主要从舒斯特曼思想的转变谈起，全面评述了他关于文学作品的解释、关于通俗艺术及实用主义美学的诸多理论。其中主要将舒斯特曼的思想与著名文学评论家斯坦利·费什的观点进行多方位比较，重点介绍了作为新实用主义者的舒斯特曼与其他实用主义者的不同之处，即将原本抽象的、纯思辨的哲学问题转变为具体的、实用的日常生活问题；并主张用哲学、美学的方法为大众文化现象、女性主义等社会实际中存在的问题提供具体化的解决途径。虽然在最后一章作者也论述了身体美学的有关问题，但基本属于概括性的理论介绍，而且是从实用主义哲学的框架内展开讨论，没有给予身体美学足够的重视和深入的分析。而 Abrams 的《美学与伦理学：桑塔亚纳，尼采和舒斯特曼》运用比较的方法讨论了桑塔亚纳、尼采和舒斯特曼美学思想的差异，从整体上研究了舒斯特曼的实用主义美学思想，“身体美学”也只是作为实用主义思想的一个体现。[①] Taylor Paul C. 以更加明确的方式追溯了舒斯特曼实用主义的根源，其中就杜威经验主义和自然主义观点对舒斯特曼思想的影响进行了论述，在实用主义的框架下探讨舒斯特曼的美学思想，并称之为“杜威实用主义”的延续。[②]

同样，从国内的研究情况来看，山东大学刘德林博士在其博士论文的基础上修葺出版的《舒斯特曼新实用主义美学研究》是目前国内唯一一本专门研究舒斯特曼美学思想的著作。该书详细介绍了舒斯特曼的新实用主义美学思想的方方面面，主要集中论述了舒斯特曼早期的分析哲学的解释观点，以及后来转向实用主义之后对大众文化和通俗艺术辩护的思想，也包括他的身体美学思想。不过，作者基本上停留在对舒斯特曼身体美学思想基本情况的概述上，并未对其理论的特征与影响进行系统化的深入探究。[③] 另外，还有不少以舒斯特曼身体美学思想为主题的硕博论文及单篇文章也存在同样的问题。

诚然，身体美学思想离不开实用主义哲学的理论基础，但是不能因此而遮蔽了身体美学自身的理论内容与特征，否则身体美学的研究永远不可能有新的生命与活力，这也违背了身体美学多元化、开放性的本质。

（二）聚焦于理论本身的身体美学评述

当然，也有专注于对身体美学理论本身的理论反思。例如，法国学者 Pentti Määttänen 的一篇《论舒斯特曼的身体经验》，就主要从美学的角度，通过对审美经验概念的历时性发展过程的论述，说明了身体经验在从

① Jerold J. Abrams. Aesthetics and Ethics: Santayana, Nietzsche, and Shusterman. The Modern Schoolman, Vol. 81, No. 4.

② Paul C. Taylor. The Two - Dewey Thesis Continue di Shusterman's Pragmatist Aesthetics. Journal of Speculative Philosophy, 2002, Vol. 16, No. 1.

③ 参见刘德林《舒斯特曼新实用主义美学研究》，山东大学出版社 2012 年版。

事艺术活动和审美实践时的重要作用，肯定了舒氏身体美学以身体为基础和中心的观点。[①] 而《舒斯特曼身体美学主题的三方面发展》一文认为，舒斯特曼的身体美学主旨在于两个方面：探究身体—心灵之间的关系和解答哲学的最终目的。为此，作者从三个方面发展了舒斯特曼的身体美学思想。首先，从伦理美学角度讲，他认为社会和物质的发展影响了道德感的提升，并以柏拉图关于抚养孩子的相关讨论来说明。其次，从社会政治角度看，主要着眼于阐释身体政治在现代生活中的影响，并借用安德斯·布雷维克的审判为例加以说明。最后，从消费社会与大众文化的角度，着重论述了身体表现、身体经验在体育、军事和商业娱乐中千丝万缕的关系。[②] 而 Salvatore Tedesco 不仅明确表示舒斯特曼的身体美学的学科建构为我们提供了 20 世纪哲学主要传统思想的身体反思，并且通过对德国现象学家普莱斯纳（Plessner）的文化观念（该理论认为，病人就是患病的身体，同时也可以说是他或她的病体，而这个人可以像旁观者一样看待这个患病的身体）进行比较，以及对鲍姆嘉通美学理论中某些主题的重新发掘与阐释，最后得出结论，将身体美学定位为：一门介于实用主义美学和哲学人类学之间的学科。[③] 另外，Alexander Nehamas 的《论舒斯特曼的快感和审美经验理论》的论述中，作者极力反对舒斯特曼对审美活动中感性快乐的肯定这一主张，认为审美感知和审美经验不是艺术鉴赏的核心，因为艺术作品的价值是人类赋予的，我们要解决的是为何我们给艺术赋值，而不是为何我们在乎对它们的感觉。[④] 以上论述着眼于身体美学理论本身，从

---

① 参见 Pentti Määttänen. Shusterman on Somatic Experience. Action, Criticism & Theory for Music Education. Vol. 9, No. 1 January 2010. pp. 56—66。

② John Protevi. Three Developments of Themes in Shusterman's Somaesthetics. Pragmatism Today. Vol. 3, Issue 2, 2012. pp. 21—28.

③ Salvatore Tedesco. Somaesthetics As A Discipline Between Pragmatist Philosophy and Philosophical Anthropology. Pragmatism Today Vol. 3, Issue 2, 2012. pp. 6—12.

④ Alexander Nehamas. Richard Shusterman on Pleasure and Aesthetic Experience. The Journal of Aesthetics and Art Criticism. Vol. 56, No. 1, Winter, 1998. pp. 49—51.

不同层面对该理论进行了评论与思考，同时注意到了对该理论意义的阐释，为我们全面理解舒氏美学思想开拓了思路。

从国内来看，彭锋教授结合舒斯特曼的《实用主义美学》一书的理论观点，认为，实用主义所倡导的对于大众文化和身体意识的包容，与中国当前倡导的“日常生活审美化”、“身体美学”等命题有互为理论依据之势，在一定程度上可将身体美学视为生活美学发展的重要思想资源。[①] 而程相占教授的《身体美学与日常生活中的审美活动》一文，从对舒氏身体美学的由来、学术意图、理论核心等谈起，说明舒氏理论的主要意义是恢复了日常生活与美学之间的联系，“使美学成为高尚的艺术”这一理论宗旨使身体美学与日常生活审美化的讨论密切相关，并由此对中国当前的日常生活审美化命题进行反思。他认为，“日常生活审美化”的内在逻辑必然加剧生态危机，它所包含的审美意识是一种完全违反“生态审美意识”的“杀生”意识。[②] 陕西师范大学韦拴喜的博士论文《身体转向与美学的改造——舒斯特曼身体美学理论研究》，也对舒斯特曼身体美学理论的来龙去脉进行了详细的梳理，并进一步思考了身体美学对中国美学理论建构的诸多影响，为我们呈现了身体美学的整体面貌，有值得借鉴之处。[③] 但对于该思想的理论本质及对中国理论与现实的影响却分析得不够深入。

此外，2007 年 4 月 26 日至 5 月 2 日，舒斯特曼在山东大学进行学术访问期间，曾繁仁教授以及山东大学文艺美学中心的部分教师结合中国当前现实问题，与舒斯特曼就身体美学学科的基本内涵、身体美学与大众文

① 详见彭锋《实用主义与生活美学——舒斯特曼美学述评》，《文艺争鸣》2010 年第 5 期。

② 详见程相占《身体美学与日常生活中的审美活动——从舒斯特曼的“身体美学”谈起》，《文艺争鸣》2010 年第 5 期。

③ 韦拴喜：《身体转向与美学的改造——舒斯特曼身体美学理论研究》，陕西师范大学，2012 年。

化、性经验与审美经验、身体美学对美学的贡献、身体美学的学科边界等诸多问题进行了对话和讨论，从而使诸多有关身体美学的问题得到进一步清晰化和明朗化。[①] 同年 9 月 28 日的《光明日报》第 11 版又以《东西美学的邂逅——中西学者对话身体美学》为题刊发舒斯特曼和张再林在第 18 届国际美学大会结束之际的一次学术对话，两位学者从身体美学对传统美学的反拨、身体美学对生命欲望的肯定、身体美学与身体美育体育训练等的思考等方面探讨了中西方身体美学的同与异。上述学者从中西美学对话的角度，与舒斯特曼展开的交流，对我们在更高、更广的层面上理解和把握舒斯特曼的美学思想具有重要的借鉴与参考价值。

（三）应用于不同领域的身体美学实践

具体来讲，这类研究一方面包括对身体美学与其他理论的比较或关联性的研究；另一方面则是对身体美学理论在音乐舞蹈、医疗保健、生物科技、体育训练等众多领域的实际应用。这也是身体美学相关研究资料中数量最多、范围最广的一类，虽然有些研究细究起来有牵强附会和断章取义之嫌，但在一定程度上仍然丰富和发展了身体美学思想。

从国外的情况看，例如，Sven－Erik Holgersen 的《音乐教育中的身体意识和身体美学》一文，重点强调了身体意识和身体经验在音乐中的重要性。[②] 由 R. Joassin，V. Bonniaud，J. Barra，A. Marquer，D. Pe’rennou 合作完成的《垂直脊髓核心部位受损患者之身体美学感知能力：一个临床研究》案例研究，从医学的角度分析了身体感知能力对人的重要影响。[③]

---

① 参见舒斯特曼、曾繁仁等《身体美学：研究进展及其问题——美国学者与中国学者的对话与论辩》，《学术月刊》2007 年第 8 期。

② Sven－Erik Holgersen. Body Consciousness and Somaesthetics in Music Education. Action，Criticism & Theory for Music Education. 2010. Vol. 9，No. 1.

③ R. Joassin，V. Bonniaud，J. Barra，A. Marquer，D. Pe’rennou：Somaesthetic perception of the vertical in spinal cord injured patients：A clinical study. Annals of Physical and Rehabilitation Medicine. 2010. Vol. 53，568.

Grassbaugh－Fory Joan 的《身体美学和哲学的自我修养：哲学与体育的一种联接》，通过对舒氏身体美学的实践型身体维度的理论分析，认为其在某种意义上讲就是一种体育训练，从而建构起了身体美学与体育学之间的关联。① 而 Russell Pryba 的《杜威与身体美学和味觉的培养》令人耳目一新，竟然从食物的味觉出发，用杜威的审美经验和舒斯特曼的身体美学理论，将食物作为一种身体感知的表达对象，还为它本身赋予了文化意义。②

虽然这类研究在国内外都是数量最多，而且内容最繁杂的。但是具体来讲还是有差别的，最主要的就是：国外多倾向于在肯定"身体美学"学科现实的情况下，围绕其理论对现实问题进行具体分析，重点在于对理论的实际应用上。而国内多讨论的是"身体的话语"（或说"身体的美学"），"身体美学"似乎只是一个借用的概念，社会学、政治学、文化研究的身体美学数量不在少数。

从研究著作的角度来看：党圣元主编，陈定家选编的《身体写作与文化症候》一书中认为，当前的"身体热"是文学市场化、图像化、娱乐化与欲望化的一种消费文化症候。该书搜集整理了二十多篇关于身体问题研究的文章，旨在探索身体写作背后的社会政治原因和审美文化动向。③ 另有研究者明确从文化研究的角度，将身体美学视为"大众文化的一种实践形式"。详细分析了"身体写作"、美容整形、大众传媒中的身体消费等诸多日常生活中的"身体的美学"。尽管作者提到了舒斯特曼的身体美学，但其论述依然是立足于社会学和文化研究的层面上。④ 张艳艳则从先秦儒

---

① Grassbaugh－Fory. Joan. Somaesthetics and Philosophical Self－Cultivation：An Intersection of Philosophy and Sport. Acta Univ. Palacki. Olomuc，Gymn，2005. Vol. 36，No. 2.

② Dewey，Somaesthetics，and the Cultivation of（Gustatory）Taste. Pragmatism Today. 2012. Vol. 3，Issue 2，pp. 40—49.

③ 参见陈定家选编《身体写作与文化症候》，中国社会科学出版社 2011 年版。

④ 参见廖述务《身体美学与消费文化》，上海三联出版社 2011 年版。

道的身体观入手，探讨身体主体的美学意义，并分析了先秦儒道的身体理论与艺术的密切关系。[①]

更多的人则着眼于消费社会语境来论及“身体美学”。有学者主张，因为当今社会的消费品大多与人的身体有关，所以可以略为夸张地说，当今生活步入了身体消费的时代。[②] 还有学者从女性的视角分析了消费文化背景下女性身体的美学状况，并认为，在消费文化语境下，媒体对女性身体美学的热望总离不开男性视点。女性身体美学沦落为美丽的商品，沦落为大众媒介的欲望化对象，为他人制造视觉快感。被时尚耳提面命的女性身体，无法伸展原有的自然美丽，而受困于大众文化语境。[③] 而这种语境的显著特点就是视觉化，特别是影视等大众传媒所制造的各种“视觉的身体盛宴”。对此，洪艳认为，影像中的有关身体美学的精神性已经逐步消失，纯粹的感官形式完全占了上风，与大众文化不谋而合地走在了一起，身体沦为生理性的快感使文学经典处于一种危险的境地。[④]

虽然上述研究大多是从各个不同角度对身体话语进行的论述与分析，在某种程度上扩大了身体美学理论的外延，但是，这种研究的多样化也造成了身体美学理论的混乱。

综上所述，通过以上对国内外关于身体美学及其相关问题研究现状的分析，我们可以发现，无论国内还是国外，对舒氏身体美学研究都存在以下特点：首先，目前的研究大多是以单篇论文的形式对舒斯特曼的实用主义美学或身体美学进行译介，或是对其思想的某个方面进行评介。

① 张艳艳：《先秦儒道身体观及其美学意义考察》，上海古籍出版社 2007 年版。

② 参见李雷《消费文化语境下的身体美学》，《文艺争鸣》2010 年第 9 期。

③ 详见赵行专《消费时代的女性身体美学刍议》，《温州大学学报》（社会科学版）2007 年第 20 卷第 5 期。

④ 参见洪艳《从身体美学看文学经典的影像存在》，《中州学刊》2009 年第 2 期。

虽然目前也出现了几篇以舒斯特曼为个案的博士、硕士学位论文，但由于他们或是将舒斯特曼的身体美学作为整篇论文的某一章节，或是只重点阐述舒斯特曼身体美学的基本内容。因此，对舒斯特曼美学思想的研究还没有达到深刻、全面的程度。其次，对舒氏美学理论的主题、身体美学在跨文化、跨学科语境中的发展趋向，身体美学对传统美学的影响，以及中国语境下身体美学的时代意义等问题的论述较少。尽管目前国内有几位学术前辈在与舒斯特曼的对话中谈到了这些问题，但是由于谈话本身的随意性与临时性，对这些问题的解答与论述不太充分，同时也缺少条理性。

二　舒氏身体美学思想的"具身化"

依目前的研究状况而言，对于"身体美学"思想产生的理论背景、基本内涵以及各种各样的理论挪用等方面已分析得较多了。而对于身体美学理论的内在逻辑还缺乏足够重视，特别是舒氏身体美学的本质特征与核心主题是什么？身体美学对传统美学思想有何影响？为何对身体美学来说可能至关重要的要素，却在中文语境中语焉不详？如何辨明中国语境下身体美学的适用性限度？以及如何从该理论的得失中寻找到适合中国美学自身发展的新路径？一系列相关问题还有待深入探讨。

因此，要想从纷繁芜杂的问题中清理出一条线索进行系统、深入地研究，其关键就在于，必须选择一个恰当的切入点。本文基于对西方哲学思想发展逻辑与舒氏身体美学思想内在线索以及当下中国身体美学研究现实的综合考虑，拟以"具身化"为基本出发点。

（一）对"具身化"问题的思索是哲学美学研究转换的内在需要

一般来说，"具身化"（embodiment，又译"缘身性"、"涉身性"、"寓身化"等）原本属于认知哲学领域的范畴，实际上，"具身化"概念最早出现在莱考夫和约翰逊合著的《肉身中的哲学：具身心智及其对西方思想的挑战》一书中，该书曾开宗明义地表明："心智原本是具身的。"[1] 其理论核心是说明具体化的身体在认知当中发挥着关键作用，强调心智、身体和环境的相互支撑与相互嵌入，构成多位一体的统一图式。可见，身心关系问题是其探讨的关键之一。其实，从本质上来说，整部西方哲学史，就是一部关于身体与心灵相生相长、相离相合关系的发展史。但是，在以往的哲学之中，身体被赋予了太多的负面能量，随着社会和科技的不断进步，直至20世纪下半叶现象学的出现，以及后来人工智能技术的不断突破，"具身化"思想才逐渐成为各学科关注的焦点。从现象学对"肉身"概念的追溯到实用主义经验的"具体化"，以及当下探讨的身体美学思想，"具身化"（embodiment）理论经历了一个不断演进的历史过程，其指涉的领域涉及哲学、认知科学、社会学、人类学、美学等各个方面。相比于其他学科而言，作为"感性学"的美学与"具身化"的关系更为密切。随着对身心关系认识的深入，美学也必然要重新审视身体的价值与意义，因此，"具身化"又成为不少学者克服传统哲学美学思维的一条重要路径。

（二）"具身化"是贯穿舒氏身体美学思想的内在主线

舒斯特曼经历了由分析哲学向实用主义哲学思想的转变，加之他对西方经典身体讨论话语的分析，以及对传统亚洲身体观念的把握，使之形成了一种旨在打破传统意识美学身心二元对立的局限，肯定身体在一切人类活动中的重要性，实现艺术与审美的生活化的身体美学思想。同时，舒斯特曼认为，"哲学的最高指向是造福人类的生活，而非单纯追求知识性的真理"。[2] 所以，舒斯特曼的"具身化"还包含着对传统哲学美学由抽象向具体、由理论向实践、由学科内向更广阔的社会生活改造的意味。

---

① Lakoff G. Johnson M. Philosophy in the Flesh: The Embodied Mind and its Challenge to Western Thought. New York: Basic Books, 1999, p. 27.

② Richard Shusterman, "Popular Art and Education," Studies in Philosophy and Education, 13 (1995).

波兰哲学家、文艺批评家 Wojciech Małecki 在其所著的《具身性的实用主义：理查德·舒斯特曼的文学与哲学理论》一书中首次使用了"embodying"一词来分析身体美学。正如作者在前言中所说，"我所关注的只是舒斯特曼的实用主义思想……即使书中涉及了舒斯特曼对某一具身性问题的方法，也应当始终围绕他的实用主义思想的某一方面展开"。这段话表明作者将舒斯特曼的实用主义视为核心，而且将具身化美学也视为实用主义的一个方面。[①] 而笔者的观点正好与此相反，即认为无论他早期的分析美学还是后来的实用主义以及身体美学，都集中体现了"具身化"的特点，都可以视为"具身化"思想的一个体现。需要强调的是，身体美学思想中的"具身化"概念，兼有"具体体现"、"经验"与"身体嵌入"的含义。舒斯特曼主要借鉴了梅洛—庞蒂的身体本体论思想，对身心关系进行了重新衡量。他在充分肯定身心统一的基础上，旨在通过具体化的身体实践和身心修养，探讨如何保持和实现整体的"身心和谐"。另外，"具身化"美学还充分吸收了杜威一切从经验出发的实用主义观点，将原本相互区别的生活与艺术、高雅文化与通俗文化、身体经验与审美经验连接在一起，使得美学从抽象的、固定的传统框架扩展到更广阔的、具体化的社会实践当中。由此触发了美学范式的转换，促进了美学研究的新发展，使美学更加贴近我们的真实生活。

因此，舒氏"具身化"美学思想，不仅要"通过身体认知"、"通过身体体验"，而且要"通过身体思考"。也就是说，无论是艺术欣赏、日常生活，还是哲学与美学的改造，甚至人类的生存与发展，从根本上讲都离不开具身的作用。于是，在身体、精神、经验与环境的互相作用、互相影响的互动过程中，美学就成了各种感官意义与身体经验相综合的统一体，形

---

① 参见 Wojciech Małecki. Embodying Pragmatism: Richard Shusterman's Philosophy and Literary Theory . New York: Peter Lang, 2010。

成了一种“美学的具身化”现象，“在美学的具身化中，意义是体验到的而非认识到的。也就是说，我们是通过身体来把握意义，并将其吸收使之成为我们身体的一部分的”。[①] 由此，美学终将冲破纯粹思辨的传统藩篱，探寻其最终的诗意栖居之境。换言之，“对身体美学而言，具身化的哲学不仅仅是从理论上肯定和阐明身体在所有的感知、行为和思考中的关键性作用，也不仅仅是为了在相似的推论性形式，如写作、阅读和议论性的文本中详细阐述这一主题。此外，具身化哲学还意味着通过身体风格和身体行为来用真实的身体去思考；通过个体自身的身体力行去表明其哲学思想；通过个体的生活方式去彰显其深意。用更加口语化的谚语来说，它意味着心口如一，脚踏实地而不是夸夸其谈。这种建立在实用主义和（东西方）古代哲学传统视域之上的身体美学，提倡将身体训练作为哲学素养与显现的一个有价值的方面”。[②]

（三）“具身化”是重新阐释身体美学的新视角

由于身体本身的特殊性以及当前消费文化语境下的审美泛化现象，出现了名目繁多的“身体美学”变体，“身体”似乎有取代意识重新塑造“唯身论”神话的嫌疑。对身体美学断章取义的借用助长了肉体感官与享乐主义，降低了身体美学的文化内涵，使之逐渐偏离了舒氏最初的理论主旨，并进而削弱了该理论对现实问题的阐释强度与批判力度。面对这一社会现实，如何从新的角度重新厘清身体美学的本质与美学价值，以及它对中国理论和现实有哪些影响，就成了我们亟待解决的问题。从“具身化”的角度切入，可以充分借鉴该理论在认知科学等领域的思维逻辑和实证论据，从更广阔的角度避免对“身体美学”产生的望文生义的误读和曲解。有利于厘清舒氏身体美学的理论宗旨，引导人们树立正确的身心修养方式

① Berleant，A. Rethinking Aesthetics. Burlington：Ashgate，2004，p. 86.

② Richard Shusterman. Thinking through the Body：Essays in Somaesthetics. New York：Cambridge University Press. 2012. Introduction，p. 4.

和生命理念。另外，具身化美学所具有的身心统一、理论与实践相结合的特征，使它具有很强的实际操作性，能被广泛应用到各个领域。

面对中西方文化传统、现实语境以及个体学识修养的差异，找到舒氏理论中牵动中国美学神经的关键，以及如何保持“适当的距离”构造一种中西对话的格局，在还原舒氏理论本义的基点上，结合中国实际寻找到解决自身问题的路径，即“带着中国的问题进入西方后再返回到中国问题”（刘小枫语）才是我们的论说重点与最终目标。在中西比较研究中，许多学者习惯从现象学与传统老庄思想或禅宗思想等方面进行比较，以找到双方对话的契合点。其实，如果说在与现象学的比较中能够找到中西融合之处，那么在具身化的美学思维中则更能凸显中国传统思想的独特性，使中西对话由可能性转变为现实性。

众所周知，从梅洛—庞蒂以身体为所有表达基础的具身现象学，经杜威对经验实用主义的倡导，到舒斯特曼身心合一、知行统一的身体美学思想，都充分肯定了美学应当转向对具身的关注和思考。作为理论与实践相结合、身心和谐统一的身体美学体系，“具身化”的特征恰恰正处于理论与实践的张力之中，促发了更多的意义生成。因此，对“具身化”美学的研究并不意味着传统美学地位的沉沦与下降，相反，因为身心关系的统一赖于社会条件，在某种意义上美学对“具身化”思想的研究程度就成为衡量社会发展的一种尺度，社会越进步，文明程度越高，纯粹的身体或精神行为就越少。随着社会文明的推进，以及我们对身体和美学之间各种具体关联的进一步了解，美学的发展将逐步迎来崭新的局面。

鉴于此，笔者认为，舒斯特曼身体美学思想的核心特征即是“具身化”，这一点既是舒斯特曼实用主义美学与其他实用主义研究者的主要区别，是身体美学对传统美学最显著的改造，也是避免将身体美学误解为消费文化的浮浅同谋的切入点，但同时也是被研究者们长期忽略、鲜有触及之所在，这也正是本文极力阐明的宗旨。

生态美学

当代人类生存境遇下的自然生态美价值

张子程

（内蒙古师范大学　文学院）

摘要：人类进入20世纪后，科技高速发展，人类文明似乎进入了一个崭新的历史阶段，由此而使人类生活的自信心倍增。特别是跨入21世纪后，科技突飞猛进，人类的发展进入了快车道，财富剧增，生活境遇极大改善。与此同时，生态危机却愈演愈烈，难以遏制，人类面临尴尬的生存困境。在此境遇下，对自然生态美的思考与探讨也就具有当下的现实生存意义。自然生态美和人类的生存密切关联，是将美学介入人类生活并进行深入思考得出的一个现实命题，也是美学语境下对困扰当代人类的生态危机及自然生态问题的及时回应。自然生态美成为生态文明时代新的标志性的美学观念，说明了自然生态美应是衡量自然生态健康与否的一把时代标尺。从人类生存视角确立自然生态美的价值，就是要重树自然的尊严，保护其独立自存性。所以，在当下强调自然生态美的价值和意义，为在人类的审美意识中改变传统美学审视自然美的态度提供了必要的转化契机。

一　当代人类面临的生存境遇

人类社会进入20世纪后，科技文明的发展已达到很高的水平。科技在为人类带来巨额物质财富和极大思想观念转变的同时，也极大地增强了人类生活的自信心和追求美好生活的愿望，人类中心主义的甚嚣尘上就是此种现实的最好证明。“西方工业革命的胜利凸现出人的伟力，人类中心主义由此盛极一时，构成了工业文明的内核。”[①] 进入21世纪后，人类的科技更是突飞猛进，航天航空技术、网络通信技术、生物基因工程技术、材料物理科学、化学化工、纳米技术等均取得了骄人的成就，人类在21世纪取得的科技文明新成果使人类的生存境遇得到了进一步改善。在社会科学领域，各种新思潮如雨后春笋般呈现，人类已进入信息多元化的时代。物质生活资料飞速增长并极大丰富，人类在生存条件、医疗条件等方面均有巨大提升，人类的寿命也因此而大大地延长。地球人口呈爆炸趋势，小小的地球似乎进入超载的时代。这一切成就的取得，首先得益于人类智慧的进步，而人类智慧所取得的成果并不仅仅停留于头脑或白纸黑字上。科技成果向物质财富的转化要消耗掉大量的物质资源，不断增长的物质资源成为人类生存从质到量提升的基本物质保障。人口的暴增，生活质量的提升极大地加重了地球资源的负重，再加上人类各种有形无形的浪费，地球正面临着资源枯竭的危机。随着工业生产的进一步扩张，生产者为了节约成本，追求利益最大化，或环保意识的淡薄与麻木不仁，急功近利的自私心态作祟等，将有毒的工业废物废气源源不断地排放到自然环境中，使得自然环境大面积遭到污染。而这些被污染的空气、水、土壤等人类生存最基本的自然物质保障要素质量急剧下降，自然生态系统岌岌可危。在这种情境下，人类若依旧置若罔闻，不知节制，放纵自己，将物质生活享受作为

① 沈国明主编：《20世纪生态文明：环境保护》，上海人民出版社2005年版，第5页。

人生追求和相互攀比的价值目标，自然生态系统终将难以负重而走向崩溃的边缘。弗洛姆指出：“我们奴役自然，为了满足自身的需要来改造自然，结果是自然界越来越多地遭到破坏。想要征服自然界的欲望和我们对它的敌视态度使我们人变得盲目起来，我们看不到这样一个事实，即自然界的财富是有限的，终有枯竭的一天，人对自然界的这种掠夺欲望将会受到自然界的惩罚。”① 人与自然的严重冲突已是一个不争的事实，这的确令人焦虑不安。

面对严重的自然生态危机，思想家们从不同的角度探究人类深陷其中的根源。有人从资本主义的生产方式和消费模式入手分析，有人从人类文化和社会制度加以考量，认为“工业文明在取得物质财富巨大成就的同时走向衰落并非偶然，而是有着深刻的文化根源。从深层次加以剖析，可以追溯至西方文化的自然观、价值观和哲学观等”。② 也有人从人性的角度予以剖析，或者从人口的无节制增长寻找突破口。但自然生态危机的形成并非单一的某个因素，而是有着极其复杂的原因。但不管从哪个角度去探究，始终不能脱离人类自身的活动对自然生态环境的过度干扰和破坏。

生态危机的确已为既成事实，人类的生存正面临着前所未有的挑战和困境。在此境遇下，我们对自然生态美的思考与探讨也就具有当下的现实生存意义。我们将自然生态美和人类的生存相关联，是将美学介入人类生活并进行深入思考得出的一个现实命题，因为生态危机的大面积出现已波及人类生存的方方面面。美学作为综合性的人文社会科学自然不能规避其缠绕，脱离对现实生存问题的反思。面对当下人类最急迫的生存问题，我们重在从自然生态美这一具有时代标志性的美学概念入手进行思考，将其作为困扰人类生存安危问题的美学回应。

---

① ［美］埃里希·弗洛姆：《占有还是生存：一个新社会的精神基础》，关山译，生活·读书·新知三联书店1989年版，第10页。

② 沈国明主编：《20世纪生态文明：环境保护》，上海人民出版社2005年版，第5页。

二　自然生态美是衡量自然生态健康与否的一把标尺

自然生态美与人类的生存密切相关，内含着人类的生存问题。对此我们将一一分析。

先从自然美这一概念说起。自然美若从历史的维度加以考查，人类对其并没有一个固定的看法。在人类社会发展的初期，由于人类对自然缺乏了解，自然被神化，客观自然披上了神秘的光环。人类敬畏自然，臣服于自然。自然神主导着人类的精神世界，自然美也就具有神性的色彩。西方自基督教伊始，自然神退位，神性自然荡然无存，基督教神（上帝）一神独大，成为主宰世界的力量，宇宙自然成了上帝的创造物，自然美也就自然地成了上帝美的确证，如奥古斯丁和托马斯·阿奎那所认为的那样。始自近代，随着资本主义生产关系的确立，西方的科技得到迅速发展，以西方为主导的人类理性精神极度扩张，人类自主意识显著增强，基督教上帝逐渐退位。上帝已死（尼采），人是万物的尺度和人为自然立法的原则正式确立。由于自然失去了上帝的庇护，此时的自然已被人类还原为一堆冰冷的客观实在物，一堆任人取用的物质资源。这样，自然彻底地沦为人类的奴役，变成一堆死物。正如美国环境哲学与环境伦理学教授卡洛林·麦茜特所言：自然已死。人类对自然的态度于是发生了极大的转变。任意地索取，对自然已无半点敬畏之心；随意地破坏，对自然已无些许的关爱之情。自然在人类意识中已沦落为一堆机械复合物，失去了生命特性，成为一架按照力学原理运行的机器，只按照机械原理工作，已非有机关联的生命整体。此时的自然美就成了人类意识的投射，失去了自身的本体价值，自然之所以美乃是由于人类精神的照射，是人类心灵美的反映。“自然美只是为其他对象而美，这就是说，为我们，为审美的意识而美。”[①] 别林斯

① ［德］黑格尔：《美学》（第1卷），朱光潜译，商务印书馆1996年版，第168页。

基讲的更直白，“无论在哪一种情况下，美都是从灵魂深处发出的，因为大自然景象不可能具有绝对的美；这美隐藏在创造或者观察它们的那个人的灵魂里”。[①] 人类对自然的错误认知，导致对自然规律极大的违逆与破坏。“人类的危机在本质上来源于人们对世界认识的局限性，以及人性的贪欲。几千年来，人类一直把自己身外的一切都当做环境，这本身就反映了一种片面的观念。人类从来都将自己看作是宇宙的中心。”[②] 由于向自然的不断索取和有意无意的破坏，自然生态逐渐丧失平衡，人类极度膨胀的欲望又极大地加剧了自然生态灾难的恶化，使自然生态美日趋枯竭。蓝天白云被雾霾代替，清冽的河流被工业废水充填，湖海鱼虾绝迹，成了臭气熏天的死亡之地。许多动植物濒临灭绝，春天变成寂静的季节。频发的自然生态灾害，已成为现代人类的一大痼疾，威胁着人类的生存。在生态危机的催逼下，人类不得不反思自身的行为以及对待自然的态度。“占有还是生存”已摆在了人类面前，让我们自行决断。若选择生存，就得重新思考人与自然的关系，缓解人与自然的敌对状态，将人类自身的行为调整到大自然承限的维度之内；若选择占有，等待我们的可能是一条不归之路。

自然生态所遭受的破坏已威胁到人类的生存，这是毋庸置疑的。自然生态的恶化过程表现为自然生态丑的不断呈现，自然生态美的日渐消亡。自然生态的美丑表征着自然生态环境的健康与否，以及是否适合人类的生存。但在具体的审美实践中，自然生态美这一概念并不能涵盖所有健康良好的自然生态现实，也即是说，健康良好的自然生态未必会成为人类的审美对象。缘此，我们不得不回到人类的文化领域去解释这一问题。如果我们从文化的视角出发，自然生态若进入人类的审美视野成为美的对象，就不能逃离文化对其的强制性过滤，必须要和人类的文化符号实践活动紧密结合

① ［俄］别林斯基：《别林斯基选集》（第1卷），满涛译，上海译文出版社1979年版，第241页。

② 晏路名：《人类发展与生存环境》，中国环境科学出版社2002年版，第27页。

才能得到科学合理的说明，否则，自然生态美就会变成一个抽象的命题。譬如，加拿大美学家卡尔松认为“自然全美”，就因忽视文化对自然美的制约作用而显得苍白无力。如果我们从人类的审美实际出发，可以看出，人类的审美其实就是一个不断累积和被文化不断滤化的过程，其中沉淀了人类全部的审美实践历史和心理建构过程，并非是一个单一的直觉问题，更不是一个简单的审美经验的复制过程。人类的审美实践历史说明，审美尽管呈现为当下鲜活的心理精神状态，但其中的感觉演变、心理结构、认知哲学、自然观念、价值判断、语言符号等文化要素无疑制约着人们对美的看法。因此，人类的审美很难脱离文化力量的强制性过滤和制约。自然生态美则重视自然的整体美学价值，单一的某个自然物从文化的视角看也许并不能成为人们审美的对象，譬如，油光发亮的老鼠，体大健硕的青蛙，花纹美丽的毒蛇等，但若我们将它们置放于自然生态中，当它们融入整个自然界与自然环境联接为有机整体时就会成为美的对象。所以，这些自然物虽然不能单独被作为美的对象看待，但也不能划归为自然生态丑的范围。

自然生态丑可以说是一个与自然生态美相对应的概念，其是自然生态本身运行过程中自然而然出现的本真状态。春生、夏长、秋实、冬藏乃自然规律使然，其是自然生态规律外在形态正常的表现，正如人类自身的美丑一样。一个外表虽丑但身体健康的人仍然是一个健全正常的人，但若身患疾病或残缺不全就不能列入健康人的范围了。所以，从自然生态规律讲，秋末自然万物的凋零和冬日大地的荒芜枯寂属于健全自然运行的重要组成部分，但对我们人类来说，它显示的却是丑陋，很难与春日的烂漫与秋天的丰盈相提并论，不能给人以美的感受，这与人类文化密切相关。因为人类总是厌恶衰败、死亡之类的事物，甚至那些象征此类事物的符号、数字、替代物也会令人感到沮丧或不吉利而遭到人们的厌恶与抛弃。但人类对自然生态的破坏而造成的自然凋敝或丑陋就不能完全归入大自然本身正常的生态丑范围，其为人类强加于自然身上的恶。因为人类对自然生态规律的破坏导致自然生态不可逆转的衰竭，使自然生态呈现出病症或死亡状态。正常的自然生态丑只是外在的丑，其仍然是活的自然，健康的自然，仅是自然规律运行过程的一个片段。因自然有规律的运行，枯寂的植物可以死而复生，蛰伏的动物重又焕发生机，可谓“野火烧不尽，春风吹又生”。冬日荒芜凄凉的大地，在来年春季定会呈现绿意，让生命布满每一寸土地。春夏秋冬四季轮换，万物荣枯更生，彰显了自然的神奇与伟大，但人类对自然生态规律的破坏却使自然最终走向死亡。因人类过度捕杀，灭绝的动物不会复现，因人类毫无节制的滥砍滥伐，消失的热带雨林不会起死回生。由于自然生态是以生物链的方式存在，一类动植物的死亡必然会波及地球的其他生命，一个残缺的地球必然是一个没有任何生命安全保障的自然界，很难为地球上的生命提供足够的生存资料。人类作为地球整体生命的一部分，其他生命的安危必然会牵涉到人类的存在，会受到因生物链条断裂造成的危害，因而人类不可能置身事外。所以，健康良好的自然生态是地球上所有生物包括人类在内的生命依托。自然生态危机会让人类付出巨大的代价，自然已向人类敲响了生存危亡的警钟，人类应及时反省，纠正自己的愚昧行为。因此，从人类生存的角度看，对自然生态美的认知与确证应成为我们审美反思的主题，因为它已成为衡量我们这个时代自然生态健康与否的一把重要标尺。

三　自然生态美在当代人类生存境遇下的价值与意义

地球自有人类以来，因人类活动的频繁介入和干预，原生态自然已经发生巨大的改变。原生态自然一分为三：原生态自然，人化态自然和共生态自然。相应地，自然生态美也被一分为三：原生态自然美，共生态自然美和人化态自然美，这样的结果是地球受人类活动影响而呈现的必然结果。

人类对地球的影响显而易见。因为人类为生存而进行的活动和其他生物被动适应自然有很大的区别，人类的生产生活活动带有强烈的主观能动性，特别是先进工具的大量使用更是极大地增强了人类改造自然的力度、强度和范围，使地球的原有形态处处打上了人类意志的痕迹。特别是近代以来，人类科技的迅猛发展，先进机械的广泛应用，人类已经具备了让高山低头，河水让道的巨大能量。“今天，使人着迷的是机械性的东西、巨大的机器、无生命的东西，人甚至越来越迷恋毁灭力。”[①] 人类对自然进程的介入和干预无论从深度还是从广度上讲都呈现出前所未有的强势姿态，甚至具备了彻底毁灭自然的能力。

地球因人类的存在而发生急剧变化。人类活动范围的扩张，人口的暴增，大大地压缩了其他动植物的生存空间。人类的活动强有力地改变了地球的外表形态和生态分布区系，动植物原有的生态位受到人为的扰动越来越强烈，人与自然的冲突显著加剧，地球已实实在在地变成了人的地球。

人类正是凭借自己的智慧、才能和力量不停地掠夺和破坏着自然，使地球原有的生态系统遭到前所未有的干扰和破坏，致使自然生态系统呈现出异常脆弱的状态，生态危机的遍地开花说明了地球的生态环境已处于高危水平。地球局部生态环境或某类生态因子被破坏尚可缓慢修复，但大面积的破坏则是致命的，可导致整个地球生态系统的全面崩溃。所以，人类如果再不审慎地处理人与自然的关系，协调好社会发展与自然的协同演进，人类的生存将会受到前所未有的生死考验。

地球既然已经成为人类的地球，主宰地球的人类应该为了持久生存而有一个长久的规划和打算，不能任性而为，更不能不加节制而滥用人力，盲目持续地破坏地球的生态系统，使地球生态系统的稳定性、协同性、有机整体性和持续性难以为继。但到目前为止，人类的破坏仍在持续，并未形成一个全面统一的保护地球自然生态的长久规划和打算。地球上大大小

① ［美］埃里希·弗洛姆：《占有还是生存：一个新社会的精神基础》，关山译，生活·读书·新知三联书店1989年版，第10页。

小的国家都在为自己的生存而努力发展，尽力强大自己，向地球讨要资源，拼命地展开经济竞争、科技竞争、军事竞争。虽然国家间展开了一些合作，成立了一些全球性的环境合作组织、生态保护组织，制定了诸多生态环境保护公约，如《保护臭氧层维也纳公约》、《控制危险废物越境转移及其处置巴塞尔公约》、《濒危野生动植物物种国际贸易公约》、《生物多样性公约》、《联合国气候变化框架公约》、《国际鸟类保护公约》、《防治荒漠化公约》，等等，但这些公约对世界各国的约束力相对有限，它并不具有强制性的法律效用。一些国家可以通过某种理由来违逆，而其他国家或世界组织对此无能为力。如早在1946年世界就制定了《国际捕鲸管制公约》，但日本每年都要定期捕杀鲸鱼，虽屡遭其他国家反对，但日本仍然我行我素，认为捕杀鲸鱼是日本传统文化的一部分。

那么，自然生态危机如何蔓延而并发成为全球性的危机？这与近代以来西方资本主义主导的生产方式和消费模式有着密切的关系。自近代以来，资本主义的生产方式和消费模式逐渐占据主导地位，并以极快的时间传播扩散到地球的其他地区。这种传播和扩散是资本主义国家通过占有殖民地的方式推进的。通过殖民地的占有，资本主义国家大量无偿地掠夺殖民地的资源，为倾销其过剩产品，转嫁经济危机，极力地推销他们的生产方式和消费模式。从经济发展的角度讲，资本主义的生产方式和消费模式的确促进了世界经济的发展，但为此付出的生态代价也是巨大的，这种巨大的代价就是地球资源的日渐枯竭和生态环境的大面积破坏。虽然在第二次世界大战后，许多民族取得了国家独立，但这种资本主义的生产方式和消费模式却在世界范围内确立了它的主导地位。

资本主义的生产方式和消费模式无疑是世界性生态危机产生的社会根源，由此而衍生出诸多问题。例如，当代人类的消费文化、人类的生活理念等都带有太过浓郁的奢靡之风，将物质财富的占有和追求作为人生价值的目标。“占有取向是西方工业社会的人的特征。在这个社会里，生活的中心就是对金钱、荣誉和权力的追求。”① 人重在占有，而忽视了人类生存的本真价值和意义。比如对精神财富的重视和追求等。人类精神价值的日渐弱化，正是人异化为物的过程。而人与自然的审美关系正是在这种异化的过程中被扭曲，自然成了消费的对象，自然的本体性被遮蔽。

以上说明，工业文明已成落日黄昏，生态文明时代必将到来。因此，当我们把自然生态美看成是自然美的当代形态时，其必然会成为人类由工业文明走向生态文明的一个标志性的美学话语，也当然地成为工业文明和生态文明时代美学领域内新的分水岭或标识，理论的先觉成为新文明时代到来的前奏。在工业文明时期，科技曾经助纣为虐，但它的正确应用则会成为引领新时代的先锋，因为科技本身无好坏之别，关键是人的观念问题。观念正确，方向就不会错误。我们相信，随着人类对自然正确认知的加深，在新的自然观引领下，科技必将为人类带来新的福祉。如此也必将反思和纠偏过去对待自然的愚蠢行为，而对自然恣意妄为的糟践也将成为不耻的恶行而受到普遍的指责。

当代人类“全球视野”的形成为自然生态和谐美的创建提供了不可或缺的实践前提。自然生态和谐美的形成需要人类超越以往过度消费文化的窠臼，在保障人类应有生存和持续发展的前提下，应尽快达成与自然的和解，借此提升人类生存的理想境界。因此，人类的健康生存和持久发展需要生态美学智慧的引导，因为人类是以美的方式而存在的。按照自然生态美规律践行，人类才有美好的前途。掠夺自然、戕害自然、践踏自然的行径必将葬送人类的未来。所以，在美学领域强调自然生态美的价值和意义，为人类改变传统美学审视自然美的态度提供必要的转化契机。无论西方美学将自然视为艺术美的根源、参照物、心灵美的映射，还是中国美学

① ［美］埃里希·弗洛姆：《占有还是生存：一个新社会的精神基础》，关山译，生活·读书·新知三联书店1989年版，第24页。

将自然视为修身养性的心灵圣地、寄情托物言志的载体，自然本身独有的价值应当得到必要的张扬。因此，我们既要将自然生态美看作是人类艺术的根源，也要将其作为人类精神的栖居之所。自然生态美可以标志生态文明时代人与自然平等相处、和谐融洽的审美理想。正如弗洛姆所言，人应“与所有生物共处一体，有这种整体感，因此，不应去征服、奴役、剥削、强迫和毁坏自然界，而应去理解它和与它合作。”[①] 从美学的视角确立自然生态美的价值，就是要重树自然的尊严，保护其独立自存性。让自然闪烁出迷人的光辉，让生存于其中的所有生命以美的方式而存在，人类才能持续生存，生命永驻。

---

① ［美］埃里希·弗洛姆：《占有还是生存：一个新社会的精神基础》，关山译，生活·读书·新知三联书店 1989 年版，第 180 页。

天人合一的生态美学智慧

陆庆祥

（华中师范大学文学院）

摘要：通过对“天人合一”思想的四种文化模式的研究，认为如今全球的生态危机正是由于人在处理人与自然关系时走向偏执一端造成的。以人取代或凌驾于自然之上固然不对，而试图以自然取代或凌驾于人之上也幼稚不可取。人与自然理应处于一个平等的地位上，是一种对话与交往的关系。也许，只有建立在自然人化基础上的人的自然化的双向融通的自然观、生态观，才是我们应该重新认真思考的拯救之道。

一　引言

生态危机愈演愈烈，生态美学应运而生。生态美学也许本无力解决当今生态问题，只是力图在美学学科范围之内向世人展现一个独特的思维视角而已。这也是美学学科回归现实生活世界，展现其应用价值的一个契机。天人合一思想作为一种独特的文化结构与思维模式，理所当然地进入了生态美学的理论视野。然而正如有学者指出的，目前学界对天人合一思想分歧很大，一派认为此乃拯救当今生态问题之必途，一派则反其道而行之，认为天人合一思想恰与人类现代文明相左。① 对其之所以有诸多分歧，多半是由于对天的理解不同造成的。

天的含义确实复杂。张岱年先生早在20世纪80年代就指出，“中国古代哲学中所谓天，在不同的哲学家具有不同的含义。大致说来，所谓天有三种含义：一指最高主宰，二指大自然，三指最高原理。由于不同的哲学家所谓天的意义不同，他们所谓‘天人合一’的含义也就不同。”事实诚然如此。天作为一个哲学系统的最高范畴，在其他文化传统中也有不同的表现。在儒家为天，道家则为道，佛家为佛，基督教则为神（God）。这几个世界上最主要的文化传统所持有的最高实体，其内涵与名称虽然各异，但有一点是共同的，即它们都代表着宇宙万物的最高智慧、最高原理和根本法则，是人类万物存在与活动的规定根据。他们都是以这样的天为基础构建各自的学说，同时又是以天为其学说思想的最终归宿。因此我们在界定天的含义时不应局限于他们各自具体的内容，而应通过抽象概括，上升为一种普遍意义的概念。天，在我们这里并不作为单纯的具象的概念，而是具有形而上的象征意义。由此再看天人合一，笔者认为实际上就是人类超越自身局限性，通过掌握或领悟宇宙间这一最高智慧原理、纯粹的先验实体，而达到天人一体的境界。在儒家叫天人合一，在道家叫同于大道、与道为一，在佛家叫涅槃成佛，在基督教则称神人合一。天人合一的思想是一种更为宏观的人生智慧，它关涉到人生在世的整体体验。我们不能一提天人合一就只想到中国传统文化中的儒家、道家，尚有佛教、基督教文化中也蕴含着丰富的天人合一思想。从某种意义上说，天人合一是这几种不同文化的终极追求。然而，在生态环境问题如此突出的现代社会，当我们反思古代不同文化中的天人合一思想时，必然要从人和自然的关系这一

① 曾繁仁：《中国古代天人合一与当代生态文化建设》，《文史哲》2006年第4期。

角度去思考。天人合一作为一种宏观的人生智慧，人与自然的关系是其题中应有之义。因此，下面我们将着重考察，同是天人合一，其中人对自然的关系有何不同。也许通过不同文化模式间的对比，我们才能彰显人与自然关系的复杂性与深刻性。

二　人与自然关系的四种文化体现

1. 儒家人与自然关系

先来看儒家关于人与自然关系的思想。儒家认为人与自然万物均是天道、天性或理这一最高原则的天所一贯而成的。朱熹的“理一分殊”的观点就是对此精彩的描述。事事物物各有一理，而单说理却只有一个。基于此，儒家对自然与人的关系的思想可以归纳为三点：

一是人与自然的地位是平等的，无所谓贵贱，两者构成一个完整的有机体。“夫太极动而气行，二气行而化万生。人与物俱本乎此则是其所谓同者……以其理言之，则万物一原，故无人物贵贱之殊。”（《朱子语类》卷四）

二是人与自然亦有差别。荀子所谓“明于天人之分”；孟子的“人与禽兽相异者几希”。以至于朱熹也承认“人物之生，天赋此理，未尝不同，但人物之禀受自有异耳”（《朱子语类》卷四）。

三是人与自然可以感通，通过自然人可以认识把握最高的规律。“夫大人者与天地合其德，与日月合其明，与四时合其序，与鬼神合其吉凶。先天而天弗为，后天而奉天时，天且弗为，而况人乎?”（《易经·文言传》）所谓“先天”即为天之前导，变化未发生之前加以引导；“后天”即遵循天的变化，遵守自然规律。《系辞上传》认为，圣人“与天地相似，故不违；知周乎万物而道济天下，故不过；旁行而不流，乐天知命，故不忧；安士敦乎人，故能爱。范围天地之化而不过，成万物而不逮，同乎昼夜之道而知”。张岱年解释道：“圣人有广博的知识，‘知周乎万物’，又坚持原则，‘旁行而不流’，不违背天命；‘乐天知命’又发挥德行的作用，‘敦乎仁’，对于天地之化加以范围，既加以制约；对于万物则委屈成就。‘曲成万物’。其所以如此，在于通晓阴阳变化的规律。‘通乎昼夜之道而知’用现代语言来说，可谓天人调谐，一方面尊重客观规律，另一方面又注重发挥主观能动作用，这是天（自然）人关系的一种全面观点。”

2. 道家人与自然关系

通常说道家的人与自然的关系是最亲近的。实际上，道家尤其是庄子在其著作中一再申言人与自然的差别、对立。自然的本性是自然而然，它“生而不有，为而不持，长而不宰”（《老子第十章》）。庄子言，“天地有大美而不言”。自然的本性就是“陆居则食草饮水，喜则交颈相靡，怒则分背相踢。马知已此矣”（《庄子马蹄篇》）；而与自然相对的人之特性是“加之以衡轭，齐之以月题”。“落马首、穿牛鼻”。这就是人为，违反了马的自然天性。而对拥有自然生命的人本身来说，道家也是弃绝人为，返还人的自然本性的。老子便认为人的最自然的本性体现在婴儿身上。人的最理想的生存状态是人类无知无识、没有受文明浸染的原始社会。庄子则认为最理想的人的生存状态是“古之行身者，不以辩饰知，不以知穷天下，不以知穷德。危然处其所而返其性而已，又何为哉！道固不小行，道固不小识。小失伤德，小行伤道。故曰：正己而已矣！”（《庄子·缮性》）。自然而然的无为观点是老庄思想的核心观点。

对于人与自然的关系，老庄认为自然界在某些方面要胜于人类。自然界（天地）无知无识，无情无欲，自然无为，却生有万物，因而自然界更接近道。而人类却因有七情六欲，有名缰利索以缠身、得失计较以劳心。故常背离人的本性，在“物物”的同时，也“物于物”了。因此人离道是最远的。道家常以天地自然作为人类效法的榜样，认为人类要放弃“人为”，做到大自然那样“有大美而不言”，“有明法而不议”，也就“几于道”了。庄子便说，“知天之所为，知人之所为，至矣！”（《庄子·大宗师》）老子亦言“天道自然而无为，圣人无为故无败”，圣人“以辅万物之自然而不敢为”（《老子》六十四章）。

3. 佛教人与自然关系

佛家的人与自然的理论是建立在缘起论的基础上的。缘起论是整个佛教思想的基础。佛家认为世界万事万物都是因缘和合而生的，缘聚则生，缘散则灭，透过这一法则，可以发现世间诸法，包括各种生命现象，都是虚幻不实，不能久驻长留的。

由缘起论，佛家提出了以整体论与无我论为主要特征的“人与自然”关系理论。先看整体论。原始佛教认为“此有故彼有，此生故彼生……此无故彼无，此灭故彼灭”（《杂阿含经》）。此与彼构成了一个不可分割的整体。任何事物都不是孤立的独在，它们互相联系、不可分割。正是在整体论的基础上，大乘佛教发展出大慈大悲、天下一体的菩萨情怀。再看无我论。从缘起论出发，佛教认为世界上一切事物没有不变的本质，只有相对的存在，称为“空”。空，包括我空、法空，即要破人我执、法我执。这样人们在看待自然时便不会以人类为中心了，而是立足于宇宙整体。

在整体论与无我论的基础上，佛教看待人与自然的关系时必然产生“无情有性，真爱自然”的观点。大乘佛教将一切法都看作是佛性的显现。万法皆有佛性。天台宗大师湛然，将此明确定义为“无情有信”，即没有情感意识的山川、草木、瓦石都具有佛性。禅宗更是强调“郁郁黄花无非般若，清清翠竹皆是法身。”大自然的一草一木都是佛性的体现，皆有其存在的价值。

4. 基督教人与自然关系

最后看一下基督教人与自然的关系。在科学危机、环境危机频出的今天，基督教关于人与自然关系的观点日益成为人们所批判的矛头指向。基督教崇奉上帝是人类的主宰，人类是自然万物的主宰这样一条圣训。在《圣经·创世记》中上帝说“我们要照自己的形象、自己的样式造人，让他们管理鱼类、鸟类和一切牲畜、野兽、爬虫等各种动物。”这是典型的人类中心主义的观点。以这样的立场去对待自然，必然是以自然为奴，把自然看成人生活在世界上信仰上帝的工具。由此，自然也必须为人类服务。人类展开了对大自然疯狂的掠夺，不仅不以之为耻，反而将征服自然的活动看作人类力量伟大的体现。到了现代，虽然有一些宗教领袖已经意识到了基督教这一“人类中心主义”的思想弊端，意识到基督教正面临越来越多来自人们的谴责、怀疑的目光。因而他们开始极力为其宗教辩解。如教皇约翰·保罗二世便在20世纪80年代的一次演讲中称上帝是怜爱他所造的一切的。人对自然的肆意掠夺只是后人对基督教的误解而造成的。

但基督教中人统治自然的思想并不是空穴来风，而是有其历史及社会渊源的。在基督教产生之前的古希腊罗马时期，这一思想就已经相当普遍且根深蒂固了。从古希腊的雕塑来看，他们是极度赞扬人的力量之伟大的。而人的力量正是要通过征服自然而体现出来。人与自然是对立的，自然是人类的敌人，是愚昧低贱的象征。普罗泰戈拉说，“人是万物的尺度”。希腊伟大的悲剧作家索福克勒斯在他的《安提戈涅》中说，“自然界中有许多奇异力量，可是没有比人更强大的”。在以后西方文化的历程中，这种对人的力量的高度赞美，以“人类为中心”的思维模式逐渐积淀成西方文化的集体无意识，并在近代哲学之父笛卡尔那达到极致。康德亦倡“人为自然立法”；尼采在其《偶像的黄昏》中大呼：“没有什么是美的，只有人类是美的!”进入20世纪，西方依然不乏对人的颂歌。现象学代表人物之一舍勒在《人在宇宙中的地位》中说：“人是能够向世界无限开放的X。”可见，根植于西方文化土壤中的基督教所持的人类中心主义观点，并不是其特有的个例，而是那个社会的普遍共识。

三 天人关系模型分析

由以上分析发现，我们所说的“天人关系”确实不能盲目地与“人与自然”的关系混淆。天人关系说的是人对终极价值的关怀，是对世界的形而上的思考。而人与自然的关系，同人与人的关系都是指人处世的某种方式或对外界的某种态度。

天人关系虽不同于人与自然的关系，但对天人关系的不同理解必然造成对人与自然关系的理解差异。在前面的论述中，天、人、自然三者之间的关系已经有所表现。现在放在一起进行比较。我们试着将这四种文化的天人自然的关系用图式表示，这样更能直观地看出它们的异同来。儒家的天人关系图式：

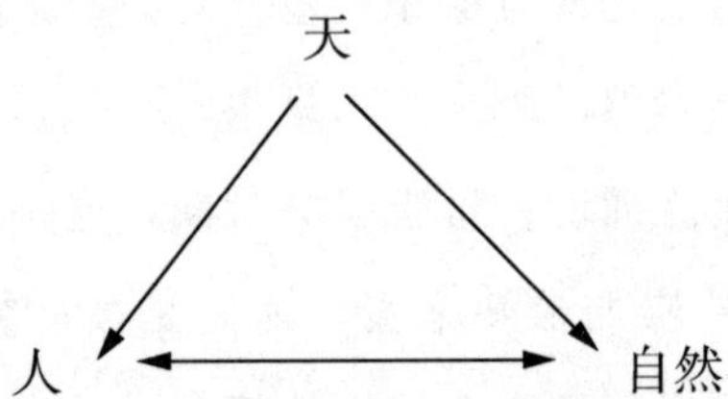

说明：天作为最高实体高高在上，但这只是逻辑的在上。实际儒家一直倡导“天命之谓性”，天道显现在人身上是为性，在物身上是为理。人与自然也非尖锐对立，而是可以相互作用的和谐关系。

道家的图式：

说明：把自然置于人之上，表明道家以自然为重，认为自然最接近道。人只有通过模仿自然，甚至返回到人的最自然的原始状态，才能达到道的境界。

佛家的图式：

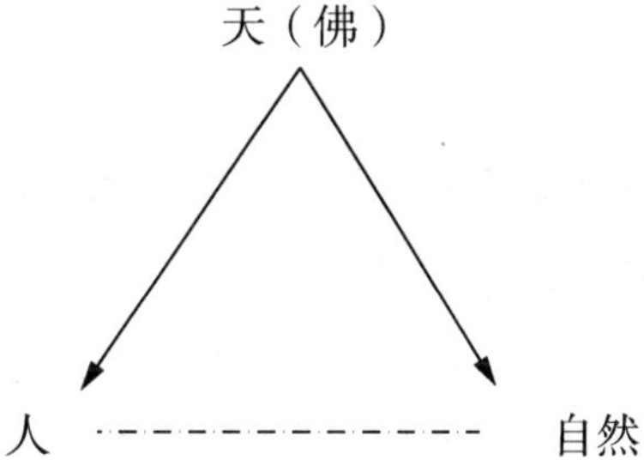

说明：这一图式与儒家的相仿。佛高高在上，又与人、自然是相通的。人人都有佛性，自然也有佛性。而人与自然之间用虚线表明佛家对外界自然持怀疑态度，认为万事万物都是虚幻不实的。“空即色，色即空”，世界是不确定的存在。因此，人无法把握自然，而自然本身同人一样具有佛性。人类无权也无法改变自然的状态，自然生命同样可贵。人与自然只能处于完全平等、互不加害的关系中。故用虚线。

基督教的图式：

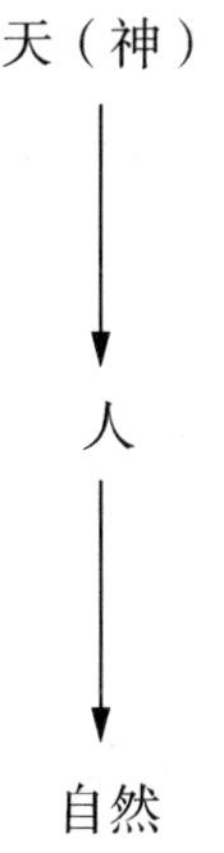

说明：神高高在上，主宰一切，创造了人与自然，而人在自然之上，统治自然。

从这四种不同文化的天人关系图式中，我们可以发现有两种截然不同的模式。一种是儒家与佛家的金字塔式的三角模式；另一种是道家与基督教的层级式直线模式。

前者是儒佛两家各以自己的天为顶点，又以人与自然为其两个平衡的支点，三角形的内部空间可视为宇宙。这样就构成了一个非常稳定平衡的三角关系。这就是“宇宙中心模式”。

后者则以自然或人作为天人关系的最低点，逐级上升，最后达到顶点“天”。从图式中可以很直观地看出，道家模式是以自然为其中心，而基督则以人类为中心。通过分析，我们不难发现在这四种不同的模式中存在着以下几种对立关系：

第一，儒佛为代表的三角模式与道家、基督教为代表的直线模式的对立。

三角模式是一种宇宙中心的模式，它注重整体思维，认为人与自然一起构成一个有机和谐的整体。人与自然同等重要，否定破坏任何一端，都会影响到整体的稳定与和谐。两者既相对立，又彼此依赖，不相分离，是和而不同的矛盾统一体。而直线模式则是偏重一极的思维。道家其实也算是一种宇宙中心论，只不过它走向了一个极端。它认为人可以向自然无限地接近，最终人要返回大自然中，与大自然合而为一。这就相当于将三角形“人”的这一点与“自然”这一点合并起来，三角关系便不复存在，由三极变为两极。然而，现实生活中，人与自然终究是不能为一的，因此道家的天人关系就成了我们现在的直线模式。它显然是以自然为中心的。它认为人类的作用越小越好，最好是取消人的作用，完全无为，“与大化同流”。所以，我们不妨将道家这一模式称为“自然中心论”。

基督教却走向了另一极端。它以人为中心，认为自然是人的奴隶，人类完全可以随意处置自然。这是“人类中心论”的典型体现。

通过对比，我们发现三角形的宇宙论模式无疑是最稳固、最平衡的天人关系模式。在这一模式中，天人自然互相处于比较和谐的运作中，是矛盾冲突最小的模式。

而直线型的人类中心和自然中心模式，打破了三角的平衡状态。所谓的“中心”，是以压迫和牺牲自然或人中的一方为代价的。因此，势必要引发重重危机和矛盾。以基督教为代表的人类中心论所带来的严重后果自不必说，道家那摒弃人为，以自然为归宿、完全否定人的主观能动性的思想，其消极影响也可见一斑。尤其像庄子那样，妻子死了仍然鼓盆而歌，以这样的态度对待人生，举世之下，唯庄子一人而已。

第二，儒佛间的对立。儒家是入世的，佛家是出世的。儒家不否弃现世人生，终极理想仍在此岸之中，而佛家的最终归宿在彼岸的净土。

佛家普观一切皆虚妄不实，主张“缘起性空”之说。其实说“缘起”是有积极意义的。儒家也不否认事物的缘起。然而正如牟宗三所说“佛教说缘起是消极意义。它是要拆散一切现实，主要地是撤销其自体。所谓‘性空’，就是无自性，无自体的意思，即一切现象其本性就是空寂……这缘起所现的一切现象根本是不可理解的，根本是无明的，是迷妄，所以说如幻如化，一切是假名而已”。佛家常言“诸法无我”，分言之就是“人无我”，“法无我”，这其实就抽掉了人与自然各自作为实存的基础，人与自然皆幻化，即“空”，世界成了一个不确定的存在。

而儒家正好相反，它直接就承认自然生命就是自然生命，是饱含道德意味的生命。它把人作为人看，把自然作为自然看。

正如牟宗三认为儒佛二家最大最根本的区别在于“佛教只有空理而无实理、天理。儒家认为人之超越的道德心性是天理、实理之所从出，并认为万事万物皆有实理、天理以贯之，故理是实理，事皆实事。”

我们认为，儒佛两家的区别，一言以蔽之，曰：儒家重实，佛家尚空。

第三，道家与基督教的对立亦不言而喻。一是自然中心论，二是人类中心论。这两种思想在人与自然关系方面无疑是各走极端。一个陶醉于自然之中，一个则极力赞扬人类力量的伟大。在环保口号如此响亮的今天，道家的尊崇自然、保护自然的思想固然可贵。但它的弊端，即在自然面前人的自主性的丧失，重无为的思想，无疑也会让人有文明倒退、社会发展停滞之感。

基督教崇尚人类力量的伟大，必然刺激人类自身的创造力，充分发挥人的主观能动性，引起科学与经济的发展。然而也最终带来了各式各样的社会与自然危机。以上就是道家与基督教思想的区别及其内在的不可克服的矛盾。

由上述的对比分析中，我们得出儒家尚实，佛家尚空，道家与基督教偏执一端的结论。

事实上，如今出现的各类危机，很大程度上是由这种偏执一端，尤其是以基督教为代表的人类中心主义的思维模式造成的。当今著名历史学家汤因比就说，“我们所面临的人为的各种罪恶，都起因于人的贪欲性和侵略性，是自我中心主义的产物”，并同时指出“人类自救的办法必须从克服自我中心主义去寻找”。当然克服自我中心主义并不是要否认自我，走到自然中心主义的一端。我们应在承认人类中心主义取得巨大的社会文明进步的同时，深刻反省它的先天性缺憾，把眼光转向宇宙中心论的模式上，以一种人与自然整体和谐的角度去指导人类的行为。

四　“人↔自然”双向融通的生态美学智慧

生态美学的哲学基础是生态存在论，它要求我们走出人类中心主义。摒弃人类中心的思维模式，并非让我们就滑入自然为中心的文化模式之中，而是一种宇宙中心，抑或时下学者所言“生态中心主义”。无论言人类中心还是言自然中心，此皆为一种偏执，而言宇宙中心、生态中心则意在恢复一种整体和谐的审美文化观。在我们上面分析的四种天人合一的文化模式中，儒家无疑是较为合理的一种。而儒家天人合一模式与另外三种最大的不同之处，在于其对人与自然关系的处理上。其实，生态美学所要研究的最基本的问题就是人与自然的关系问题（当然不排除还有人与社会、人与自身的生态等问题，但人与自然的关系，当是生态美学要处理的基本问题）。我们所说的“生态”，也是人与自然共生共荣的生存发展状态。因此，仔细挖掘探讨儒家天人合一文化模式中人与自然的关系思想，当对现代生态美学的发展贡献一份智慧。

在这里，笔者非常同意徐碧辉所认为的中国传统美学的现代意义为“把单方面的自然人化扩展为人化自然和人对自然的亲近归依双向融通的思想”。[①] 只是，笔者认为这种人与自然双向融通的思想更为充分地体现在儒家的天人合一的文化模式中。具体地说，儒家人与自然关系实际是从两个维度现实地展开的：一是自然的人化，二是人的自然化。自然的人化，并非指人去肆意征服、宰割、控制大自然，而是人“化”自然，即自然向人生成，人类将自身的本质力量渗入到自然之中，自然附着上了人的色彩。而人的自然化，也并非人失去自我的主体性而回归到一种原始的与禽兽不分的状态，而是自然“化”人，即人向自然生成。人类表现出对自然的亲近与归依，是人自然本真之性的呈现，同时也是本真自然的呈现。人与自然在这种生态文化模式中是平等而又相互交流融通的关系。我们只能在这样的前提下去谈自然的人化以及人的自然化，否则皆会导致许多误解。那种任意征服、宰割自然的人类行为，以及主张人回到原始社会，摒弃任何人为的因素的做法，毋宁说体现的是人与自然关系的异化现象，其前提是人与自然并非处在一个平等的关系上。

“自然的人化”体现为人的社会性的塑造，即人对内在自然与外在自然进行“文化”；而“人的自然化”是将人回归到其自然情感、回到个体

① 徐碧辉：《试论中国传统美学的新生》，《美与时代》（下）2002年第7期。

自身生命体验上来，也即回到人的感性经验上来。回到感性经验上来并不是要回到动物的水平，而是回到整体的人、本真的人的生存状态。回到感性经验上来也不是不要理性，而是纠正过往以理性人那种纯粹以理性为中心，压抑感性经验，并以理性为最终归宿的片面人的现象。而回到人的情感经验，不是以理性压制情感，也不是情感排斥理性，而是在情感为本的状态下，寻求情理间的平衡。

儒家的思想一般被认为是体现了“自然的人化”。首先，表现为“非礼勿听、非礼勿视”（《论语·颜渊》），是以仁义道德来使人的自然生命“人”化，即道德化。其次，又体现为“学而优则仕”，“邦有道，则仕”的个体生命的职业化。这种道德化与职业化的结果是造成儒家的“无我”，即个体之我的消失，而成就一个集体之我、国家之我、社会之我、历史之我。这也即是安乐哲所谓“无我的自我”。李泽厚认为孔子的仁是体现了一种个体人格的主动性与独立性，并举“己欲立而立人，己欲达而达人”“我欲仁，斯仁至矣”，但这种“非道宏人，而人能宏道”的个体人格，毋宁说更是具有很强的历史责任性。笔者认为孔子所强调的这种个体人格是服从于作为“士”的历史责任感的，抑或说这种个体人格是体现于对历史与社会责任的双重承担上。再次，就人与外在自然的关系上，荀子主张“明于天人之分”，“制天命而用之”，这不仅是对人的内在自然的人化，也包含对外在自然界的人化。儒家的这种三种自然人化其实是生态美学所谓三个重要的生态维度，即人与自身的生态关系、人与社会的生态关系、人与自然的生态关系。之所以儒家的这三个层次的自然人化也是一种生态关系的体现，是因为儒家在积极地进行人化自然的同时，尚能保持一个“度”，此即“中庸之道”，其现实经验之表现即为“和”，如曾繁仁先生所指出的“位育中和”思想。[①] 所谓“礼之用和为贵”，“大乐与天地同和”，

① 曾繁仁：《中国古代天人合一思想与当代生态生态文化建设》，《文史哲》2006年第4期。

所谓“钓而不纲，戈不射宿”。在自然向人生成的过程中，儒家深刻地意识到了人化的重要性及复杂性，它总是能将人化保持在一种合理的范围之内，也总能在一种生态整体和谐的层次上考虑人与自然的关系，这与现在我们一提“自然人化”就是所谓“征服自然、掠夺自然”的极端态度相去甚远。

儒家在自然人化的同时也在展开“人的自然化”。自然的人化与人的自然化其实并非截然对立，而是互相补充，互相融通，一体两面的关系。可以这样说，自然的人化是人生在世不可避免的命运，而人的自然化则是人生在世必然的归宿。从生态美学的角度说，人来自自然，归于自然，是大自然的一分子，自然与人的命运息息相关。而自然的“自然而然”的性质毋宁是人与自然发展过程中的一种理想价值，它既与人的本真存在有关，也与天地万物的澄明有关。自然的人化与人的自然化双向融通的关系，体现了海德格尔“天地神人游戏”的思想。否则，若只有人的自然化而没有自然的人化，“游戏”之论就无从谈起。这也是生态美学“主体间性”思想的体现。儒家在人的自然化方面体现得尤为显著。徐碧辉所指出的人的自然化内外两个方面，即外在方面的人的自然化和内在方面的人的自然化，以及外在方面的人的自然化的三个层次，[①] 在儒家哲学中都有所体现。笔者在其他文章中已经详细阐述，这里不再一一论证。[②]

五　结语

总之，生态美学无论怎么说都还是研究人类生态审美活动的一个美学理论分支，相比起其他美学理论形态，生态美学的研究对象更为宏观，理论抱负似乎更为宏大。然而人类的生态审美活动仍然离不开人这一主体之

① 徐碧辉：《从实践美学看生态美学》，《哲学研究》2005 年第 9 期。

② 张子程：《人的自然化：孔子休闲哲学考》，《兰州学刊》2011 年第 2 期。

维，没有人，就没有美。所谓的“生态”也是人在其中的生态。那些简单地否认“人类中心主义”，或想以生态取代人作为美学之中心的做法，必定是错误的。天人合一的四个文化模式已经告诉我们，如今全球的生态危机正是由于人在处理人与自然关系时走向偏执一端造成的。以人取代或凌驾于自然之上固然不对，而试图以自然取代或凌驾于人之上也是幼稚不可取的。人与自然理应处于一个平等的地位上，是一个双向融通的对话交往关系。儒家哲学告诉我们，自然的人化是必要的，人的自然化也是必要的。简单地去否定自然人化的过程，就是无视人类至今所取得的物质精神文明成果的表现。解决现今人类生态危机，仅靠生态美学自身也许是一种幻想，只看到人的自然化而看不到自然的人化也至为肤浅。也许，只有建立在自然人化基础上的人的自然化的双向融通的自然观、生态观，才是我们应该重新认真思考的拯救之道。

存异与求同：生态美学视野中渝东南少数民族特色文化社区建设研究*

王　剑　王晶晶**

（西南大学　历史文化学院、民族学院）

（长江师范学院　乌江流域社会经济文化研究中心）

摘要：民族社区是指少数民族聚居区内，以少数民族群众为主体，以民族社会的共同社会生活元素为基础的一种特殊的社区类型，具有较为显著的社会性、民族性和生活性。中国民族社区的研究重点主要是乡村地区的小型民族社区，从生态美学角度比较研究渝东南两个民族社区的特色文化建设，并从中摸索不同社会环境中民族特色文化社区的不同审美风格的形成方式，是遵循生态文明规律，建构独特的少数民族特色文化社区的有益尝试。

---

* 本文系国家社科基金民族问题研究一般项目“乌江流域民族间信任和谐与社会稳定发展研究”（12BMZ023）；重庆市人文社会科学重点研究基地开放项目“重庆民族地区族群互动与社会和谐稳定关系研究”（2013Y10）阶段性成果。

** 作者简介：王剑（1981—　），男，土家族，湖北恩施人，长江师范学院乌江流域社会经济文化研究中心专职研究人员，民俗学博士，西南大学中国史博士后流动站在站博士后，主要从事民俗与区域民族文化研究。

王晶晶（1982—　），女，汉族，湖北荆州人，长江师范学院学生处政治辅导员，法学硕士，主要从事少数民族习惯法研究。

引 言

社区（community）是社会学中研究民族社会的一个重要概念，从1887年德国社会学家Tonnies提出社区概念后，经过帕克（Park R. E.）、伯吉斯（Brugess E. W.）、费孝通等中外社会学、人类学家不断的发展、延伸，这一概念在不同的社会实践中呈现出多样化的形态。

国外乡村民族社区的研究起源于19世纪中期民族学、人类学家对初民社会的原始部落研究，20世纪70年代以来，随着环境矛盾的日益突出和可持续发展概念的提出，乡村民族社区问题逐渐为中外学者所重视，提出了一系列关于民族社区变迁度量（Cater et al，1989）、乡村民族社区类型（Rogers等，1972）、影响因素（Pacione，1984；Nelson，2001；Bachleitn er et al，1999；MacKinnon，2002；Murdoch，2000）等方面内容的理论和方法。受中国社会经济发展状况的影响，国内的民族社区研究的重点在乡村民族社区，主要角度有民族学派以描述性说明和对比分析为主的内涵研究（高永久等，2009）、旅游心理学派以问卷调查为主，统计方法为辅的旅游影响研究（杨俭波，2001；周慧颖等，2004）、地理—社会学派以历史对比和空间分析法为主的社区演变研究（杨正文，1997；周尚意，2003；马世罕等，2012）和社会—民族—旅游学派将定性分析与定量分析相结合的民族社区发展研究（张金鹏，2008；闵庆文，2009；李瑞等，2010；唐晓云，2010；唐承财等，2013）等。

比较而言，国外的乡村民族社区研究主要针对的是主流文化场域内的文化交流和融合问题，而国内的乡村民族社区的研究主要面临的是主流文化语境下少数民族迎接文化冲击和实现自身发展的问题。这就使中国的乡村民族社区研究的焦点聚集于民族文化的内涵保留和变迁发展方面。具体而言，即如何选择乡村民族社区的特色文化风格。如果在少数民族特色文化社区的建设中，忽视文化风格的决定性作用，必然造成民族社区在经济全球化和文化现代大潮中的迷失方向与随波逐流，最终淹没在高速发展的洪流之中。

两个实例：渝东南少数民族特色文化社区的代表

在 2014 年 5 月 19 日公示的首批中国少数民族特色村寨命名挂牌名录村寨名单中，重庆市共有黔江区小南海镇板夹溪十三寨、石柱土家族自治县冷水镇八龙山寨、彭水苗族土家族自治县鞍子镇罗家坨苗寨、酉阳土家族苗族自治县酉水河镇河湾山寨、秀山土家族苗族自治县海洋乡岩院古寨五个村寨入选。单从重庆市的民族特色村寨名称上看来，就有“寨”、“山寨”、“苗寨”、“古寨”等四种不同的称谓，实际上，入选的山寨在行政区划上往往只是村的一个或者部分村民小组，该村的其他小组并不具备如此突出的文化特征，这就形成了理论研究的断链和实际政策的缺口。因此，将“民族社区”的概念引入少数民族特色村寨的特色文化建设之中，具有较强的实践意义。

在重庆的五个挂牌少数民族特色村寨中，罗家坨苗寨和八龙山寨较有代表性，引起了研究者的注意。

作为重庆地区最大的家族聚居苗寨，罗家坨属于重庆彭水苗族土家族自治县鞍子乡新式村四组，距乡政府 6 千米。苗寨东邻梅子的甘泉村、诸佛的小里村，北近鹿角镇，西南连本乡的鞍子村，属于梅子、诸佛、鞍子三乡的结合部。罗家坨全寨 57 户共 300 多口人全是苗族，除了 5 家上门女婿外全属罗姓。罗家坨面积 3.4 平方千米，其中耕地面积 1500 亩，原始次生林 2500 亩，平均海拔 800 米。苗寨四面环山，位于山凹之中，一条溶洞暗河从寨下穿过，汇入不远处的诸佛江。

八龙山寨的建构基础为冷水镇（原冷水乡）八龙村，八龙村位于冷水乡新场镇西部，东邻河源村，南邻天河村，西邻黄水镇三坝村，北邻枫木乡石鱼村，面积18.65平方千米。[①] 该村平均海拔1250米，属中亚湿润季风气候区，四季分明，年平均气温11.7℃。一月份最冷，平均气温0.9℃；七月份最热，平均气温21.7℃。主要特点是春季升温快而气候多变，常有寒潮，夏初多阴雨，夏末秋初多伏旱，秋季多绵雨低温，冬季多霜雪、较寒冷。冷水乡属黄水山原区，雨量充沛，云雾多，光照不足。年平均降水量为1372.6毫米。年平均日照时数1315.7小时。无霜期约为180—185天。[②] 八龙山寨的民族特色村寨建设起步要晚得多，主要是依托其地处黄水国家森林公园门户地带的地缘优势发展而来。

这两个少数民族特色文化社区，前者因家族聚居的民族特色形成，保持文化的异质化是其生存和发展的基础；后者是因周边大型旅游景点的开发而成，提供标准、同质的旅游服务是其安身立命的资本。将这两个不同类型的乡村民族社区的生态建设内涵进行对比，能够得到一些有意义的结论。

生态美学：乡村民族社区的特色文化风格之源

从乡村民族社区的地域结构（Rogers，1972）角度来看，罗家坨社区地处山间小盆地底部，社区的全部人口都围绕着中心的水田分布，属于典型的集居型社区。八龙社区因黄水旅游开发而生，主要的特色店集中于通往黄水国家森林公园的道路两侧，是一种较为常见的条状型社区。从乡村民族社区的社会组织结构（Cate，1989）角度来看，罗家坨社区是家族聚居，同姓的民众共同生活在一起，罗氏的“老辈子”和族长有权威的地位和主事权，属于特征显著的家长范式的社区。八龙社区虽然地处要道，但毕竟和黄水的核心景区还有一定的距离，其主要的游客资源也面临周边乡

---

① 资料来源：《重庆市石柱县新农村规划——冷水乡八龙村村级规划（2006—2010）说明书》，内部资料，第3页。

② 以上环境和气候数据来自冷水乡乡志和重庆市石柱县新农村规划——冷水乡八龙村村级规划（2006—2010）说明书，内部资料。

村社区的竞争，属于竞争的社区。从乡村民族社区的改变趋向（Pacione，1984）角度来看，罗家坨社区虽然近年来得到了各级政府对民族特色村寨建设的大力支持，但由于地处深山，离高速公路和火车站都较远，交通相对不便，是较为封闭而整合的社区。八龙社区靠近高速公路，紧临黄水国家森林公园大门，交通便利，是开放而整合的社区。

面对这两种截然不同的社区类型，遵循生态文明建设的基本规律，因地制宜地制定社区的特色文化建设规划，关系到社区后续的开发与保护，显得格外重要。本文的观点是：在生态规律和社会发展之间找寻合适的平衡点，建立以生态美学为风格源头的少数民族特色文化社区，促进少数民族乡村社区的可持续发展。

党的十八大报告中提出，要把生态文明建设放在突出的地位，这一突出地位体现在生态文明建设要融入经济、政治、文化、社会建设的各方面和全过程，目标是建设美丽中国，实现中华民族永续发展。[①] 生态文明建设的核心是生态环境，生态环境属于自然环境的范畴，但并非完全等同于自然环境，而是由一定生态关系构成的系统整体环境，换句话说，只有生存在自然中的生物参与其中的自然环境，才被称为生态环境。生态美学正是基于生态环境的观念，提出的一系列关于“人与自然、社会及自身的生态审美关系，是一种复合生态规律的存在论关系……（生态美学）是在后现代语境下，以崭新的生态世界观为指导，以探索人与自然的审美关系为出发点，涉及人与社会、人与宇宙及人与自身等多重审美关系，最后落脚到改善人类当下的非美的存在状态。这是一种人与自然和社会达到动态平衡、和谐一致的出于生态审美状态的崭新的生态存在论审美观”。[②]

① 转引自胡锦涛《坚定不移沿着中国特色社会主义道路前进　为全面建成小康社会而奋斗》（2012 年 11 月 8 日胡锦涛在中国共产党第十八次全国代表大会上的报告），《十八大报告辅导读本》，人民出版社 2012 年版。

② 曾繁仁：《美学之思》，山东大学出版社 2003 年版，第 684 页。

作为民族特色文化的风格源头，生态美学直面现代化给人类生存带来的巨大生存威胁，在后现代的经济文化形态基础上，将生态学的理论和方法引入审美之中，努力找寻社会经济发展与人类可持续生存之间的支点，发出了生态问题上“为什么”、“怎么样”的“深层追问”。而按照生态美学家的观点，解决这一矛盾的关键在于反对盲目的经济效益论和科技决定论，主张人与自然的和谐协调，以及承认自然独立的“内在价值”，在具体方法上，主张在生态效益论指导下的再生能源技术。具体到罗家坨社区和八龙社区，由于这两种社区无论是在形成历史、经济水平、发展趋势还是组织形式上，都有很大的区别，所以应该在生态审美指导下，形成不同的特色文化风格。

对于罗家坨社区而言，能够在经济全球化和新型城镇化带来的冲击下，保持现有的家族聚居形态和少数民族风貌，是非常难得的，这一方面是由于上文提出的该社区本属于集居型家长范式的封闭而整合的社区，另一方面也与该社区居民的审美品格和文化选择密切相关。但是，随着罗家坨苗寨的建设和少数民族特色村寨的挂牌，该社区的外部条件发生了巨大的变化。2011年以来，罗家坨社区所属的彭水苗族土家族自治县、鞍子镇等各级政府，投入了大量的资金和人力、物力，从交通、环境、卫生、水电、建筑、文化等各个方面加大了对罗家坨社区的建设和“罗家坨苗寨”品牌的打造，在这一背景下，苗寨居民自身的文化自觉和文化自为，就成为维持罗家坨社区的异质特色，形成独特民族文化风格的关键。坦率地说，单纯就自然环境和舒适程度而言，罗家坨社区距离重庆市内其他旅游景点，还有一定的差距，而且受制于地形和交通，短期内赶上甚至超过其他景点的硬件条件也不现实。其实，这是在旅游竞争的大环境下走入了同质化发展的误区。对于旅游者来说，来到罗家坨，并非是为了体验乡村农家的饮食、住宿，更多地是为感受“异域”风情，体会与自己生活方式不同的少数民族生存状态。因此，根据生态美学的观念，应该最大程度地解构罗家坨社区的现代化痕迹，构建最贴近民族群众原始风貌和日常生活的“原生态”体验场域。在这一原则指导下，复现传统的生态伦理观念，展示传统意义上的人与自然的和谐统一，最终在维持自身社区良性生态循环的同时，实现对外来游客的生态文明教育。

而对于八龙社区而言，情况要相对简单一些，作为近期依托黄水国家森林公园形成的条状型竞争性开放而整合的社区，其民族特色文化社区建设的目的就是推动地方经济、社会的整体进步与发展。八龙山寨这种类型的少数民族特色文化社区必须将其核心价值取向与乡村社区文化模式进行“整体思考、整合推进”，即以核心价值取向引导社区特色文化模式，以社区特色文化模式支撑核心价值取向，从而实现形成少数民族特色文化社区审美风格的目的。在这一目标引领下，八龙社区的特色文化审美风格应当遵循求同的标准化风格，充分利用好石柱县黄水国家森林公园的气候优势、风景优势和环境优势，在加大对标准化食、宿、行等接待条件投入的同时，注重可循环再生生态资源的运用，在条件允许的情况下，着力推进循环经济，支持清洁能源、绿色食品、生态交通和再生资源回收方面的优先跨越发展。在旅游硬件过硬、软件不软的竞争优势基础之上，逐渐形成区域同质化的生态审美风格，为游客带来舒适、便捷而原真性的旅游感知，体会到民族乡村社区的现代化审美体验。

总体而言，无论是罗家坨还是八龙，在少数民族特色文化社区审美风格的建立上，都应该有以下几个必备的环节：

一是应有强力保护前提下少数民族文化资源的传承与发展机制。应当具有体系完备的民族文化资源监督、监管、问责机制，依托集中展示民族文化的陈列馆、展览馆，民族历史文化遗迹和文物，以及特色民居等载体，加之多样化的民族生态文化保护规划，形成乡村社区中珍稀文化资源的原生态保护体系。

二是应有鲜活的特色民族文化空间场域的形成机制。应当着力解决现有乡村民族社区功能过于单一，文化内涵深度不够的问题，通过对少数民族历史和非物质文化遗产的深入挖掘，将民族特色文化生活、少数民族民俗风情和民族社区的日常生活有机地结合起来，构建“原真”的民族文化空间。

三是应有强大民族性的特色文化社区品牌生成机制。对于民族文化社区而言，发展的主要途径是通过对自身特色的民族社区文化品牌的打造，并围绕核心的社区文化品牌，促进特产商品、民族节会、非遗展示、民族表演等一系列具有民族文化特质和地方唯一性的立体民族社区文化形象系统的生成。

四是应有以民生发展为本质目标的社区就业服务机制。民族社区发展的落脚点和根本目的在于民族群众的民生发展，而民生发展目标的实现，依赖于民族群众的充分就业，这是少数民族特色文化社区打造的前提和基础，从另一个角度来说，通过就业实现少数民族的文化融合，也是民族特色文化社区建设的重要内涵之一。

五是应有民族特色文化社区生产型服务业的产业机制。遵循文化产业发展的基本规律，将原来民族社区中散乱的民居住宿、特色商品、民俗饮食进行有机的整合，形成民族社区特色文化旅游、科技、商贸、教育、农业等角度的多方联动，打造具有核心文化竞争力的特色文化社区产业链。

六是应有少数民族文化中心集聚与辐射的汇聚机制。民族特色社区的打造，不仅应该成为地域的民族文化中心，更应充分运用民族文化集聚点的辐射作用，对地方社会、经济和文化发展进行反哺，从而形成“文化—产业—文化”的良性循环链，促进民族地区的长远发展。

少数民族特色文化社区的建构，不仅是一个复合型的系统工程，更是在新型城镇化背景下对“生态文明乡村社区”建设发展道路的一次综合性尝试。因此，在建构生态审美风格的同时，必须加快进行少数民族特色文化社区建设跨学科的顶层设计。

多层互动：少数民族特色文化社区建设之路

少数民族特色文化社区的打造，必须以参与国际文化竞争为目标，因此，结合少数民族特色文化社区建设的特殊情况，本文设计了以下将顶层设计、推行步骤和实践操作有机结合的技术路线。

各省级政府作为少数民族特色文化社区规划和设计主体，在顶层设计方面，应该在政策配套、战略布局和规定标准的基础上，首先选择试点型的少数民族特色文化社区。具体而言，即在出台针对性的支持政策和指导意见的基础上，在本省民族地区形成错落有致的特色文化社区层级体系，进而制定科学的规划，形成有序且具有前瞻性的引导，这也是选择试点少数民族特色文化社区的政策基础。

在顶层设计之后的推行步骤方面，应当在试点民族特色文化社区及周边大力挖掘少数民族文化资源，并根据不同民族社区文化资源的存续情况，出台包括民族社区特色文化保护、特色产业发展及民族精神建设的专案规划，以法规的形式对民族社区中的历史地点、集体记忆和特色文化进行有力的保护，以产业开发的形式实现对少数民族优秀文化资源的挖掘、保护、传承和再造，实现特色文化空间、文化产业发展和文化人才培养的有机结合。

最终，少数民族特色文化社区的构建，落脚于建构过程中的可操作性要点。一是社区民族特色文化的保护，包括特色文化空间的建设、特色文化保护的支持和民族认同感的提升等；二是社区特色产业的运作，包括特色文化旅游产业、文化衍生产业和配套支持产业等；三是社区民族特色品牌的塑造，包括特色文化人才的培养、社区品牌的宣传和民族群众行为精神面貌的打造等。

综上所述，少数民族特色文化社区的建设，是一项巨大的历史性工程，新时期生态文明建设的提出，为这一工程的最终实现提供了一条希望之路。在生态审美哲学的引领下，各民族社区在建设的过程中，是摆“异族风情”的造型，还是寻“整齐划一”的途径，要根据具体社区的历史渊源、形成方式、政策支持和发展现状综合决定。但毋庸置疑的是，科学设计、有序推进和具体落实相结合的多元互动体系，是建设少数民族特色文化社区的基础，也是中华民族永续发展，民族精神世代传承的根源。

试论生态审美教育对现代审美教育的超越

罗祖文

（湖北大学美术学院）

摘要：生态审美教育是在全球生态危机日益严重和日常生活审美化的背景下产生的一种审美教育形态；它在哲学基础、审美范式、目标任务等方面均相异于现代审美教育；它既是一种情感教育，同时也是一种价值教育、伦理教育和责任教育。

“审美教育”一词尽管最初出现于席勒的《审美教育书简》中，但审美教育活动却古已有之。在中国，西周时期的统治者把审美教育作为培养贵族阶级的必修课之一，所谓“六艺”中的“乐”，指的就是审美教育；在西方，柏拉图在他的《理想国》中也将艺术教育作为培养“城邦保护者”不可缺少的手段。“虽然中西文化具有不同的精神特质，但在审美教育上却有一种共同的倾向，那就是以艺术教育为中心，对艺术作品的欣赏品评几乎成为审美教育的全部内容。”[①] 而今，随着全球生态危机的日益严重和日常生活审美化的进展，生态审美教育开始逐渐进入审美

① 陈望衡：《环境美学》，武汉大学出版社 2007 年版，第 411 页。

教育的领地。

一 生态审美教育的产生

生态审美教育的提出并非概念的简单置换与组合，而是有着深刻的社会根源与学科要求。长期以来，我们在“人类中心主义”哲学思维的影响下，一直将自然视为人类的征服对象，所谓“人为自然立法”、“人定胜天”、“让自然低头”、“人有多大胆，地有多大产”等。在这种妄自尊大的想象与政治口号的影响下，科学技术和人类财富虽然得到了大幅度的增长，但也带来了工具理性泛滥、环境污染严重、心理疾患蔓延等一系列生态问题。于今，人类已到了生死存亡的路口。这正如莱切尔·卡逊在《寂静的春天》中所指出：“现在我们站在两条路的交叉路口上，这两条道路完全不一样。……我们长期以来一直行驶的这条道路使人们容易错认为是一条舒适的、平坦的超级公路，我们能在上面高速前进。实际上，在这条路的终点却有灾难等待着。这条路的另一个岔路——一条‘很少有人走过的’岔路——为我们提供了最后唯一的机会让我们保住我们的地球。”[①] 于是，处于经济狂热中的人们开始冷静地思考自己的行为方式与思维方式，反思环境之于人类的价值与意义。1972 年 6 月 5 日，国际人类环境会议在瑞典斯德哥尔摩召开，会上发表了《联合国人类环境宣言》，《宣言》指出：“人是环境的产物，也是环境的塑造者。为了当代人类及子孙后代的利益，当今历史阶段的人们在计划行动时，应该更加谨慎地保护好地球上的各种自然资源。”与此同时，在世界范围内兴起了一股生态哲学的浪潮。当代环境理论家阿尔伯特·施韦泽于 1915 年提出了“敬畏生命”的伦理观，强调“敬畏生命”绝不只是敬畏人的生命，而是敬畏所有动植物的生

① ［美］莱切尔·卡逊：《寂静的春天》，吕瑞兰、李长生译，吉林人民出版社 1997 年版，第 203 页。

命。澳大利亚哲学家和行动主义者彼得·辛格于1973年发表《动物解放》一文，指出尊重动物的“生存权利”、“保护它们的自由”理应成为人类与动物“交往”的方法论准则。美国生态伦理学家霍尔姆斯·罗尔斯顿于1995年出版《哲学 走向荒野》一书，提出了关于哲学中的“荒野转向”（Wild Turning Philosophy）的概念。受其影响，中国学者于20世纪90年代提出了“生态美学”的建构主张。在这些伦理学家、哲学家们的阐释下，“自然”、“平等”、“伦理”、“价值”等概念开始慢慢越出传统的“人类中心主义”视阈而走向“生态整体主义”。如在传统的美学中，“自然”是自在无为的，其自身无所谓美丑，而在环境美学家艾伦·卡尔松看来，“全部自然界是美的”；在传统的伦理学中，“平等”只限于人际权利之间的平等，而在生态伦理学中，“平等是原则上的生物圈平等主义，亦即生物圈中的所有事物都拥有的生存和繁荣的平等权利”。[①] “荒野”在传统的哲学中是无价值的，而在罗尔斯顿看来，它是人类之“根”，是人类生命之源。这些哲学、伦理学思想虽不无偏颇之处，但它警醒着人类的思维模式与教育模式，催促着生态审美教育的推行。

生态审美教育的产生还有着艺术学科内部的发展要求。众所周知，20世纪以来，随着科技的发展与大众传媒的影响，艺术开始渗透于日常生活的每个角落，成为人们日常生活的内容。如今人们不必走进艺术馆、博物馆和画室，就能够欣赏到精妙绝伦的广告和服饰。在这种日常生活审美化的浪潮中，环境就很自然地成为艺术而进入人们的审美视阈，如在当今琳琅满目的艺术园地里就有所谓的大地艺术、环境艺术、工程设计艺术、工程景观艺术等。人们不仅以艺术化的眼光审视自然环境，而且还以“美的规律”建造自然景观。如法国著名工程师伯纳德·拉萨斯将快速运动状态下（100千米／小时）人的景观感知作为设计的出发点，将废弃的额桑采

① 雷毅：《深层生态学研究》，清华大学出版社2001年版，第49页。

石场建成高速公路上的一条景观大道，使这条高速公路的行驶者有一种音乐与视觉节奏的享受。美国著名的设计师帕特丽夏·约翰逊利用高低不同的地质结构，将一条周期性泛滥的河流设计成“洪水池和瀑布”，使这个工程既可作蓄水之用，亦可作喷泉景观之用。雕塑艺术家罗伯特·史密森利用玄武岩和泥土创造了一条长1500英尺的“螺旋型防坡堤”，将一条汹涌澎湃的河流驯服成了真正意义上的“大地艺术”。再如，沃尔特·德·玛利亚的《闪电原野》，以美国新墨西哥州闪电频发的平原为基地，用400根长达6米多的不锈钢杆，按照每杆相距67.05米的距离摆成16根×25根的矩阵，接受电闪雷鸣，尽显沟通天地的中介形象。这件大地艺术品超越了传统的艺术界限，从创造者的角度来看，他必须深入广袤的大地，并以之为艺术媒介；从鉴赏者的角度来看，他必须到新墨西哥州的荒原上实地鉴赏。总之，在日常生活审美化的今天，自然景观不仅是自然本体意义上的物质实体，而且还是美学本体意义上的艺术。

二　生态审美教育对现代审美教育的超越

众所周知，现代审美教育是以席勒的《审美教育书简》为起点，以康德的二元论哲学为基础而建构的。在康德的哲学体系中，现象界与物自体是根本对立的，它们分别对应着人类心灵层面的“知”与“意”的领域。在康德看来，人的认识能力只能把握现象界而不能认识物自体，物自体只能凭借理性的意志能力去把握。这样，在人的心理功能上就形成了“知”与“意”两个相互隔绝的领域。席勒批判地继承了康德这一哲学原理，提出了美育是沟通二者的中介与桥梁的观点。“要使感性的人成为理性的人，除了首先使他成为审美的人，没有其他途径。”[①] 在席勒看来，美育不仅能克服人性的分裂，恢复人性的完整，而且还是获得政治自由的唯一途径，

① ［德］席勒：《审美教育书简》，冯至、范大灿译，北京大学出版社1985年版，第116页。

他在《美育书简》的第二封信中写道："这个题目不仅关系到时代的鉴赏力，而且更关系到这个时代的需求。我们为了在经验中解决政治问题，就必须通过审美教育的途径，因为正是通过美，人们才可以达到自由。"[①] 在审美教育的实现途径上，席勒受康德主观唯心主义美感论的影响而推崇艺术教育，在他看来，美与艺术是同一的，虽然美是活的形象，艺术是活的形象的显现，但二者的目的都是使人性完整。这样，席勒就把社会美育、自然审美教育排除在了审美教育的实施途径之外。因此，席勒美育思想虽有资产阶级"人道主义"光辉，但其思维方式是主客二分的，其出发点是想通过美与人性的教育实现政治上的自由，其美育思想由批判资本主义"人性"分裂现象为起始，最终又指归"人性"的自由与解放，是十足的"人类中心主义"。

20 世纪下半叶，随着人类步入以信息产业为标志的知识经济时代，教育也相应的由应试教育向素质教育转换，审美教育在素质教育中的综合协调文化功能逐渐得到人们的认同，世界各国都竞相以之作为提高国民素质的手段。1988 年，美国艺术资助部门对艺术教育的现状作出了评估，认为"今日美国的问题是缺乏基本的艺术教育"，并指出艺术教育的目标是"引导所有学生培养一种文明世界的艺术感，一种艺术过程中的创造力，一种从事艺术交流的语言表达能力和鉴别艺术产品必不可少的评判能力"[②] 为此，美国众、参两院在《2000 年目标：美国教育法》中，将艺术增列为基础教育的核心学科，并启动了"零点项目"和"多元智能"理论研究。在日本，小原国芳提出了"全人"的艺术教育理念，将艺术教育作为情操教育的组成部分，吁求政府向全民普及美术馆的教育。在此背景下，中国政府于 1999 年 6 月通过了《关于深化教育改革、全面推进素质教育的决定》，

---

① [德] 席勒：《审美教育书简》，冯至、范大灿译，北京大学出版社 1985 年版，第 39 页。

② [美] 列维·史密斯：《艺术教育：批评的必要性》，王柯平译，四川人民出版社 1998 年版，第 1 页。

明确将美育作为国民素质教育的有机组成部分。尽管从理论上阐释，现代审美教育确具有培养和激活人的创造力，提高人的综合素质的功用，但不可否认的是，世界经济在这近几十年的发展中，全球自然生态依然加速恶化，工具理性和市场拜物依然盛行，人的生存诗性和道德神性日渐失落。由此可见，现代审美教育尽管在世界各国开展得如火如荼，但在新的知识经济时代却影响式微，其审美救世的出发点反而导致了世界非审美化的加剧。笔者管见，其根本原因正在于现代审美教育的“人类中心主义”在新的形势下已慢慢演变成了物质功利主义和民族本位主义。因此，从现代审美教育走向生态审美教育成了时代的必然。

生态审美教育在哲学基础、审美范式与目标任务等方面均具有不同于现代审美教育的特点。从哲学基础看，席勒的审美教育思想是在康德美学的影响下而形成的。康德是主观唯心主义者，而席勒虽然力图摆脱主观唯心主义而向客观唯心主义靠拢，但基本观点却是大体相同的。诚如席勒本人在《美育书简》第一封信中所明白表述的那样：“我对您豪不隐讳，下述命题绝大部分是基于康德的基本原则。”① 而康德的基本原则则是物自体与现象界二元割裂，美作为一种感性形象是沟通二者的中介与桥梁。生态审美教育则突破了现代审美教育主客二分的思维模式，倡导生态整体主义，主张人与世界相统一的在世模式。以自然审美为例，在现代审美教育中，“自然审美的基础是自然的人化。人在这个过程中是主要的、关键的、中心性的。人是自然美的发现者、欣赏者和创造者。人对自然的欣赏是俯视的、高屋建瓴的、单向度的，是人对自然的情感投射和实践的创造。”②而在生态审美教育中，人与自然处于一种“此在与世界”的在世关系中，“此在”以及这个在“世界”之中的对象与世界之间是一种须臾难离的机

① ［德］席勒：《审美教育书简》，冯至、范大灿译，北京大学出版社1985年版，第10页。

② 丁永祥：《生态审美与生态美育的任务》，《郑州大学学报》（哲学社会科学版）2005年第4期。

缘性关系。因此，在生态审美教育的视野下，自然界根本不存在孤立抽象的实体的客观“自然美”与主观“自然美”，而只有一种人与自然的在世关系。自然不能独自成为审美对象，它必须依靠人的参与，如果离开了人的参与，离开了“此在与世界”的在世结构，离开了人与自然紧密相连的“生态系统”，自然审美的价值属性将不复存在。[①]

从审美范式上看，现代审美教育在康德的审美超功利性的影响下，强调艺术审美必须保持适当的距离，认为太远或太近都不利于审美。例如，一幅油画从太近的地方观赏只是一团混沌的颗粒，太远观赏则只是一些斑驳的色彩。而生态审美教育由于突破了艺术审美的界域，将自然引入审美之维，就不存在距离的限制了。我们既可从宏观层面上随意挑选身边的自然景物进行审美，也可从微观层面上利用科学仪器进行审美。罗曼·维斯尼艾克说：“人类手工制作的每件东西放大来看都是很糟糕的——拙劣、粗糙、不对称。但自然中生命的一点一滴都是可爱的。我们越将其放大，细节越完美地显现出来，像盒子套着盒子，永无止境。”[②] 在传统的审美教育中，视觉和听觉是审美的专属感观，“所谓美就是视觉和听觉的快感”。[③]“真正的审美感官是视觉和听觉。两者都听任对象有它的客观性，不依赖主体与客体模糊的、物质性的混淆。”[④] 但在生态美学的视域下，自然审美要求身体感官的全部参与。柏林特说：“无边无际的自然世界不仅只是环绕着我们；它还刺激着我们。不仅我们不能在本质上感觉到自然世界的界限；而且我们也不能将其与我们自身相隔离……我们在环境之中去感知，宛若不是去看到它，而应是身置其中，自然被转变为一个领域，我们如同

① 曾繁仁：《生态存在论视野中的自然之美》，《文艺研究》2011 年第 6 期。

② ［芬］约·瑟帕玛：《环境之美》，武小西等译，湖南科学技术出版社 2006 年版，第 100 页。

③ ［希腊］柏拉图：《文艺对话集》，人民文学出版社 1963 年版，第 198 页。

④ ［德］费歇尔：《美的主观印象》，《古典文艺理论译丛》（第八期），人民文学出版社 1963 年版，第 5 页。

一个参与者生活其中，而非仅是一名旁观者。在此情形下，审美的标记是全身心地参与，一种在自然世界之中的感官沉浸。”① 传统审美是一种静观的审美，而生态审美由于对象边界的连续发展与变化，它是一种动态的审美。比如，我们站在原野上，风儿拂过我们的脸颊，云儿从我们眼前掠过，而且不论是白天黑夜、寒来暑往，这种变化都在发生。无论我们是否在动，环境都在无始无终的空中扩展。因此，在生态审美中，我们总是穿行于各种体量、质地、颜色、光和影构成的空间之中。“我们很难通过静观的方式，把环境当作与我们相分离的对象来欣赏；事实上，处于欣赏中的环境从来不作为一个对象。我们总是置身于具有各种指向性的动态环境之中，知道路指引我们向前，台阶暗示着向上或向下，入口邀请我们进入，长椅召唤我们坐下和休息，家和建筑意味着庇护或者至少作为给人以相对安宁的场所。”②

从目标任务上看，现代审美教育在主客二分的思维模式下，将“美”视为一种认知对象，执着于艺术知识的灌输和艺术技能的训练，妄图以艺术教育来克服工具理性社会对人性的扭曲和割裂，恢复人的自由与全面发展。即便是颇有创意的生态式艺术教育，也是通过不同艺术门类之间的交叉融合，通过美学、艺术史、艺术批评、艺术创造等多种学科之间的生态组合，通过经典作品与学生之间、作品体现的生活与学生的日常生活之间、教师与学生之间、学生与学生之间、学校与社会之间等多方面和多层次的互补、互动与互生关系，提高学生的艺术感觉和创造能力，培养具有真正智慧的、适应现代社会需要的人才。③ 从其教育途径和意图可知，生态式艺术教育从本质上看还是传统意义上的审美教育，只不过采用了有

---

① ［美］阿诺德·柏林特：《环境之美》，武小西等译，湖南科学技术出版社2006年版，第116页。

② 同上书，第117页。

③ 滕守尧：《回归生态的艺术教育》，南京出版社2008年版，第5页。

机整体的教育方法而已，其最终目的还是为了培养“文化人”与“智慧人”，仍带有“人类中心主义”倾向。而生态审美教育以生态整体主义超越现代审美教育的工具论倾向，将审美教育的重心转移到人的审美生存层面上来，它着重培养的是一种“生态人”。生态人是那些“最深切地根植于地球和自然的幽深处的人，产生所有自然现象的‘原生的自然’中的人，同时，作为一种精神存在的人。”① 这些人是把“人的原则”与“自然的原则”、“精神原则”与“生命原则”协调起来的人。由此观之，生态审美教育的最终目标与任务是培养人的生态审美意识与生态审美理想，引导人类进入一个自然、社会与人自身和谐协调、普遍共生的审美生存状态。

三　生态审美教育的特性

生态审美教育是一种特殊的情感教育。在现代审美教育中，审美主体对审美对象采取一种非功利、无利害的观照态度，审美的目的是为了满足审美主体自身情感的需要。而在生态审美教育中，审美情感则同时包蕴了伦理—道德情感和科学—认知情感，它不仅以情感人，而且还导向伦理实践和科学认知；它不仅要唤起人们的生态情感和生态伦理，而且还让人们在生态审美中感悟生态原则与生态规律，从而增强生态自我意识。从审美情感的对象上看，现代审美教育是为了激起人们对“美的艺术”的情感，通过艺术形象的感染达到“宣泄”或“净化”人之情感之目的。而在生态审美教育中，审美教育之情感指向自然、社会与自身，其目的是为了唤醒人的生态本性，激发人们审美地对待自然、社会与自我。

生态审美教育是一种价值教育。在以“人类中心主义”为主导的价值

① ［德］马克斯·舍勒：《资本主义的未来》，罗绵伦等译，生活·读书·新知三联书店 1997 年版，第 226 页。

体系中，所有价值都是建立在人与对象的物质关系基础上的，自然对人只有外在的工具价值而没有内在的价值。而生态中心主义理论家则认为自然有“内在价值”，罗尔斯顿举例说，野生动物能捕猎和号叫，能寻到适宜的生存环境和进行交配，能养育自己的后代；植物能够生长、繁殖、修复自己的创伤和抗拒死亡就是自然“内在价值”的体现。但在面对“谁是自然万物内在价值主体，谁又是价值的承担者”这一问题时，“人类中心主义”者和“生态中心主义”者都拿不出较为公允的答案。很明显，双方的观点均有偏颇之处。生态审美教育者则持“生态整体主义”立场，坚持自然界内在价值与外在价值的统一。他不仅承认自然具有外在的经济价值、审美价值与科学价值，而且还承认自然具有内在的生命价值、多样性与统一性价值、稳定性与自发性价值等。在生态审美教育者看来，地球上的人、生命和自然界是一个互相依存的生态系统，某一方的存在既有自己生存的目的，同时也有利于他方的生存。例如一颗松树种子掉在地上，天长日久，利用地上的泥土、空气和水慢慢生长发芽，最后长成了一棵参天大树，这是它自身生长目的的实现（内在价值）。同时，它又利用太阳能把水和二氧化碳等资源转化为碳水化合物，释放出氧气，供其他的生物利用，成为他物生存的条件（外在价值）。总之，在地球的生态系统网络中，一种生物的存在，既是它自身的目的，又是他物的手段。生态审美教育强调这一点，意在告诫人们，人类要尊重自然的生长规律，保护生态系统的稳定性、完整性和完美性。

生态审美教育是一种伦理教育。在传统的伦理学中，伦理只局限于人际关系中，人对动植物具有生杀予夺的大权。生态中心主义者则以人与动物智商同质为理由，主张在任何情况下都不应该捕杀动物。英国著名小说家托马斯·哈代甚至主张应该将《圣经》中的“金规则”——“你愿意别人怎么样待你，你也要怎么待别人”运用到其他物种、特别是动物身上。当代环境理论家阿尔伯特·施韦泽甚至指出：“一个人，只有当他把植物和动物的生命看得与人的生命同样神圣的时候，他才是有道德的。”[①] 很显然，生态中心主义者虽然纠偏了传统伦理观的“人类中心主义”，但实际上否定了人类正常的吃穿住行等权利，这在实践上是有害的。生态审美教育者则持生态伦理观，主张人与万物在地球上平等地占有一个位置，以人类行为不伤及自然的完整、稳定与平衡为道德底线。这正如利奥波德在《沙乡年鉴》中所说：“当一个事物有助于保护生物共同体的和谐、稳定和美丽的时候，它就是正确的，当它走向反面时，就是错误的。”[②]

生态审美教育还是一种责任教育。在现代审美教育中，审美是无功利的。这正如康德所讲：“那规定鉴赏判断的愉悦是不带任何利害的。”“关于美的判断只要混杂有丝毫的利害在内，就会很有偏心的，而不是纯粹的鉴赏判断了。”[③] 在中国，清代山水画家布颜图在《画学心法》中也描述了审美鉴赏中“物我相忘”的境界，“形既忘矣，则山川与我交相忘矣。山即我也，我即山也。惝乎恍乎，则入沓之门矣。无物无我，不障不碍，熙熙点点，而宇泰定焉，喜悦生焉，乃极乐处也”。在现代审美教育中，审美鉴赏的目的是为了灵魂的净化与陶冶，生态审美教育却不停留于此，而是要让欣赏者在心中升腾起一种生态责任意识。生态审美教育是“为每一个人提供机会获得保护和促进环境的知识和价值观、态度、责任感和技能；创造个人、群体和整个社会环境行为的新模式”。[④] 也就是说，生态审美教育不是为了审美而审美，而是要使审美者从审美超功利性中超拔出来，建立起正确的行为准则，承担起相应的环境保护责任。

---

① ［德］阿尔伯特·施韦泽：《敬畏生命》，上海社会科学出版社 1996 年版，第 25 页。

② ［美］奥尔多·利奥波德：《沙乡年鉴》，侯文蕙译，吉林人民出版社 1997 年版，第 213 页。

③ ［德］康德：《判断力批判》，邓晓芒译，人民出版社 2002 年版，第 38 页。

④ 杨平：《环境美学的谱系》，南京出版社 2007 年版，第 295 页。

中国城市雕塑与公共艺术绿色材料运用问题的生态美学思考

王　鹤

（天津大学　建筑学院）

摘要：近年来，对城市雕塑与公共艺术的绿色材料运用问题逐渐引起关注，但目前的探索尚难从艺术实验外化到广阔的社会层面，往往因缺少系统理论支撑而进入“为用而用”的误区。只有立足中国国情，积极运用马克思主义生态美学基本原理，兼顾运用全寿命期等工程项目理念，才能正确辨析城市雕塑与公共艺术绿色材料的生态审美价值，并进而正确运用，以促进生态文明建设。

一　问题的提出

传统上，城市雕塑是最具公开性的艺术形式之一，担负着传达社会意识形态与文化内涵的重要作用。随着近年来绿色环保理念的逐步深入人心，城市雕塑与公共艺术也经常成为艺术家传达社会良知，唤起民众环保理念的手段。但是，当前雕塑中的环保主题主要通过形式传达出来（少数通过利用木、冰等可降解材料传达，但由于规模过小通常不具有代表性），至于在具体论证、设计领域实践绿色环保理念的案例则为数有限。这一现状的产生有多种原因，一方面，城市雕塑有占据三维空间和实现永久视觉形象这两种本质特征，要求构成其形态的物质密度与结构强度必须能有效支撑自身的重量，对抗外力侵蚀，通常只有金属、石材等少数材料能满足这一要求；另一方面，在城市总体视角中，城市雕塑的占地面积与用材规模相比建筑等工程项目相去甚远，其建设过程中和后期运行时消耗的不可再生资源很难引起足够的社会重视，这也是绿色概念已经在建筑领域获得较大突破而在城市雕塑领域还少有人了解的原因。但是需要看到城市雕塑建设规模在不断扩大，截至2006年，仅北京一座城市就有2000余座雕塑，全国范围内的城市雕塑就占地面积和用材规模而言，绝对是一个可观的数字。[①] 再加之城市雕塑与公共艺术担负着弘扬时代精神、传承文化薪火的重要功用，因此，实现城市雕塑与公共艺术的绿色发展对生态文明建设既具有一定的实际功用，又具有空前的象征和示范意义。

基于此，本文着眼于中国当前及今后一段时间，城市雕塑与公共艺术建设中绿色材料的选择与运用这一基础性问题，从分析并批判当前被认为具有生态内涵的城市雕塑材料入手，活化深化运用马克思主义生态美学基本原理，兼顾运用全寿命期等工程项目领域的新理念，全面深入辨析城市雕塑与公共艺术绿色材料的生态审美价值，并提出正确运用的原则和路径。

二　中国雕塑与公共艺术领域的绿色材料运用现状

近年来，随着中国环境问题的日益凸显，公众的环保意识大幅提升。相应地，中国艺术界也针对生态观念和低碳材料在雕塑创作中的运用展开了一系列实践活动和广泛的理论探索，提出了“生态雕塑”的概念。[②] 通过归纳总结，可以发现当前被认为具有绿色属性的雕塑与公共艺术材料主

---

① 慧宇：《北京加强城雕维护——100多座城雕已完成挂牌》，《中国建设报》2006年4月18日。
② 杨光：《生态雕塑的发端及当代状况》，《雕塑》2012年第4期。

要有以下几种类型：

1. 有机生命型

在园林艺术中，运用绿色植物造型具有悠久的历史。作为生命形态的绿色植物是毫无争议的绿色有机材料，但是囿于自身特性，很难准确再现或表现客观形象。同时，要考虑到绿色植物需要经常修剪，形态受到季节影响，一般只适用于装饰性雕塑和临时园林艺术品，或在公共艺术中作为辅助材料运用。

2. 本质属性型

还有一些材料被作为绿色材料使用是因为它们来自自然界，没有在加工过程中改变物理性质，所以被认为具有绿色环保的本质属性。比如树木被加工为木材后用于雕塑与公共艺术创作即属于这一类型。石材是典型的具有绿色本质属性的雕塑用材，有悠久的运用历史，由于其来自自然界，不像金属那样经过改变物理性质的加工，又与人相对亲近，因此被广泛认为是具有生态内涵和低碳特征的现代城市雕塑与公共艺术材料。

3. 反向运用型

在部分艺术形式中，艺术家运用天然有机性质的材料是为了通过反讽达到艺术目的。比如，在20世纪70年代兴起的以反对环境污染和恢复生态平衡为创作主张的“生态学美术”（Ecological art）中，西方艺术家运用包括观念、材料在内的一系列手段唤起公众对生态问题的重视，特别是德国艺术家H. 哈克直接利用被污染的莱茵河河水、玻璃与塑料容器等综合材料创作作品，确实对观众的感官与心灵产生了强烈的冲击。[①] 近年来还有一些艺术作品以冰为主要材料，通过其不断溶解留下被污染的水迹实现艺术目的。但是同类型材料视觉效果往往不佳，在室外运用也存在难以克服的困难。

---

① ［美］H. H. 阿纳森：《西方现代艺术史》，邹德农译，天津人民美术出版社1987年版。

4. 行为艺术型

还有一类公共艺术创作虽然使用人工无机材料，但是不追求永恒性，加工过程也尽量不对环境造成破坏。“大地艺术”就是这方面的代表。保加利亚艺术家克里斯托的一系列作品，如《山谷幕》、《包裹德国国会大厦》等尽管使用尼龙布、钢索这样的人工无机材料，但只寻求作品在环境中短短几周的存在，在证明了作品的事实性而非事实本身之后，即恢复环境的初始状态。[①]

5. 循环利用型

艺术家利用废旧金属焊接创作雕塑艺术品是将生态观念融入具体创作过程的生动案例。废旧金属通过焊接组合能够创作出具有形式感的抽象或变形艺术品，可以视为废弃物循环使用的一种形式，位于英国纽卡斯尔的《北方天使》就是最知名且尺度最大的此类作品，国内也有类似的成功案例。

三　绿色材料在城市雕塑与公共艺术领域的运用亟须美学理论支撑

从上述情况来看，当前艺术领域对绿色环保材料的实践运用往往局限于美术馆内和个案层面，尚难以形成可在城市雕塑建设中推广运用的模式。因为城市雕塑通常位于公开空间，要承受时间和自然的磨蚀，因此对材料的坚固性要求很高。公共艺术不但具有上述特性，还因为强调融入公众生活而结合功能，所以又对材料的安全性提出了更高要求。如果运用的绿色材料，在使用中因强度不足造成游客、公众受伤，或者从长远看妥善维护要消耗大量资源，无疑都是得不偿失的。如此一来，很多传统意义上具有绿色特征的材料就不能完全满足需求了。同样，目前对绿色材料的理论探讨往往是对实践的总结与归纳，这也就意味着目前对其探索的象征意

① ［美］H. H. 阿纳森：《西方现代艺术史》，邹德农译，天津人民美术出版社 1987 年版。

义大于实际意义，还达不到提升城市艺术建设科学水平和中国文化软实力的作用。

造成这一现状的原因是当前对城市雕塑与公共艺术绿色材料的理论探索与实践应用行为往往停留在自发状态，缺少系统理论支撑，没有从实践层面上升到美学层面。既然不能确定究竟哪种材质本身或对其的运用行为具有真正的审美价值，也就谈不上对其运用行为实施的正确性，自然就会出现上面提到的问题。期待材料科学领域的突破是一条解决路径，但就绿色材料运用的终极目标——人文关怀而言，这本来就不能是一个单纯的技术问题，必须从宏观的理论高度寻找答案，再反作用于实践才能取得良好效果。就当前理论领域而言，只有20世纪90年代引入中国的新型理论形态——生态美学能够满足这一要求。

中国当代生态美学研究注重宏观视野，特别是“马克思主义生态美学……从‘全球化视野’高度，立足于人类普遍的整体利益，把人类的命运与整个大自然的命运紧密相连，高度关注自然本源和生命存在，用有机整体观看待人—自然—社会的关系，将人类文化、艺术、审美也纳入整个生命动态系统范围”。[①] 从而以崭新的生态维度思考人与自然、人与社会之间的关系。另外，在不断完善自身宏大理论体系建构的同时，生态美学还不忽视微观层面，保持了应用于诸多实践领域的开放性。传统上与生态息息相关的风景园林和环境设计自不必提，逐渐普及的“绿色产品设计”中也可觅及生态美学的身影。体系的开放性和成功的应用先例都为运用生态美学原理分析当前雕塑与公共艺术绿色材料问题奠定了基础。

四　绿色雕塑材料生态审美价值辨析的理论基础

生态美学原理在城市雕塑与公共艺术绿色材料选择中的运用，不能是

---

① 彭修银、张子程：《人类命运的终极关怀——论当代马克思主义生态美学建构的人文学意义》，《江汉论坛》2008年第5期。

肤浅和就事论事的，即如果某种材料是有机的或者是废物利用的，就认为其合乎生态美学原理，而是要在深入理解生态美学核心思想和完整体系的基础上，将其运用到对城市雕塑与公共艺术绿色材料的生态美学价值辨析过程中去。在这一审美过程中，生态美学原理有助于解答下面三个基础理论问题：

1. 审美主体与审美客体的关系

传统美学具有人类中心主义的典型特征，审美主体与审美客体存在对立关系，前者在观照后者的过程中需要依靠意志理性来加以把握。但是在生态美学的视野中，不能再用绝对化的观点去看待审美主体与审美客体的关系，不能想当然认为人是这一审美活动中的审美主体。事实上对任何一种作为审美客体的绿色材料而言，其审美主体既可以是人，也可以是整个生态环境。这种生态美学独有的对二元对立思维的消解，为我们重新思考人、生态环境和作为物质的材料三方之间的关系提供了新的解决路径。

2. 审美对象的身份

具有审美性质的事物只有处于审美主体的审美经验之中，才能成为审美对象。视觉仅是感知其形态的媒介而非审美途径。在生态文明建设的大背景下，我们不能仅凭一种材料的名称、来源、物理性能甚或象征意义就认定其为城市雕塑与公共艺术的绿色材料，而应将材料本身与对它们的加工运用全过程作为审美对象（包括人对待这种材料的态度、作品最终呈现的效果，以及带给人和环境的影响等）。只有这样，才能甄别一种材料是否真的有助于可持续发展，是否真的节省资源，是否真的对环境友好。比如石材被普遍认为具有绿色特征，但石材本身不可再生，对其的过度开采会造成环境的破坏，加工过程中的粉尘污染也都是值得注意的问题。

3. 审美价值体系的结构

如果将绿色材料以及对它们的运用作为审美对象，它们为特定目的服务的实用价值和超功利的、纯粹的审美价值之间应当存在对立统一，既联系又区别的显著特征。对生态美学观点的主动运用不应该仅仅停留于少数艺术家的试验中，而应进入更广阔的社会实践领域，这就使得在艺术领域注重生态价值已经不仅仅是一种精神上的领先和与时俱进，而且应当成为一种经济社会生活中的必需品。

五　城市雕塑与公共艺术绿色材料生态审美价值辨析的三个维度

按照生态美学对生态系统的整体认知观念，辨析城市雕塑与公共艺术绿色材料生态审美价值应按照时间、空间和思想三个维度展开。这种多维度的全景视野是避免在绿色材料运用中短视和局部看待问题的关键。

1. 时间维度——全寿命期理念

全寿命期理念是目前已经在产品设计、建筑设计和其他工程设计领域广泛运用的先进设计理念，不仅强调设计产品或工程项目的形式、功能，还要设计产品或项目的规划、制造、运营、维护直至回收再利用的全寿命周期过程。大型现代城市雕塑在尺度、结构上越来越具有建筑特征，因此也越来越具有运用全寿命期理念开展城市雕塑规划、创作、施工和管理一体化设计的必要性。[①] 运用全寿命期理念有助于我们从时间维度更好地审视一种材料是否真正具有绿色属性，如果一种材料运用于设计过程时价格低廉，但整个全寿命期内的维护成本被发现大大高于传统材料，这是与生态审美价值背道而驰的。比如当前利用废金属焊接成型的雕塑被认为具有环保低碳的性质，但从长远看，废弃金属的性质必定不如新金属稳定，可能沾染有害物质，还有可能带有“金属疲劳”现象。因此必须进行表面处理以避免化学物质与雨水、空气发生作用渗入地下，仔细处理接口和转角，以避免伤害公众与游客，这都是导致废旧金属焊接雕塑的全寿命期成

① 陈光、成虎：《建设项目全寿命期目标体系研究》，《土木工程学报》2004年第10期。

本高于新金属加工雕塑的重要原因。

2. 空间维度——总体环境概念

对个人或群体而言，生态环境范围有大小之分，有自己可感知和不可感知之分。因此，就会出现城市将生活垃圾运至农村填埋，却没有考虑渗漏进水源上游影响自身用水的荒诞局面。类似问题在城市雕塑与公共艺术建设领域同样存在，比如大量石材被开采用于装饰城市，却破坏了山体造成山体滑坡和沙尘，再比如部分地区将乡村大树迁进城市作为“绿色”政绩，却导致了大树的死亡和乡村环境的破坏，对整个生态极为不利。基于此，生态美学将人生存的环境视为一个整体，避免了从仅保证自己生存的狭隘视角看待生态问题，真正的城市雕塑与公共艺术的绿色材料，应该是对开采、加工和落成的局部环境与整体环境都不造成破坏。

3. 思想维度——从中国传统哲学中汲取营养

在中国这片土地上，城市雕塑与公共艺术绿色材料的选择与运用应该深深植根于中国传统哲学，这与设计界近年来强调的“设计本土化”是相一致的。中国传统哲学中处处体现着生态意识，无论是墨家的“节用”观，还是道家的“道法自然”观都是中国传统哲学体现人与自然和谐共存的精华。如彭修银先生明确指出的：“渗透着生态意识的东方美学思想，把天地人作为一个有机的、统一的、动态的自然整体来看待，并自觉地维护人与自然的和谐关系，赞美和讴歌生机勃勃的自然生命。”[①] 在这一点上，传统东方雕塑创作就受到东方美学的支配，在材料的选取上天然带有生态意识，着重运用土、木、陶等天然或准天然材质达到创作目的。特别是传统泥彩塑运用土、木等寻常材料塑成，却可完好保存上千年，“亚洲最大彩塑博物馆”麦积山石窟就是最佳的例证。

---

① 彭修银、侯平川：《马克思主义生态美学建构中的中国传统文化资源》，《中南民族大学学报》（人文社会科学版）2010 年第 6 期。

六　结语

综上所述，只有在透彻理解生态美学内涵、全面洞悉城市雕塑与公共艺术设计流程的基础上，变换思路、开阔视野，将美学思考与工程技术问题统一看待，将材料的物理性质与文化内涵统一看待，才能理解什么是真正的城市雕塑与公共艺术绿色材料，克服为用而用的误区，通过对其的合理、适度运用，为人、为环境带来实实在在的益处，为生态文明建设做出实质性贡献，最终实现都市人的“诗意栖居”。因为“生态美学的核心原则即‘生态中心’原则，其实质仍然是人类中心原则，只不过是眼光更加长远而已，一切都是为了人类更好地、更长久地居住在这个地球上，使人类和自然永远和谐相处”。①

① 彭修银、张子程：《东方美学中的泛生态意识及其特征》，《中南民族大学学报》（人文社会科学版）2008 年第 1 期。

少数民族美学

黎族文身功能诸说中的女性角色及审美演变

黄淑瑶　周泉根

（海南师范大学文学院）

摘要：以黎族女性角色地位变化为主线，综合神话史诗、传世文献、口述历史资料和田野调查报告，本文发现在文身内涵变迁的背后，反映了两性权力和地位的更迭。从“祖先鬼”到“逃避外族掳掠”、“守节”至“爱美说”，文身的宗教性和神圣性不断被削弱，文身女性的地位不断下降，由氏族守护者变成以氏族和男性为中心的卑属者，文身最终成为女性取悦男性的行为。当文身普遍遭到社会尤其是男性世界否定时，文身女性也开始否定文身，否定自己。这种否定也宣告了以文身为代表的维系黎族女性地位的母系文化残余最终退出历史舞台的命运。

一　问题的提出

黎族文身，作为传统黎族女性的特有文化标志，向来是人们关注的焦点。对于文身何以存在，黎族传说和历史文献中提供了多种解释。欧阳洁、孙绍先曾统计出 14 类文身解释，其中有些类别还有变体。在这些文身解释中，历史上较为代表性的有“成年礼”（范成大《桂海虞衡志》）、“逃避外族掠夺”（周去非《岭外代答》）、“祖先识辨说”（顾岕《海槎余录》）

和“守节说”（张庆长《黎歧纪闻》）。其中“逃避外族掠夺”在后世演变成“部落争斗说”（刘咸《海南黎人文身之研究》）、“逃避恶霸说”（王国全《黎族风情》）。“祖先识辨说”中的祖先又与“纳加西拉鸟”传说（史图博《海南岛民族志》），“兄妹婚配”（王国全《黎族风情》）、“母子婚配”（刘咸《海南黎人文身之研究》）发生联系。如此多的说法，让研究者陷入了对文身起源、功能的认识迷沼。如何看待这些关于文身的歧出认知是一个非常棘手的难题。

有些研究者试图穿过历史迷雾，从众多说法中寻找最初的本源，如早期有彭华认为，越人文身是对龙（蛇）的崇拜，而后衍生出生殖、婚姻和审美意识。[①] 焦勇勤、孙海兰详细对比和剖析黎族文身的图案与黎锦花纹后，认为文身实为青蛙的抽象化，可视为对青蛙的崇拜。[②] 欧阳洁、孙绍先则对黎族文身举凡14种说法进行了一一辨析，最终将黎族文身归为生殖崇拜。[③] 而郑小枚从乱伦禁忌角度主张认为，黎族文身是乱伦禁忌的现实设计，统一了黎族的伦理秩序，保障了黎族的生息繁衍。[④] 对本源的寻求，虽然某种程度上能让研究者在文身迷雾中确定一个明确方向，但却让其他文身说法失去了存在的价值。

另有研究者试图将文身与社会变迁和族群差异联系起来，给予文身诸说以各自的合理性。如赵全鹏认为黎族文身的众多说法反映了黎族不同时代的历史和社会生活。[⑤] 王献军通过对汉文古籍记载的黎族文身史料进行梳理，指出诸多说法带有鲜明的时代特点。[⑥] 他还特别指出汉黎之间在文

---

① 彭华：《百越文身习俗新探》，《宜宾师专学报》（社会科学版）1994年第1期。

② 欧阳洁：《黎族文身诸说析疑》，《海南大学学报》（人文社会科学版）2007年第4期。

③ 焦勇勤、孙海兰：《略论黎族妇女文身的起源》，《中州大学学报》2006年第4期。

④ 郑小枚：《论黎族文身的伦理隐喻》，《海南大学学报》（人文社会科学版）2007年第1期。

⑤ 赵全鹏：《黎族文身传说的发生与史学价值》，《海南大学学报》（人文社会科学版）2008年第5期。

⑥ 王献军：《汉文古籍中的黎族文身史料分析》，《海南大学学报》（人文社会科学版）2012年第2期。

身观点上存在差异，这种差异影响了文身变迁。[①] 将文身与所处的时代联系起来的做法，无疑给文身诸说赋予了存在的合理性和客观性。但该角度存在的一个盲点，也是其他文身研究所存在的盲点，即忽视了文身现象的基本要素和文身活动的核心主体——黎族女性。作为被刻画在黎族女性身上的“敦煌壁画”，文身与女性密不可分。但在众多文身研究中，鲜见对文身女性的关注，即使有，也只是作为文身的附属品出现。

对于文身研究中的这类现象，从女性人类学角度，笔者认为这是长期男性中心主义的思维定式造成的。亨瑞塔·摩尔曾指出，“女性在人类社会中是‘缄默’的一群，在人类文化中女性处于缄默状态”。[②] 白志红也认为：“人类学对人的研究原来是对‘男人’的研究……他们对妇女的关注往往是由于研究课题涉及妇女，而不是以妇女为中心，也没有意识到这个必要性。那些对女性的观察和记录是研究内容本身的需要，如婚姻家庭、亲属称谓、性生活、社会制度、人类心智等‘重大’命题的研究，而不是出于研究者自觉公正的反思。”[③] 女性人类学正是要求从女性视角来重新考察人类文化现象，以获得对人类历史文化发展更深的认识，“通过对女性历史与现实的考察，来探讨女性文化在人类文化中的历史命运，来描述女性文化在人类文化中失落的真实过程，并重新讨论女性文化在人类文化中的价值和对人类文化重建的意义”。[④]

沿着女性人类学的研究思路，重新审视文身与女性，我们会发现，歧出的文身诸说牵涉到黎族族源、发展及内部社会关系演化，尤其是女性身份历史演化等诸多重大问题。故笔者拟以黎族女性角色地位变化为主线，

---

① 王献军：《黎汉文化的冲撞——黎族文身的“被禁止”与“被终止”》，《贵州民族研究》（社会科学版）2011 年第 6 期、2007 年第 1 期。

② Henrietta L. Moore：Feminism and Anthropology. Minneapolis：University of Minnesota Press，1988.

③ 白志红：《早期人类学研究中女性的在场与缺席》，《云南社会科学》2005 年第 6 期。

④ 禹燕：《女性人类学》，东方出版社 1988 年版，第 6 页。

综合神话史诗、传世文献、口述历史资料和田野调查报告，从历史发展的角度对具有代表性的文身诸说（“祖先鬼说”、“外族掳掠说”、“守节说”、“爱美说”）进行梳理，探讨其背后反映的两性权力和地位更迭的状况，并借此反思文身女性角色变化对以文身为代表的黎族母系文化残余的最终影响。

二 “祖先鬼说”[①] 中的神圣女性

如果从文身诸说中反映的时间背景来看，“祖先鬼说”无疑是目前现存文身解释中发生时间相对较早、影响最广、留存最久的说法。对于该说法的最早文献记载见于顾岕的《海槎余录》：“黎俗：男女周岁，即文其身，不然，则上世祖宗不认其为子孙也。”后世研究者的调查对此也有记录，如冈田谦、尾高邦雄的《黎族三峒调查》中的记录：“嫁到其他方言的女子，死后回娘家时，祖先要以其文身作为识别的标志。”[②] 王国全在《黎族风情》也载有类似说法：“未受文女性，死后祖宗不认，成为无家可归的‘鬼妇’……因此，死去时，必须在尸体的受纹部位用木炭划身后才入棺下葬，违者不得在公墓埋葬。”[③] 在女性文身的过程中，始终都有祖先鬼的身影。文身前，“先由主文婆举行仪式，杀鸡摆酒设祭品，向祖先鬼报告受纹者的名字，求保佑平安”，文身后，“受纹者父母要摆宴请酒，庆祝祖先赐予受纹者美丽的容貌”。[④] 从这些记录，我们可以隐隐看见文身所指引的氏族之源。那么，黎族的始祖是谁？与文身有何关系？又何以对女性的文身如此看重？这些问题一直缺少确切正面的材料，且牵涉广泛，杳

① 黎族认为，人死后，其灵魂会变为“鬼”，并对血缘子孙的荣辱祸福、生死康健产生影响。因此黎族人遇事必祭拜各自隶属的“祖先鬼”。（王国全：《黎族风情》，广东省民族研究所1985年版，第117页。）

② ［日］冈田谦、尾高邦雄：《黎族三峒调查》，金山等译，民族出版社2009年版，第38页。

③ 王国全：《黎族风情》，广东省民族研究所1985年版，第46页。

④ 同上书，第51页。

渺难踪。但笔者从黎族的创世史诗《吞德剖》中却挖掘出一些可以侧面窥测个中因缘消息的黎族文化人类学材料。

“吞德剖”为黎语，意为“祖先歌”，“吞”为“歌”，“德剖”为“祖先”，[①] 是一代代黎族人口耳相传的诗歌，广泛流传在黎族地区。众多黎族神话传说如“三月三”、“纳加西拉鸟”等都能在《吞德剖》中找到最初的原型，是了解黎族历史的重要的材料。《吞德剖》全长1544行，共分“序歌”、“天狗下凡”、“五指参天”、“布谷传种”、“雷公传情”、“海边相遇”、“成家立业”、“男大当婚”、“分姓分支”和“尾歌”10个部分。在《吞德剖》中，对黎族祖先和文身的介绍主要集中在前五部分，其主要概况如下[②]：看守天庭厅阶的天狗爱上了天帝的女儿婺女星，在南蛇和蜂王的帮助下，与婺女星结为夫妻。二人下凡后，住在海南岛黎母山上，并生了一男一女，儿子叫扎哈，女儿叫姆拉。有一天，天狗因年老体衰未变回人形被儿子扎哈误杀。之后，天崩地裂，天狗的身躯化成了海南的山川河流。婺女叫儿女寻求天帝的帮助。天帝命天人为姆拉绣面文身，并告诉扎哈，去人间找一绣面文身的姑娘，娶她为妻。由于天人的失误，将扎哈的母亲绣面文身。而姆拉贪恋天上美景，与哥哥错过，扎哈遇上绣面文身的母亲，并娶她为妻，生下阿寒阿弹姐弟俩。后天帝出面，令婺女星上天复归星位，并让绣面文身的妹妹姆拉替代了婺女星与扎哈在一起。姆拉不喜阿寒阿弹姐弟俩，总是折磨二人，后被毒蛇咬死。彼时天上有两个太阳，酷热难耐，姆拉叫扎哈射日。扎哈箭射日月后，日月破碎，惹怒天帝。天帝下令放天河之水淹没下界以示惩罚。婺女星得知后化作一只天鸟飞临黎母山，告诉她的孩子阿寒和阿弹，洪水将要到来，只有躲进密封的葫芦里才

---

① 黎族语言多数采用倒装句，翻成汉语时需倒过来翻译。《吞德剖》目前已被列入海南省省级非物质文化遗产保护名录，在20世纪80年代孙有康、李和弟曾对其搜集整理，并以《五指山传》之名翻译出版。

② 孙有康、李和弟搜集整理：《黎族创世史诗——五指山传》，暨南大学出版社1980年版。

能得救。阿寒阿弹与众多动物躲在密封的葫芦里，躲过了洪水的劫难。大洪水之后，人间只剩下阿寒阿弹姐弟俩。这时，雷公出场，劝说阿寒阿弹姐弟俩结为夫妻，遭到拒绝，姐弟俩为此分开居住。于是雷公分别告诉他俩，在海边种田比在山里打猎要好过一些，并为阿寒文了面。雷公叮嘱阿弹，海边有穿裙子的绣面女在等着他。姐弟俩离开黎母山南下到了海边，三月三那天，他们见面了，对歌之后，他们结为了夫妻，生下四个儿子，后分家立业，成为后世黎族四个支系。

剔去诗歌中的神话色彩和父权叙事，我们可以从《吞德剖》前五部分总结以下信息：

第一，黎族祖先的源头有两支，一支是具有强大实力，被后人神话为“天人”的氏族，这里我们暂且称之为“天族”，另一支是天狗所代表的较弱的氏族，我们姑且称之为“天狗族”。天狗与婺女的结合可视为两个氏族的交融汇合。这一信息也与考古资料相吻合。20世纪50至90年代，考古工作者先后在海南地区发现了史前文化遗迹，其时间从旧石器末期延伸到新石器中晚期。而无论是旧石器末期的“三亚人”遗迹，还是新石器中晚期发现的大量石器和陶器，都与岭南地区有类似的文化特征，特别是大量分布在东南沿海的新石器中晚期的文化遗址。[①] 这些资料透露出，从旧石器到新石器晚期，海南岛与内陆尤其是岭南地区都有文化交流。需要注意到的是，考古资料还显示，同一时段的海南考古资料的文化特征总体滞后于岭南地区。[②] 这资料大致可让我们推定，海南本土文化发展某种程度上受到了发展较快的岭南地区文化的推动和影响。

结合这些信息，我们再回头解读《吞德剖》中的“天族”和“天狗族”。如果将这两个氏族视为岭南古越族和海南本土氏族话，那么发展相

① 郝思德、王大新：《海南考古的回顾与展望》，《考古》2003年第4期。

② 同上。

对较快的岭南古越族文化在文化互动过程中显然占主导地位，并对海南本土氏族产生了重大影响，最终形成黎族的前身。祖先歌开篇唱词即道明了“天族”的影响：“苍天连大海，白云伴尘埃，世间本无物，全从天上来。”[①] 从这一点上来看，作为天帝的女儿，黎族始祖“婺女”的地位和身份显然要比“天狗”高贵。而她也在后世成为人们所尊崇的“黎母”，“上有黎母山。因祥光夜见，旁照四郡，按《晋书》分野属婺女纪，谓黎牛婺女星降现，故名曰黎婺，音讹为黎母”（赵汝适《诸番志》卷下）。

第二，文身是族外婚的标志。在两次文身事件中，黎族祖先看似借助文身达成了“母子”、“姐弟”的血缘婚姻，实际上，代表着黎族人对血缘婚的否定和族外婚的确立。在第一次文身事件中，“天人”对文身图案进行了解释：“细纹绣上脸，天云与飞烟，手上刺花草，刺痕蓝水填。花纹一片片，赫族的符签，天帝认得赫，绣成更志诚。天帝的令签，绣在姆拉面，配给琶扎哈，子女世代连。”[②] 从这段诗歌可见：首先，文身是“天族”的氏族标记，“天族”人凭此标记辨识族人；其次，文身还是氏族之间男女辨识是否可通婚的依据，不同氏族男女通过辨识诸如“天帝的令签”等可婚配的特殊符号，来确定对方是否可进行通婚。在《吞德剖》的叙事中，姆顿、姆拉、阿弹三人凭借这些符号完成了身份转换，使她们与扎哈、阿寒之间的关系由血缘亲人转变为外人，创造了可婚配的条件。而《吞德剖》第六部分“成家立业”中明确警示了血缘婚对后代繁衍的严重影响：“原是姐与弟，阿寒娶做妻，纵使不相识，毕竟不适宜。不知年与日，两人没儿女，前人劝后世，勿娶亲姊妹。”[③] 这段话进一步确立了文身作为非血缘氏族通婚的标记。

---

① 孙有康、李和弟搜集整理：《黎族创世史诗——五指山传》，暨南大学出版社 1980 年版，第 2 页。

② 同上书，第 47 页。

③ 同上书，第 121 页。

第三，文身只在女性世系中传递。无论是《吞德剖》的记载还是后世的调查都显示文身只在女性世系中传递，男性被排斥在外。从婺女到姆拉再到阿弹，三人均是直系血亲女性。而为她们文身的人也均是来自母族——“天族”的“天人”、“雷公”。这一传统在后世的黎族调查资料得到印证：“文身的工作都由上了年纪的有经验的妇女担任。多是被文者的亲戚，如祖母、母亲、姐姐、姑母、姨母等担任。”[①] “妇女文身是本族女性的内事，男性不得参与，更不许偷看。”[②] 这条信息大致可推定，文身产生之时的海南氏族，无论是“天族”还是“天狗族”，有可能处于母系社会时期。摩尔根认为，当“一个处于原始阶段的氏族，包括一位假定的女性始祖、她的子女，她的女儿的子女，以及世世代代由女性下传的一切女性后裔的子女。至于这位女性始祖的儿子的子女以及由男性下传的一切男性后裔的子女，则均被摈斥在本氏族之外”时，该氏族属于母系氏族。[③] 作为只在女性世系中传递的族外婚制度，文身所保证的氏族血缘之链，显然是以女性为主线而发展传递的。从这个意义上讲，所谓的“天帝”、“天狗”或许是后世对身份不明的父系祖先的神话想象。而“婺女”的身份和地位不仅是母族力量的彰显，也代表当时女性在氏族中的地位。

综上所述，我们大致可推定，文身是母系时期由黎族女性祖先创设并主宰的一种族外婚制度。涂尔干认为这是母系氏族的普遍特征，“只要家庭与氏族相混融，特别是和母系氏族相混融，那么，性禁忌就会完全地或者是基本上用在母系亲属身上”。[④] 但对于黎族女性而言，文身对她们的意义并不只意味着性禁忌。当黎族女子文身后，意味着其生死都与出生氏族

---

① 王学萍：《中国黎族》，民族出版社2004年版，第246页。

② 王国全：《黎族风情》，广东省民族研究所1985年版，第52页。

③ ［美］路易斯·亨利·摩尔根：《古代社会》（下），杨东莼、马雍、马巨译，商务印书馆1997年版，第341—342页。

④ ［法］爱弥尔·涂尔干：《乱伦禁忌及其起源》，汲吉吉、付德根、渠东译，梅非校，上海人民出版社2003年版，第61页。

紧密相连："黎族已婚女子得病或难产，必须由母家杀牲以祀，请本氏族的'鬼公'出面'做鬼'求恕，祈求娘家血缘的'祖先鬼'念起骨肉之情，领受贡品，接受子孙祭奠，解恶除邪，使其转危为安。若病危或亡故，必须抬回娘家，葬在娘家公共墓地，并将其作为娘家家族的'祖先鬼'加以崇拜。"[①] 这意味着黎族女子婚后可以不必"从夫"，享有一定的自主权，尤其是经济上的自主权，如婚后可以拥有自己的私人财产，夫亡返落娘家或改嫁随身带走。[②] 而对氏族来说，文身的女性不仅保证了后代的质量，也扩大了氏族的外援力量。泰勒认为，"外婚制凭借氏族间不断的结合，促使一个成长扩展的部落保持自身的巩固，使它能够胜过任何孤立无援的小型内婚群体"。[③] 在《吞德剖》的叙事中，文身将黎族与"天族"紧密联系在一起，这种关系使得"天族"在黎族面临危机之时一次次伸出援手，助其渡过危机，使黎族得以幸存、发展和壮大。从这个意义上来讲，文身的承载者——女性是氏族之间最牢固的联盟。

文身对氏族的重要意义使得黎族对女性格外重视。不仅将其发展成"不文身不归宗"的铁律，并将文身视为黎族女性"成年"的标记，"绣面乃其吉礼。女年将及笄，置酒会亲属女伴，自施针笔，涅为极细虫蛾花卉，而以淡粟纹遍其余地，谓之绣面女"（范成大《桂海虞衡志·志蛮》）。相反，男性则没有如此隆重的成年礼，即使某些支系有男性文身，也未见有为男性举行文身仪式的记载。这些举措无疑给文身添上了宗教式的色彩。黎族女性通过这些仪式，完成神圣转变，成为氏族的守护者，也获得了在族中令人钦敬的地位和实权。后世的记载和调查也充分印证了这一点，如宋代有些地区峒首就由女性担当，"王二娘者，黎之酋也，夫之名

① 《符和积黎族"不落夫家"婚俗浅析》，《社会科学战线》1988年第2期。

② 同上。

③ ［美］R. M. 基辛：《文化·社会·个人》，华鸣、陈芳、甘黎明译，辽宁人民出版社1988年版，第267页。

不闻，家饶于财，善用其众力，能制服群黎，朝廷赐封宜人。琼管有令于黎峒，王宜人，无不帖然。二娘死，女亦能继其业”（周去非《岭外代答》卷2）。到清代，女性在族中依然拥有相当大的话语权。《峒溪织记》、《琼崖黎岐风俗图》都曾记载，当黎族内部发生纠纷时，只要当女性出面干涉调解，即可偃旗息鼓，“（黎人）恒兴兵报先世之仇，敌人若令其妻车前谢过，即曰：‘彼贤如此，可解此围。’或避之曰：‘彼惧我，可凯旋矣。’”（陆次云《峒溪纤记》）“黎人习气彪悍，与其同类一言不合，持弓矢标枪相向，有不可遏抑之势，若得妇人从中一间，则怡然而解”（《琼黎一览·琼崖黎岐风俗图》）。甚至在20世纪20年代，保亭县“翁统打”地区毛枝峒和毛道峒发生械斗，械斗前和械斗和解时，仍然需要械斗双方的女性出面下战牒和主持和解仪式。[①] 而到20世纪80年代，保亭县毛道乡一带对峒长还称为“妣挂”。“妣”是母亲，“挂”是管理，“妣挂”就是“像母亲一样管理大家”。[②]

综上所述，我们可以看出，作为母系社会的一种族外婚制度的设计，当它被文到女性脸上时，意味着女性承担起保障氏族血统纯洁和繁衍生息的艰巨任务。黎族女性虽然为此付出了沉重的代价，但也在族中获得了神圣地位。从这层意义上来讲，文身成为黎族女性身份和地位的象征。文身与女性成年挂钩的做法、禁止男性在文身现场规矩，以及女性“不文身不归宗”的铁律等，在某种程度上是为了保障女性对文身的独占权，并最终保障黎族女性在族中的地位。当进入父系社会后，尤其是中原儒家文化进入海南岛后，文身开始在父权（夫权）话语的侵蚀下，被解构和重新诠释，而黎族女性的角色和地位也在悄然改变。这种改变可以从“逃避外族掳掠”和“守节说”中折射出来。

---

① 《黎族简史》编写组：《黎族简史》，广东人民出版社1982年版，第23页。

② 陈凤贤：《文化遗存试探黎族母系氏族制及其向父系氏族制过渡》，《中央民族学院学报》1987年第2期。

三　“逃避外族掳掠说”和“守节说”中的忠贞女性

对于文身的功能，另一种流行说法是“逃避外族掳掠”。此说最早见于周去非《岭外代答》（卷10）：“海南黎女，以绣面为饰。盖黎女多美，昔尝为外人所窃，黎女有节者，涅面以砺俗，至今慕而效之。”刘咸铺说得更具体：“上古之时，族类相残，每俘掠妇女，载之俱归，为战利品。因此各族妇女，于将成年时，均黥面文身。族各有图识，所以免族类混淆，易于辨识，及去女子之美妍，藉免为俘虏，意盖两善。”① 类似的变体还有“逃避官兵说”、“逃避皇帝说”、“逃避财主说”等。

由于文身赋予了黎族女性以神圣角色，以致黎族部落之间的争斗一般不牵扯女性，史载：“黎人善射好斗，积世之仇必报……其俗云：男子仇，只结于男子面上；若及妇女，则于其父母家更添仇怨矣。”② 因此，“逃避外族掳掠说”中掠夺女性的“外族”更可能是黎族以外的民族。而一些文人的记载直接将矛头指向汉族。如三国时的薛综认为，罢弃珠崖郡的直接原因与当时官吏掠夺黎女的头发有关，他说：“汉时法宽，多自放恣，故数反违法。珠崖之废，起于长吏睹其好发，髡取为髲。”③《林邑记》也记载说：“朱崖人多长发，汉时郡守贪残，缚妇女割头取发，由是叛乱，不复宾服。”④ 汉人的掠夺行为让黎族感受到的不仅是强大的武力，还有对女性尊严的践踏。这些都激起了黎族女性对汉人的恐惧。这种恐惧也反映到文身功能诠释中，如有文献记载：“或云不文面恐为汉人所娶。即汉人各居黎村者，欲娶黎女，女必以不出外地为要求。”⑤ 文身成为黎族女性忠于氏族、誓不离开本族的一种

① 刘咸：《海南黎人文身之研究》，詹慈编：《黎族研究参考资料选集》（第一辑），广东省民族研究所编印1983年版，第233页。

② 顾岕：《海槎余录》。

③ 陈寿：《三国志》卷53。

④ 李昉：《太平御览》卷373。

⑤ 陈铭枢：《海南岛志·人民·黎苗俘伎》。

方式，女性的神圣性开始消解。

如果说汉人的武力掠夺行为只是让文身一举两用，尚未实质影响到文身女性的角色，那么，中原统治者在海南岛长期实行的潜移默化的“兴文教、以化蛮俗”的教化举措，则显然进一步瓦解了黎族女性的神圣角色。

黎文化与汉文化最大的不同，就是女性在婚姻中的角色。与汉族女性在婚姻中以夫为中心的被动角色不同，黎族女性则享有相当大的性自由和择偶权利。《三国志·吴书·薛综传》（卷53）载：“自臣昔客始自之时，珠崖除州县嫁娶，皆须八月引户，人民集会之时，男女自相可适，乃为夫妻，父母不能止。”又如《古今图书集成·广东黎人岐人部·旧志·岐人考》也有记载：“男女未配者，随意所适，交唱黎歌，既为婚姻。”另据方志载，婚后无子前，女方可选择“不落夫家”，“新妇至次日，始归宁，候有野胎方返夫家，或有不谐者，男女自由脱离”[①]。这些习俗在中原统治者眼里均为需教化的“蛮俗”。明海南籍名臣丘濬曾为此专门制定了一套《家礼仪节》，强调了婚姻中的“六礼”，并被当地乡贤大力推广，成为当地所遵循的礼仪标准：“（琼山）俗敦礼仪，尚文公家礼。冠丧祭礼多用之，始自进士吴琦。及邱深庵著《家礼仪节》，故家士族益多化之，远及邻邑”[②]。此外，官方也采取诸多措施推行中原婚俗礼仪，如明正德年间，徐琦知崖州，“教以婚丧礼。在崖九年，俗为之变”[③]。再如，明隆庆年间万州吏目陈宗圣“以山僻小民多沿黎俗，失夫妇之道。乃编立户口册，注写年岁，使皆以年齿相配……同时捐俸助之，人比之东汉任延”[④]。在官方和民间的大力推广下，儒家礼仪开始在全岛普及，如：北部琼山县“冠婚

① 《民国感恩县志》卷13《黎防志·黎情》。

② 《正德琼台志》卷7《风俗》。

③ 周广：《广东考古辑要·名宦》。

④ 《道光琼州府志》卷30《官师志二·宦绩中》。

丧祭遵文公家礼及邱文庄公濬仪节”[①]；会同县“仪节，惟士大夫家尚，仿文公家礼”[②]；定安地区婚俗也“仿六礼行之”[③]。在此大环境下，黎族婚俗也受到影响。

宋代，黎人并无繁缛的婚仪，只需“折箭而定”[④]，而至明清时期，婚俗开始有了变化。婚前，黎人男女虽仍可“自相谐偶”，但当关系确定后，男方必须通过一定的仪式向女方正式求婚，“若婚姻，仍用讲求，不以此也”，“至于议婚姻，不用年帖，只送槟榔而已”[⑤]。类似记载在张庆长《黎岐纪闻》里也有出现：黎族男女私订终身后，须“各回家告知父母，男家始请媒议婚”，议婚时“用牛为聘，或数头或数十头，随贫富议之”。婚后，尤其是落夫家后，对男女交往有着严格的禁忌，“既婚即不容有私，有则群黎杀之”。黎人婚俗的变化说明了以夫权为中心的婚姻制度在海南岛的确立，也意味着以父权、夫权为中心的氏族传承的建立和加强，文身女性的氏族守护者的角色开始逐渐被瓦解。

在这样的背景下，文身被赋予了新的含义，“守节说”应运而生，“女将嫁，面上刺花纹，涅以靛，其花或宜或曲，各随其俗。盖夫家以花样予之，照样刺面上以为记，以示有配而不二也”[⑥]。“又先受聘则绣手，临嫁先一夕乃绣面。其花样皆男家所与，以为记号，使之不得再嫁”[⑦]。这两则记载明显表现出文身的夫权转向，文身由母系世袭变成夫家、男家“赐予”，而文身的功能从血缘标识变成“不事二夫”的忠贞决心。这些都表明，文身女性身上的神圣光环已褪去，痛苦的成年礼仪式不再是其成为有担当的

① 《康熙琼山县志》卷1《疆域志·风俗》。
② 《嘉庆会同县志》卷2《风俗》。
③ 《光绪定安县志》卷1《风俗》。
④ 范成大：《桂海虞衡志》。
⑤ 顾岕：《海槎余录》。
⑥ 张庆长：《黎岐纪闻》。
⑦ 李调元：《南越笔记》。

成年女性的独立宣言，而仅仅是作为夫家给予的已婚女性的标记，女性的神圣性和独立性受到侵蚀。

另外，我们从“祖先鬼”说依然流传至今可以看出，文身“守节”功能应主要发生在沿海一带，如文昌、琼山、定安等汉化较深的“熟黎”，[①] 而山腹之地，如五指山、鹦哥岭等地的“生黎”仍坚守文身的本质。随着汉文化的影响和扩大，“熟黎”逐渐融入汉族，“悉输赋听役，与吾治百姓无异”[②]。清道光年间，一些地区已黎汉不分，如澄迈县“虽有黎都之名，实无黎人之实”，文昌县出现“无黎”之说。连开发较晚的崖州黎也“饮食衣服与民人同。唯束发于顶，其俗未改。日往来城市中，有无相易，言语相通，间有读书识字者”[③]。在这种趋势之下，即使在深山中的“生黎”区，“祖先鬼”说也日益式微，而另一种符合现实背景的解释——“爱美说”悄然兴起。

四　美或不美：“爱美说”中迷失的女性

文身作为一种美的装饰，在文身诞生之初就已作为一种基本动机隐藏在文身图案的设计当中。刘咸曾如此描述过文身的美饰功用：“文身为装饰之动机，人类爱美，出于天性，女子尤甚。曾询黎女何以忍痛刺面，请求美观。试观各种文身图谱，多为几何图案，无不美观可取之处，吾人虽认定文身非为求美之动机但有美之元素存其中，则似无疑问。”[④] 但文身的美饰作用在早先并未被大家所关注。诸多文献记载中，仅李调元《南越笔

---

① “生黎”、“熟黎”之分始于明朝，当时统治者根据其汉化程度，是否服从管辖，愿意供赋役对黎族进行的划分，“黎有生、熟二种。生黎有名无姓，不受约束；熟黎慕化，服役稍同编民”（田汝成《炎缴纪闻·蛮夷》卷四）。因“生黎”多在山腹中，故屈大均也按居住地区来区分“生黎”和“熟黎”：“黎有两种，五指山前居者为熟黎，山后为生黎。”（屈大均《广东新语·人语》）

② 海瑞：《海忠介公集》卷1《平黎疏》。

③ 《道光琼州府志·村峒》。

④ 刘咸：《海南黎人文身之研究》，詹慈编：《黎族研究参考资料选集》（第一辑），广东省民族研究所编印1983年版。

记》提到文身的美饰功用：“世以为黎女绣面为绝色，又以多绣为贵，良家之女方绣，婢媵则不得绣。”但他的观点遭到了屈大均的否认：“其绣面非以为美……世以为黎女以绣面为绝色。又以多绣为贵，良家之女方绣，婢媵不得绣，皆非也。”① 有些记载甚至认为黎女文面是为了遮美，如上文索引周去非《岭外代答》中的材料，同样的记载在陈铭枢的《海南岛志·人民·黎苗俘伎》中也有出现：“文面之初，或起于惧为异族所得，故毁其颜，今则率以为美观矣。”这些矛盾的说法，显示了当时文身作为一种美饰的功用，并不是黎族女性文身的主要目的。随着氏族父系传承的确立，文身女性作为氏族守护者的角色逐渐被弱化，文身与婚姻的联系日益凸显和加强时，作为一种美的装饰，尤其是作为一种能缔结好婚姻的象征，逐渐成为黎族女性忍受着这痛楚的针刺手术的主要动机。

姚丽娟在田野考察时问起黎族文身妇女为什么要文身，她们多答“为了美”或“好看”②。苏丽萍则更详细地记录了黎族女子对于文身的渴望：“那些珠子、花、漂亮的服装，都要文脸后才能穿戴，不画脸没得佩戴这些美丽的饰物，所以我想：‘快点让我文脸吧，文了我就好看了。’”③ 这些话充分显示了黎族女性将文身作为一种美的象征的想法。但经姚丽娟、苏丽萍她们进一步调查后，发现“要美”、“要文身”，是因为“不文身没有人要”，④ “文了可获得男子的追求，不文就嫁不出去”。⑤ 当“不文没人要，不文嫁不出去”的想法成为一种共识时，意味着文身已彻底世俗化，成为

---

① 屈大均：《广东新语·人语》。

② 姚丽娟：《海南岛黎族妇女文身研究》，《中央民族大学学报》（哲学社会科学版）2005年第3期。

③ 苏丽萍：《独特的历史遗痕——海南省昌江县黎族文身口述史研究》，海南师范大学硕士学位论文，2011年。

④ 姚丽娟：《海南岛黎族妇女文身研究》，《中央民族大学学报》（哲学社会科学版）2005年第3期。

⑤ 苏丽萍：《独特的历史遗痕——海南省昌江县黎族文身口述史研究》，海南师范大学硕士学位论文，2011年。

一种女性取悦男性，获取男性喜爱的工具。下面这首民歌形象地反映了文身的这种功用：[1]

情人啊，情人！\你为何不跟我对歌？\你是不是嫌我难看？\你是不是选中了那个脸蛋大大、头发长长的姑娘？\你是不是选中了那个文有机杼花纹的姑娘？\你是不是选中了那个文着像蛤蚧一样花纹的姑娘？\你是不是选中了那个腿上文有西瓜皮一样花纹的姑娘？\你是不是选中了那个耳后文着“龙凤花”的姑娘？\天旱时，你是否给她寄出做好的鱼茶？\五月时，你是否把打到的山猪肉做成喃杀寄给她？\砍黄藤时，你是否要把嫩嫩的一节送给她？\她要挖山薯时，你就寄出长长的铲子给她用。\她要吹笛时，你就把砍回的竹子做成竹笛送给她。\她要文身时，你就把墨条寄给她。

从这段民歌中可以看出，文身与否以及文身的图案成为黎族女子受男性欢迎程度的关键因素。当文身成为取悦男性的行为时，文身女性对自己的认同也开始随着男性而摇摆，这种摇摆在黎区与外界交流日益频繁的今天越发明显，苏丽萍的调查充分显示了这一点。

当苏丽萍在调查现今黎人对文身的看法时，得到了截然相反的答案。[2]有些人为文身感到自豪，认为文了身才是女人，也会得到大家关注：“我一直以来都认为画脸好看，女的如果没有画脸，那就像男人一样了，怎么会好看?”“到现在我还是觉得文身好看，你瞧我去北京，一上飞机，就很多人嚼里啪啦为我拍照”，“以前大家都抢着文，也都没人说文身不好看啊！我很喜欢文脸”。但更多的人开始认为文身不美，尤其是文身对婚姻

① 苏丽萍：《独特的历史遗痕——海南省昌江县黎族文身口述史研究》，海南师范大学硕士学位论文，2011年。

② 同上。

有负面影响："我老公以前在海口灵山那边当兵，我去部队探望他，很多士兵跑来看我，别的军嫂也问我干嘛要画脸，她们说我这样不好看。老公1960年从部队回到乡政府当干部后，他便嫌我有文脸，就对我不好了，但那时已不能离婚。现在我很后悔文了身，因为出门去哪里都会被人说不好看。"甚至连黎族男性也开始转变想法："我不赞成文脸，本来白白净净的脸，文了黑乎乎的，不好看。"一名黎族男性如是说。在这样的大趋势下，文身女性开始迷失。原先被当成神圣戒律、成年象征的文身，成为人们评头论足的对象。美或不美，完全取决于社会，尤其是男性的眼光。当社会，尤其是男性普遍否定文身的价值时，她们也开始否定文身，甚至为了获得好的姻缘，选择以惨烈的方式去掉文身。苏丽萍的调查中有这么一位黎族女性，当她要嫁汉族人时，汉人说："可惜你是文脸的黎族。"于是她想方设法去掉脸纹，其方式相对来说比较惨烈，"先用米汤把脸上的纹线画好，后用白藤沿着米汤纹路打刺，直至流血，再用尖锐的小刀刮纹线"。[①] 从该过程我们充分感受到这位黎族女性对于去除文身的决心。当文身女性通过这样的方式来宣告其对文身的决绝时，也决定了文身最终消亡的命运。

至此，纵观文身诸说发生的轨迹，以女性角色变化为主线，笔者发现，从"祖先鬼"到"逃避外族掳掠"、"守节"至"爱美说"，文身女性的角色不断在发生改变，这改变与黎族社会父权不断加强，母权不断削弱有关。在"祖先鬼"说中，文身作为一种母系时期产生并延续下来的保障氏族血缘和生存的制度设计，赋予了文身女子神圣的角色和地位，使其在族中拥有相当大的话语权。但随着中原儒家文化的北风南进，其文化中父（夫）权为中心的思想冲击和影响着黎族社会，使黎族社会的父权不断得到巩固和加强。在这种文化背景下，文身开始被父系话语重新诠释和解

① 苏丽萍：《独特的历史遗痕——海南省昌江县黎族文身口述史研究》，海南师范大学硕士学位论文，2011年。

读，“逃避外族掳掠说”和“守节说”就此产生。在重新诠释的过程中，文身的宗教性和神圣性不断被削弱，文身女子也不断被世俗化，由氏族守护者变成需要氏族和男性守护的卑属者，最终文身成为黎族女性取悦男性的一种装饰。随着黎族与外界交流的增多，作为一种装饰的文身，被社会尤其是男性世界否定时，黎族女性也开始否定文身，甚至否定文身后的自己。这种否定标志着以文身为代表的维系黎族女性地位的母系文化残余在父权（夫权）为中心的大背景下将消解、退散，最终退出历史舞台。

侗族审美观的形成与特征初探

石愿兵
（湖南省通道侗族自治县侗学研究会、中南民族大学中南少数民族审美文化研究中心）

摘要：侗族审美观形成于特定的政治、经济、文化和自然生存环境。自然生态、生存环境为侗族审美活动提供了物质条件；特定的生产生活方式为侗族审美活动提供了稳定的社会条件；强烈的审美需求为侗族审美活动提供了内在动力；侗族的语言、习俗是侗族审美活动的良好土壤。侗族的审美文化体现了侗族人民的审美情趣、审美心理、审美理想和追求，具有崇尚自然、热爱自然、追求自然之美；热爱生活、乐观向上、追求美好生活；追求完美、追求真理；对人生的执着、热爱和追求等审美特征，也展现了侗族审美文化区别于其他民族审美文化的鲜明的民族风格与民族特征，是一笔丰厚的文化遗产。

关键词：侗族　审美文化　形成　特征

审美是指审美主体反映美的各种意识形态，又称为审美意识，是世界观的重要组成部分。审美观包括对美的认识、感受、评价，以及在此基础上形成的审美情趣、心理、理想和追求等。这些观念意识形态，不是凭空产生的，也不是先天就有的，而是随着人类社会实践的产生而产生的，是随着社会的发展而发展的。没有抽象的审美观，它总是具体的、历史的、民族的。侗族人民的审美观是在其特定的政治、经济、文化和自然生存环境中形成的，其审美心理和审美情趣的民族性十分突出，因而具有鲜明的民族特色。

一 侗族审美文化的形成及其特征

由于侗族长期没有与本民族语言相适应的文字，因而并没有系统化、理论化的美学体系，他们的审美心理、美感体验、审美认识是经由一些物质的和精神的文化因素体现出来的，透过侗族的民居建筑和服饰、手工艺品的制造和音乐舞蹈诗歌传说等这些审美外化形式，不难窥见其审美文化的形成过程和特征。

1. 优美的自然生态、生存环境为侗族审美活动提供了物质条件

侗族居住的湘黔桂三省（区）毗邻一带，由于地处亚热带向温带的过渡地带，是典型的亚热带季风气候，雨量充沛，使得这里青山常住、碧水长流。清美秀丽的自然环境，往往激起人们无限的遐想。然而在远古时期，喜怒无常的自然对人类而言，还是一种盲目的力量，是一种不可征服的恐怖对象，人们对自然界的认识也完全是一种纯粹动物式的意识，自然界在人类的心目中是无美可言的。侗族古代神话中的“洪水滔天”、“姜良射日”或“蜾蠃砍太阳”等故事，就是侗族先民把洪水、太阳等当成丑恶对象并加以诅咒。随着人们的生产劳动实践的深入，人们对自然界的了解也逐渐深入。特别是在人类与大自然处于有利的物质和能量交换条件下，大自然的无限丰富之美在潜移默化中时时刻刻刺激着人们的感官，必然产生很多的令人愉快的信息流，从而使人发生良好的精神感应，继而产生美好的联想和想象，古代侗族先民才逐渐消除了对自然界的神秘和恐惧，并逐渐培育出自己民族的审美观照。

譬如，侗族大歌中的“嘎所”（gal soh，侗语，声音大歌），就是在漫长的实践过程中模仿大自然的各种和声而产生的：“静静地听啊/我唱支蝉歌给大家听/唧唧唧/唧唧唧……”侗族村寨大多依山傍水，风景十分秀丽，寨前碧水长流，潺潺有声；村寨周边古树挺立，铺天盖地，处处鸟语花香，林涛声声。由于勤劳朴实的侗民族长期在这种优美清新的自然环境中繁衍生息，优美的田园生活环境和单纯的男耕女织的农业劳动生活，容易对周围环境那富有音乐感和节奏感的百鸟叠鸣、流水潺潺、林涛声声等丰富多彩的大自然和声音产生浓厚的兴趣和广阔的联想。又由于外界的一些文艺娱乐活动很难进入侗族地区，他们只能在几近封闭的空间内自娱自乐，这种自然的和声必然会成为他们本能的无意识的模拟对象，在耕作之余自然而然地去模仿山林中的鸟叫蝉鸣，进行自己特有的文艺娱乐活动。久而久之，经过歌师们的艺术加工，世界上独特而优美的和声音乐——“声音大歌”便得以在侗乡山野中诞生。

一方山水养一方人，也养一方艺术。同样，自然界丰富多彩的美感内容，使侗族的民居建筑和服饰、手工艺品的制造以及舞蹈诗歌传说等，无不表现出那种对自然美和形式美的敬慕、欣赏和模仿。侗族这种在顺应自然、改造自然的活动中逐渐培育和发展起来并积淀在民族内心深处的审美观念，用生命的灵气和智慧结合自身所处的自然景观和人文现象去领悟，以自然无为为美，讲究心灵与自然的融合、和谐，不仅反映了侗族人民具有很强的审美创造力，也体现了侗族崇尚自然、热爱自然、追求自然之美的审美特征。

2. 特定的生产生活方式为侗族审美活动提供了坚实的社会条件

侗族是我国南方古老的稻作民族之一，它经历了漫长的原始公社制度而直接进入封建社会。因此，侗族社会的生产力相对于中原和沿海地区来说，长期处于落后状态。就其生产关系来说，生产资料原始公有制已经逐步向家庭私有制过渡，出现了私有制经济与残留的原始公有制经济并存的局面，土地等生产资料所有制还处于私有制的初级阶段，土地兼并的情况并不严重，对土地的均衡占有者居多，两极分化不是很明显。以家庭为生产生活单位、以房族聚居为保障、男耕女织的自给自足的自然经济占主导地位。同时，处在山区封闭的环境下，外来文化难以传入。这种环境背景下形成的生计活动方式及其特点，直接或间接地影响着人们感知事物的方式以及情感的表达方式和特点。

譬如，“饭养身、歌养心”是侗族人民对歌的一种感受和概括性认识，因此，侗家人人爱唱歌。上山劳作、逢年过节、婚丧嫁娶、添丁竖屋、交友往来、儿童逗趣都要唱歌，似乎可以说，凡是要说话的地方，都可以用歌来代替。可谓无处不歌、无人不歌。有一首歌很能表明侗家人对歌的感受：“唱得欢/有吃无吃歌不断/我们留恋年轻的时代/我们羡慕你们的青春/年老了也要唱歌哟/一直唱到尸骨变成灰烬/不种田无法把命养活/不唱歌日子怎么过/饭养身子歌养心哟/活路要做也要唱山歌。”[①] 日出而作、日落而息，日复一日、年复一年地固定在某一块土地上精耕细作，虽有规律，也能基本满足生活需求，但却单调，与动物觅食没有多大区别。于是，满足精神的需求被提到了重要的位置上。正因为侗族人在生活中感受到唱歌可以消除疲劳、获得精神上的愉悦和心理的慰藉，才领悟了“饭养身、歌养心”的道理。但是，歌不是天然生成的，人也不是生来就会唱歌的，需要经过编创、传授的过程，而编创和传授是需要时间的。侗族传统耕作的主要作物——水稻的生长周期正好可以给编创、传授民歌提供这个时间。“冬闲三月好学歌”，秋收以后，各种主要农活基本结束，正是祭祀、走亲访友的时机，也是编歌、传歌、学歌的好时机。因此，在传统的侗族地区，每到冬天，村寨里的鼓楼、祠堂甚至歌师的家中，都成了传歌、学歌的场所。人们把唱歌、学歌与劳动一样视为美的行为，

① 杨通山等编：《侗族民歌选》，上海文艺出版社1980年版，第30页。

而传歌的歌师则被誉为“十二种师傅歌师最受人欢迎敬重”。正是因为这样，才有绚烂多姿的侗族民歌不断产生，也才有“侗家人人爱唱歌”的局面。

同歌舞文化一样，侗族的干栏式建筑、便于劳作的服饰、形式多种多样的工艺品、为确保生活稳定祥和的习俗、团结互助的交往方式、别具特色的饮食文化等，都无不打上稻作文化的深深印痕，也体现了侗族人民热爱生活、乐观向上、追求美好生活的审美特征。

3. 强烈的审美需求为侗族审美活动提供了内在动力

追求美是人类的高级精神情感和精神需求，也是人类区别于动物的显著特点。人之所以审美，是因为审美是一种感情，是一种喜悦和愉快的感情。同时，审美除了愉悦自己之外，在很大程度上也是为了完善自己——在于提高人的精神境界、促进与实现人的发展，在于促进和谐发展、创建和谐世界，在于使这世界因为有我而变得更加美好。审美是在理智与情感、主观与客观的具体统一上追求真理、追求发展。

在侗族的《起源之歌》中，对世界的进化发展是这样叙述的：“起初天地混沌/世界上还没有人/遍地是树蔸/树蔸生白菌/白菌生蘑菇/蘑菇化成河水/河水里生虾/虾子生额荣（一种浮游生物）/额荣生七节（节肢动物）/七节生松恩（人类第一个男性）/……”[①] 这里，侗族先民们关于从“混混沌沌”到天地生成，从树蔸开始经过白菌、蘑菇、河水、虾子、额荣、七节，到后来产生了人（松恩）的解说，把看似复杂无序的世界，归结为一个物质世界由简单到复杂、从无生命到有生命、从低级到高级的发展过程。这虽然是他们以简单的、幼稚的感知描述他们所处的世界，是一种意象性推测，但是，在他们看来，他们赖以生存、繁衍和发展的这个纷繁复杂、变幻莫测的世界，应该是一个有序的世界，表明了他们探究世

① 黔东南民研所所编：《侗族文化史料》，第189页。

界、探索发展规律、向往美好生存发展环境的审美理想。从混沌到有序，就是侗民族按照美的规律发现自己，发展自己的历史进程，也使自己走出了蒙昧的时代。

可见，侗族人民自古以来就有着强烈的审美需求。当然，那时的他们还不能从理性认识的高度认识美的本质，但他们却从实践中体会到美对于民族生存发展的重要意义，他们是在生产生活中、自觉或不自觉地去追求美。也正是这种审美需求推动着侗族人民通过一代代人对周遭世界的评判，不断进化，形成了更为完善的对事物的看法，剔出人性中一些丑陋的东西，发扬真、善、美，不断完善自己的人格。这种对美的不断探索和追求，也体现了侗族人民追求完美、追求真理的审美特征。

4. 共同的语言、习俗是侗族审美活动的良好土壤

语言是为了满足交际和交流思想的需要而在劳动过程中产生的。语言是人类最重要的交际工具，是人类的思维工具。它可以起到表情达意、交流思想、消除误会、拉近距离、增进了解的作用。侗语作为世界上诸多语种之一，有着自己的语音、词汇和语法规则。就侗语声调来说，各方言中声调最多的达9个舒声调和6个促声调，是世界上声调最多的语言之一。接触过侗语的人，都有“侗族人说话像唱歌”的感觉，因而侗语被语言学界称为“美妙的语言”。

侗族历史上没有与自己民族语言相适应的文字，民族的历史、生产技能、社会知识、民族习俗、伦理道德、宗教信仰、社会交往等传统文化只能通过口传心授来传承。语言的频繁使用，使侗族人对声调特别敏感，使其发声器官的发育不断丰满，也使得侗族语言在漫长的发展进程中，发展成为一种声调多、词汇丰富、具有较强表达力的语言。譬如对于“滑”的形容，就有“liaenl liodx liodx”、“liaenl ludt ludt”、“laenl lieems lieems”、“op emt emt”等多种表述，分别表示事物表面带有浆水的滑、圆柱形事物表面光滑、事物平面光滑或说话圆滑、事物表面干而

滑。随着交际、交流的扩大，侗语的功能得以扩展。为了科学、准确地表达内容，更好地表情达意，体现其思想内涵，人们经过加工，使普通语言兼具文学性与审美性。譬如，侗族的歌师们根据现实事件、故事、传说，运用了大量的比拟、比喻、对偶、排比等修辞手法，按照正韵、内韵、勾韵三韵俱全的要求和一定的节律来编创歌词，使得一首歌即使不吟唱，就是念白也是一首十分动听的诗，能给人以一种美的享受，使人听了还想听。这种经过艺术加工后的语言，其鲜明生动而又极具感染力的艺术形象、巧妙的语言传情，使欣赏者为编创者创造的丽词佳句所感染，并唤起其以想象和表象方式的再创造，从外在形式的领略进入内在意蕴的探求。

习俗是人们在群体生产生活中逐渐形成且共同遵守的习惯和风俗，是人类在日常生产生活中世代沿袭与传承的社会行为模式。在漫长的社会发展过程中，侗族人民聚族而居，共同劳动、共同生活、共同娱乐，形成了具有本民族特色的生产生活习俗。这些习俗包括物质生活习俗（生产、工贸、衣、食、住、行等）、社会生活习俗（制度、岁时节日、人生礼仪等）、精神生活习俗（歌舞、游戏、竞技、宗教、传说、故事、谚语等），等等。侗族人民千百年来创造出来的绚丽多姿的民族文化，都在这些习俗中得到体现。这些习俗是侗族人民在征服自然、发展自己的实践活动中，经过一代代人的评判、取舍而形成的，是侗族审美意识的结晶，同时也是侗族人民进一步完善自己、发展自己的土壤条件。

譬如，侗族风雨桥建筑的演进，就是一个典型的例证。风雨桥是侗族村寨的标志性建筑之一，然而，起初的桥并不是现在的样子，只是用几根木头横架在溪河之上，其功能仅仅是供人们通行而已，侗族人称之为“jiuc dus（侗语，裸桥）”；当人们过桥时发现河面上吹来的习习凉风使人感到十分惬意、疲劳顿消时，在桥上歇脚成了习惯，于是为了安全起见，人们便在桥边加上围栏，侗族人称之为“jiuc lanc ganh（侗语，栏杆桥）”；当人们遇上大晴天或下雨天气时，又想到了遮阳避雨的问题，于是人们又在围栏的基础上盖起了桥廊，桥的两边安有供人们坐下来休息的木板凳，侗族人称之为“jiuc mungl（侗语，盖瓦的桥）”；随着中原“风水学”的传入，人们又赋予村寨的水口桥以“迂回龙脉，拦截风水、护佑村寨”的功能，于是，人们把祖先祠、关公祠、文昌祠等搬到桥上供人们祭祀，这桥又变成了保一方平安幸福的桥，侗族人称之为“huc jiuc（侗语，福桥）”。随着审美意识的发展，人们又想象着把村寨里的鼓楼式建筑建到了桥上，使之成为集桥、廊、亭连为一体的优美、和谐的建筑整体。同时，在亭阁的翘角、桥檐、板壁上雕塑或绘制各种花鸟鱼虫及传说故事壁画，还有对联、匾额、题词等，在风雨桥上走过，有如置身于建筑殿堂和画廊，侗族人称之为“jiuc wap（侗语，花桥、画桥）”。风雨桥上，过路者在此休息、观景、欣赏艺术，白天老年人在此纳凉、交谈、娱乐，傍晚年轻人在此交友谈情，逢年过节人们在此祭祀祈福，村寨之间“为也”交往在此迎送……风雨桥还成为热心人服务社会的场所：夏天有人将凉水放置桥上供行人饮用、平常有人将草鞋挂在桥上供行人替换……现在的风雨桥，其功能已经远远不止“交通”了。可见，侗族风雨桥建筑的这一演进过程，就是一个侗族人民对美的不断追求和对美的创造的过程。

侗语是侗族民族性格的表征，侗族习俗是侗族民族共同心理特征和群体意识的凝聚和表现，也是侗族审美观的一种外在表现形态。侗族人民通过自己的语言和习俗，传承和发展了自己的建筑、歌舞、服饰、工艺等艺术，保存了自己的文化特色，既体现出侗族人民对人生的执着、热爱和追求，也展现了侗族审美文化区别于其他民族审美文化的鲜明的民族风格与民族特征。

二　侗族审美的精神内涵

随着人们社会实践的深入，人们的审美感知和审美体验的经验更为深刻、广泛、自觉。受一定世界观的支配，人们在自己民族的审美文化氛围里，在各种社会因素的影响下，形成了共同的、由个人的审美体验和人格境界所肯定的、关于美的观念尺度和范型模式——审美理想。审美理想渗透于审美感受之中，主宰着一个民族、一定时代、一定阶级的审美趣味、风尚和趋向。受崇尚和谐的自然观、社会观和民族生存环境、文化氛围的影响，侗族人民以和谐共生作为审美生存的主要方式，也作为自己的审美追求。

首先，侗族人民和谐共生的审美理想，表现在人与自然、人与环境的和谐共生上。侗族聚族而居，侗族村寨大多依山傍水，沿溪沿河布局，分散在山间盆地的周边，村寨背靠的青山古木参天，寨前一弯清清的河水潺潺流过，周边的田野一年四季变换着不同的色彩。青山绿水环抱中的侗寨里，高耸的鼓楼、千姿百态然而给人旋律感极强、层层叠叠、鳞次栉比的吊脚木楼、村口的寨门、飞架溪河之上的风雨桥以及连接风雨桥、寨门、木楼的蜿蜒曲折的石板路，与周边的山、水、田野浑然一体，构成了一幅幅美丽的画卷。这种“天人合一”的人与自然和谐共处的人居佳境，使得初涉侗乡的人往往认为侗族人“疑为天人”[①]，确信陶渊明笔下那个没有阶级，没有剥削，自食其力，自给自足，和平恬静，人人自得其乐的社会，在侗乡真实地存在着。

其次，侗族人民和谐共生的审美理想，还体现在族群内部人与人之间、与比邻而居的各民族之间的和谐相处上。这种和谐是平等基础上的和谐。侗族的各种民俗活动都以集体为主，集体做客、集体对歌，甚至

① 台湾政治大学张骏逸教授语。

年轻人交友恋爱的初始阶段也是“三三五五”(〈明〉邝露:《赤雅》)等,其主体都是处于平等地位的人格。譬如,哆耶踩歌堂时,不分男女老幼,无论贵贱尊卑,参与者不论是平民百姓抑或是款首、远道而来的客人、领导,大家都以“歌者”的身份在一起围成一个圆圈,手牵着手,或后者将手搭于前者的肩上,迈着统一的步伐边歌边舞,在融洽和谐的氛围里共同娱乐,共享快乐,侗族平等大同的理想在这里得到了充分的体现。

侗族和谐共生的审美理想的形成,源于侗族人民所处的时代、生存环境(自然的、社会的)和侗族人民对于生命价值的追求。侗族社会长期处于生产力极其低下、人们生活极其困苦的原始公社制度下,求生的本能使他们不得不去探寻他们所生活的世界。一方面,大自然给他们带来了生存的空间和发展的机遇,因此他们热爱自然、保护自然,与大自然友善相处,在实际生活中自觉或不自觉地去追求和创造与大自然之间的平等、和谐之美。另一方面,频繁的自然灾害又给他们造成了极大的痛苦和灾难,使得他们又不得不去探究其真正的原因,去寻找适合自己生存发展的道路。同时,从社会、阶级状况来说,侗族是一个长期处于被压迫剥削的弱势民族,官、匪、兵的袭扰,使他们的生活雪上加霜,使得他们更加向往自由。侗族是一个酷爱自由、酷爱美的民族,灾难和痛苦并没有压倒侗族人民,长期的弱势地位并未使他们悲观。他们也不相信“救世主”,而总是从优美的自然环境中寻求精神的慰藉,在苦中作乐,始终保持乐观向上的生活态度、保持自由奔放的个性。在阶级关系上没有美可言,他们便在自己的民族中,在和比邻而居的各民族中去寻找、发现,创造平等、和谐的共生之美,在乡邻之间、朋友之间、父母兄弟姐妹之间和各民族人民之间,团结协作、互相爱护、互相帮助、友好相处、共同发展,使他们在局部范围内获得了自由、和谐、平等之美。

一个民族的审美文化代表了该民族文化与文明发展的高级形态。侗族的物质生活、社会生活、精神生活的所有各种习俗之中，无不贯穿着侗族基于对生命的热爱的这种人与自然、人与人之间和谐共处的审美追求和审美理想。这种建立在现实人生基础上的价值与理想，基于现世而又不被现世所限制，既在直觉状态中去体验爱情、人生，发现、领悟、寻觅、感叹人生的究竟和意义，又在精神上超越现实，从艺术欣赏和艺术创作的超越性精神活动中去寻找替代性满足，就是侗族审美文化的精神内涵。

三　侗族审美文化是一笔难得的文化遗产

侗族人民在不同的社会发展阶段，在不同的自然生态和文化环境中，培育和发展着自己独特的审美心理、审美活动和审美创造，体现了侗民族生命的存在方式和对人生自由精神的终极追求。同时，他们以自己的审美观念、审美理想指导实践，在局部范围内逐步实现着自己的审美理想，不断获得美的享受。

在人与自然的关系方面，千百年来，侗族先民以人与自然和谐共生的理想为指导，以自己独特的实践方式，在改造自然、利用自然的过程中，主动地探寻客观规律，和自然互动，确确实实在侗族地区创造了（或者说曾经创造过）一个局部的人与自然和谐共生的局面，侗族地区现在“雨多能吞，雨少能吐”的人居环境仍然让人称羡。其可持续发展的思想和实践，对当今的社会主义现代化建设仍具有借鉴意义。只要我们认真加以细究和总结，去其糟粕、取其精华，并用以指导我们的“资源节约型、环境友好型社会”建设，定会收到实效。

在人与人的关系上，长期以来，侗族先民们把他们关于人与人之间关系的探求与思考，把和谐理念运用于“天高皇帝远”的侗族社会的管理，造就了侗族地区人与人之间和睦相处，社会长期稳定，路不拾遗、夜不闭户，人民安居乐业的局面，被人们誉为“和谐社会的原始版本”。

纵观当今世界，在全球化浪潮中，在工业化社会迅猛发展的潮流下，单纯的物欲追求，使一些人越来越感觉到失落了精神的家园，缺少安全感和信仰。而回过头来，我们发现，侗族社会依然保存着和谐、安详、民主、平等的人际关系，他们朴素、单纯、诗意地生活在经济还不是很发达的地区，他们脸上洋溢的笑容体现了他们的“幸福指数”。而造成这些状况的深层次原因，正是他们乐天知命、充满信念的，在某种意义上是最接近自然、也最接近人的本性的，朴素的哲学思想和审美观念。其中的许多精华，是值得后人深思和借鉴的。

侗族民间传说的审美特征

杨秀芝

（中南民族大学中南少数民族审美文化研究中心）

摘要：侗族有许多民间传说，既有关于历史英雄人物的，也有关于爱情中的男女主人公的，还有关于风物来历的。本文探讨了侗族民间传说的审美特色，即英雄传说的神奇美、爱情传说的悲剧美、风物传说的崇高美。

侗族传说不再以天地万物作为认识的总体和描写的对象，而是以某些具体的历史事件、历史人物或风物作为认识的基础和反映的对象。侗族有许多传说，既有关于历史英雄人物的，也有关于爱情中的男女主人公的，还有关于风物来历的，其中流传最广、影响最深的作品有英雄传说《杨太公救飞山》、《杨天应收云雾》、《吴勉的故事》、《林宽的故事》，爱情传说《娘梅》、《刘梅》、《述梅》及《妹桃》等，风物传说《风雨桥的传说》、《鼓楼的故事》、《双凤斗龙》等。这些故事，不仅有很高的文学欣赏价值，还有极高的审美内涵。

一　英雄传说的神奇美

侗族关于历史人物的传说故事很多，因为侗族历来受到各种各样的压迫和剥削，有压迫必有反抗，因此侗族传说中关于英雄的故事尤其多，而这些存在于真实历史中的起义领袖、民族功臣在传说中都充满神异色彩，体现出明显的神化英雄人物的审美意识，侗族民间传说神化英雄人物的方式多种多样，主要有神灵转世型、神灵相助型、化身神灵型和神奇法术型四种。

1. 转世奇生型

《吴勉的故事》是一篇脍炙人口、妇孺皆知的历史传说，吴勉出身于贵州省黎平县的蓝洞寨，是明洪武间侗族农民起义军的首领。曾带领黔、桂、湘三省交界的侗族和苗族人民举行声势浩大的起义，朝廷派出以“楚王桢”为首的三十万大军进行过历时八年的镇压，致使起义最终失败，吴勉于今湖南省靖州壮烈牺牲。吴勉已成为侗族人民希望和理想的化身，他的故事经过六百年来的流传，充满神奇色彩，传说中的他是一个能够呼风唤雨、剪纸成兵、塞河断流、赶山御敌、箭射千里，近似于神的英雄形象。他的出生就相当神奇，传说吴勉生下来的时候，有一群雀子落在他家屋顶上，红光满屋，香气布满全寨，他从娘胎里带来两件宝贝：左手拿着一本书，右手拿着一根小鞭子，不仅如此，他还落地就会说话，三岁已能光着屁股满山跑，老虎豹子也不怕，五岁可以放全寨的牛。

因为侗族人民对吴勉的无限尊崇和敬仰，便对其出身进行神化想象，这种对英雄诞生的传奇化叙述，呈现出鲜明的民间风格。中国英雄诞生故事中有一种模式化、传奇化叙述模式，“转世”、“奇生”是英雄传说的母题。民间流传着民族英雄岳飞猿精转世、大鹏金翅鸟转世、张飞转世等传说，侗族传说中的吴勉是紫微星转世，中国古典名著神魔小说《封神演义》周文王长子——姬伯邑考被姜子牙封为“紫微星”，民间认为紫微是“帝星”，命宫主星是紫微的人就是帝王之相，刘邦、朱元璋等人都是紫微坐命，吴勉虽只是一个带领侗族人民起义的领袖，但是在侗族地区却被称为“勉王”，“紫微星转世”的传说体现了民俗信仰、民众观念等复杂文化因素的影响。

至于吴勉一出世就能说话走路，还带着两件宝的传奇化叙述，也是英雄崇拜的产物。《白惹》的主人公白惹姑娘是吴勉的妻子，也是一个一生都充满传奇色彩的侗族巾帼英雄。传说白惹的出生就非同寻常，出生前“忽然一阵旋风刮来”，“天上飞来一只大鸟，两只翅膀足有六尺多长，飞到她家屋顶绕了三圈，大叫三声……”成长也是离奇，“白惹一生下来，就牙牙学语，咯咯发笑；满月就能坐凳；半岁就能走出家；人长得像瓜一样快，一夜一个样，一月换个人……”可见，侗族英雄传说中的奇生故事并非个案。

2. 神灵相助型

英雄们既然承载着贫苦大众的梦想，那么除暴安良，匡扶正义，为民谋利是他们的职责所在，英雄们也有力不能及之时，但是人们相信正义的事业一定是感天动地，神灵都会暗中相助的。

侗族有一个《金王的传说》，金王真名吴金银，广西龙胜侗族人，1740年（清乾隆五年），以广南为中心，联合龙胜、三江、城步、通道等毗邻地区的侗、苗、瑶、壮、汉各族农民起义，第二年兵败牺牲。金王收拾官府，夺粮还民的英名传遍侗乡，很早以前，侗寨就到处流传着这样一句话：金王佑侗人，侗人跟金王。传说他降龙得宝，斩断的龙爪变成一把宝剪，斩断的龙角变成一把宝伞，龙尾变成一匹宝布，宝剪剪的纸人纸马能行军打仗，撑开宝伞可以带领部下一起飞渡过江，宝布则可以护体防身，抵挡敌人的刀兵。这三件宝贝使金王战无不胜，所向披靡，而这三件宝贝是神灵送给他的，有一天，金王做了一个梦，梦见一个白胡子老人对他说：“要得胜，爱百姓，送你三宝打朝廷。”醒来听见瀑布水声异样，提刀察看，因此有了降龙得宝的事情。

《杨天应收云雾》这个传说故事，流传于湖南新晃、芷江、玉屏，以及湖北宣恩、恩施、咸丰等侗族地区，其事迹还在鄂西恩施、宣恩、咸丰等县侗族地区以侗歌《十二月》花灯调的歌谣形式传唱。据考证，杨天应是新晃杨姓侗族的先祖，也是开发中寨地区的始祖，是杨再思的19世孙。传说新晃一带成年大雾弥漫，杨天应在神鸟的指引下收起云雾，老百姓得以见到天日。侗族神话中，鸟在人类的生长、繁衍、迁徙等活动中都扮演着重要的角色，侗族是崇鸟的民族，鸟在侗人心目中是通神的灵物，在《杨天应收云雾》这个故事中，鸟理所当然地成为帮助人们战胜恶劣自然环境的指导者。

3. 化身神灵型

《杨太公救飞山》这个故事，产生于唐末宋初。流传于湘、桂、黔三省边界的靖州、绥宁、通道、三江、黎平、芷江、新晃等广大侗族地区，杨再思是历史上的真实人物，唐代朗溪人，曾任诚州（现湖南靖州）刺史，徽州（现湖南绥宁）刺史，“杨太公救飞山”的这段历史，史书和地方志都有记载。《杨太公救飞山》故事梗概是这样的：

古叙州有四位英雄，即杨再思（杨太公）、潘大虎、杨神雷、姜士奇，分居东北、东南、西南、西方的峒寨。四人武艺高强，结为兄弟，誓同生死，杨太公有三尺神光飞天宝剑，无人能敌，拜为大哥。潘大虎等居飞山峒，见武冈州官搜刮民脂民膏，欺压百姓，拥有大量钱财，遂率侗兵攻打失败，次年邀杨神雷助攻，也遭到失败，两次进攻使朝廷震怒，派吕师周血洗飞山峒寨，潘、杨战死。杨太公带兵营救飞山，击退吕师周，各峒拥杨太公为飞山峒峒主与各峒款首，在杨太公的领导下，歌侗加强团结，联合成大款，共同御敌，发展生产，建设家园，安居乐业。杨再思活到八十九岁去世，他死后人们常在清晨的云雾中、夜晚的月光下看见他带着天兵天将巡山，看见杨再思“全身白光闪闪，头上有一大片红云护佑，在红云的四周，有数不清的天鹤裂成阵势，像云像雾，把太阳遮挡住了，从而使整座山变得昏暗起来”。杨再思生前得侗民拥戴，死后侗民尊其为飞山神，广修庙宇加以祀奉，庙称飞山宫、飞山庙或杨公庙。安放杨再思的神像，称之为“飞山大王”，宋王朝为借其声望巩固统治，在其死后加封其为“威远侯”、“英惠侯”。

中国的神主要有两种来历，一种是人造的，一种是人变的，前者如玉皇大帝、王母娘娘等；后者如关羽、岳飞等。能由人变成神的主要是那些有着巨大的人格魅力和丰功伟绩的历史人物，杨再思的功业在侗族地区影响极大，让人们由敬仰而神化，最后变成侗族地区广泛信仰的飞山神，侗族人相信，作为人变的神，离人间更近，更知人间冷暖，因而更具亲切感。

4. 神奇法术型

英雄者，聪明秀出，谓之“英”，胆力过人，谓之“雄”。英雄自然有许多异于常人之处，侗族英雄在人们的想象中或者是神灵转世，或者得到神灵的护佑，因此他们往往具有神奇的能力，在诸多英雄中，吴勉的神奇故事是流传最广的，他箭射千里、牛鞭赶山、倒栽大树、断头再续、剪纸成兵的故事可谓想象奇特。

英雄传说中的神奇法术反映了侗族人民想要依靠超自然力量战胜恶势力的愿望，面对强大的敌人和生存的险境，人们寄希望于超常的、超自然的力量拯救自己，拯救大家，这是一种美好幻想，也是侗族民间信仰的表现，侗族固有的原始宗教遗迹与外来宗教相结合形成的侗族本土法教和外来的道教，以及民间法术思想都相信法术、重视法术，法术思想影响下的侗族民间英雄传说便有了吴勉箭射千里、牛鞭赶山、倒栽大树、断头再续、剪纸成兵的神奇之美。

二　爱情传说的悲剧美

爱情是人类生活的基本要素，爱情生活也是文学艺术永久性的题材之一。侗族有许多爱情传说，其中不乏终成眷属，幸福浪漫的美好结局，但更多的却是悲剧，归纳起来，侗族爱情悲剧有如下类型。

1. 人神道殊，黯然别离

侗族有很多人神相恋的故事，这类故事的女主角往往出身天界龙宫，因为对人间幸福自由的爱情生活的向往，她们通过各种方式接近所喜爱的男性凡人，与凡人相爱结合，这些爱情故事洋溢着浓厚的浪漫色彩。一般来说，民间人神相恋的故事存在着三种不同的类型模式：一是男主角入山遇仙，喜结奇缘，仙姝落身凡尘，和凡间男子幸福地生活；二是男主角与仙女结为夫妻，最后随仙女仙化或升仙，一起飘然而去；三是悲剧式，即人神相恋，幸福结合，而后由于种种原因不得不生生分离，以悲剧形式告终，这也是人神相恋故事最常见的结局。侗族人神相恋的爱情传说多半是第三种模式，即人神道殊，黯然别离。

贵州黎平地区流传的《郎都和七妹》讲的就是郎都和仙女七妹的爱情悲剧。侗族民间传说中更多的是龙女和凡间后生相爱的故事，侗族是临水而居的民族，民间传说中龙女形象众多，她们以不同的身份出现在人间，《郎敷》中的三公主以蚌壳现身，《干巴寨》中的玉英以小白蛇现身，《渔郎和螺蛳》中的龙妹以螺蛳现身，《清水江畔》中的龙女以红鲤鱼现身，她们都是龙王的女儿，但都爱上人间的后生，因而谱写出动人的爱情故事。《干巴寨》中的玉英与《渔郎和螺蛳》中的龙妹的爱情是美满的，人神相恋，喜得良缘，《郎敷》中郎敷和三公主的爱情则颇费周折，《清水江畔》则纯粹以悲剧告终。

《清水江畔》流传于贵州锦屏清水江两岸，故事说的是清水江畔有一个无父无母的后生，他每天在清水江畔砍柴唱歌，歌声优美动听，一条颜色鲜艳的红鱼为歌声所打动，跳出水面，变成一个美丽的姑娘躲在油茶树下偷看年轻英俊的后生，忍不住和后生对起歌来，两人情投意合，一对就是三天三夜，经过几次约会，两人自作主张结成夫妻，姑娘遵照侗族婚后不落夫家的习俗，夫家、娘家两边住。其实，姑娘的父亲是清水江的龙王，父亲知道女儿私自和凡人成婚，狠狠地打了她一顿，还用铁链捆住龙女的双脚，将她关在龙宫的一个暗室里，眼见着和后生约好回家的日子到了，龙女无计可施，苦苦哀求宫女把自己的遭遇告诉后生，宫女化作一个姑娘，到约定见面的日子会见了后生，告诉后生姑娘龙女的身份以及她在龙宫的遭遇，后生无计可施，无比难过。不久龙女生下一对双胞胎儿女，龙王大怒，要把他们扔出去喂鱼，龙女苦苦相求，龙王答应不丢龙女的儿女，但是必须马上把他们送到岸上去。后生日日眺望江水，只盼江水起波，把龙女托出江面。终于有一天，在滔滔江水中出现了妻子的上半身，抱着一双儿女游到岸边，含泪把他们交给后生，因为龙王担心女儿逃跑，在龙女游出江面的时候仍然用铁链锁住她的双脚，远远地拉着，后生接过孩子，龙女就被龙王拉进江底，后生和龙女再也没有见过面。

人神恋传说中造成悲剧的原因各不相同，或者是泄露天机，被人发觉，或者是男子或家人对仙女的身份起了疑心，存心加害，侗族爱情传说中则往往是因为“帝命有程，便可永诀”，神女不得不离去，这显然是封建社会的产物，天帝、龙王是封建势力的象征。

2. 族规制约，私奔悲剧

侗族社会虽说青年男女可以“行歌坐夜”、“玩山走寨”，恋爱自由，但婚姻却是无权主宰的，“女还舅门”的姑舅表婚是任何人不得悖逆的婚姻制度，这一传统的族规束缚了侗族上千年，扼杀了无数青年男女的真挚爱情，酿造了无数的悲剧。青年男女对这一族规进行了义无反顾的反抗，踏上了这条私奔之路，但多半以失败告终。

《娘梅》是在恋爱自由而婚姻不自由，又兼之“女还舅门”习俗中产生的典型意义的爱情悲剧之一。主人公娘梅从出生起就被包许给大财主家的表哥，可她深爱穷长工助郎，娘梅和助郎的爱情热烈坚贞，使娘梅舅家决定提前把她嫁出去，娘梅得知这个消息后，和助郎连夜私奔，逃往外乡落户。然而他们逃出了传统习俗的樊笼，却落进了当地财主银宜的魔掌中。有钱有势、贪图美色的银宜先是以金钱物质对娘梅进行诱惑，失败之后想出一条毒计，勾结当地款首起款以“吃枪尖肉”为名，诬陷助郎“勾内吃外”引发争斗，阴谋杀害了助郎。娘梅得知内情后强压心头的悲痛，发誓为助郎报仇，她以非凡的冷静和智慧，巧妙地利用银宜的淫欲和愚蠢心理，设下圈套把银宜诱杀在自己挖好的坑里，然后背着助郎的尸骨，逃进深山不知所终。这个爱情传说人物形象鲜明，忠于爱情、不畏强暴、不贪富贵、敢于斗争的主人公娘梅如同汉族的孟姜女、祝英台，彝族的阿诗玛，壮族的刘三姐，白族的南诏公主一样是民族女性的代表，是侗族人民心目中真善美的化身。故事曲折，充满离奇色彩，助郎、娘梅的爱情悲剧让人同情，发人深省。

侗族民间爱情传说中“女还舅门”造成的悲剧比比皆是，如《梅红鹰啼》中的茶妹和独郎郎才女貌，情意相投，因为娘亲舅大，茶妹的终身被不由分说地定下了。不久，舅爷知道了茶妹和独郎的事，勾结官府横加阻拦和迫害，私奔途中，二人在舅爷的追兵中无路可逃，双双牵手纵身跳下悬崖。再如《蓓曼和晚玉》中的一对情人蓓曼和晚玉也是被舅舅家拆散，并被活活折磨死，也是一个凄婉的爱情悲剧。

3. 强权压迫，以死殉情

爱情是美好的，《三月三的传说》中良英姑娘与桥生本是一对青梅竹马的恋人，但寨老却托媒人抢先“烧茶”，为寨老权势所逼，桥生及双方父母只好妥协，良英只好嫁给寨老的儿子，但是良英难忘旧情，身在曹营心在汉，婚后在娘家“坐家”期间仍然和桥生相会，寨老不肯善罢甘休，竟活活打死了桥生，良英悲痛欲绝，悬梁自尽。良英和桥生的故事广为流传，感动着大家，以后每年的三月初三，也就是良英殉情之日，侗族青年男女就学他们生前做过的事，撮鱼捞虾送芭篓，通宵唱歌等，以表达对封建婚姻的不满和对两个不幸的年轻人的无限怀念，“三月三”从此成为侗族的“情人节”。

拆散自由恋爱的还有家长，如《吉妹银秀》中的吉妹是崔财主的爱

女，她与长工秀银相爱，因为门不当户不对，遭到父亲的强烈反对，强行拆散他俩，自作主张把吉妹许给薛家财主为媳。吉妹本想设法改装打扮奔他乡，做个鲤鱼破网跳龙门，却没能成功，最后双双殉情，以死表明他们爱情的忠贞和对封建家长的控诉。

4. 小人加害，精怪掳婚

侗族爱情传说中也有有情人终成眷属的幸福爱情，但是幸福的爱情也不是一帆风顺的，总是受到外在的影响而饱受挫折。在广西融水、三江和贵州从江一带流传着《述梅》的故事，故事讲的是纳安地方有一对夫妻，一直没有生育，晚年的时候有仙女送给他们一条白绸，才生下女儿述梅，述梅出世后白绸一直系在腰间，她的生死和白绸紧密相关，一个叫东苏的读书郎和她对歌相恋，和东苏恋爱的过程中，述梅把白绸带作为“把凭”送给了东苏。东苏的同学福安加害东苏，拿着白绸准备去骗取述梅的爱情，结果福安的骗局被揭穿，变成乌鸦飞走，被乌龟所救的东苏与述梅重新走到一起，这则爱情故事虽以喜剧收场，但经历波折，心怀叵测、居心不良的小人使美满爱情蒙受阴影。

古代侗族村落在破姓开亲以前，存在着女性远嫁的婚姻习惯。《妹桃》中因为同姓不能结亲，妹桃远嫁银郎，婚后回娘家，一个人在路上走了一个多月，在一座大山密林里突然被一蟒蛇精劫去，并逼她为压寨夫人，妹桃宁死不屈，逃回夫家，丈夫破除疑虑，组织寨里的人一起去用计杀了蟒蛇精。这件事情发生以后，九十九位头人开会，大家商议结果，允许同姓开亲，近处结婚，从此侗家姑娘不必远嫁他方了。故事中的蟒蛇精成为破坏女性婚姻爱情的邪恶势力的象征。

侗族传说中的爱情充满悲剧性，人神道殊、族规制约、强权迫害、小人加害、精怪掳婚等都是造成侗族爱情悲剧的原因，这些原因既有现实的一面，又有幻想的一面，最终体现的是侗族劳动人民对美好爱情的追求和不懈努力。

三 风物传说的崇高美

侗族地区山川秀丽，习俗殊异，风物独特，热爱生活和富于想象的侗族人民，创造出许多富有民族色彩和生活情趣的风物传说故事，这些故事中透露出很强的救民济世，舍己献身的崇高美。

1. 救民济世，惩奸除恶

在对恶势力无能为力的时候，人们总是幻想有超能力的神灵出现，拯救大家，救民于水火，这样的愿望体现在侗族风物传说中。广西龙胜平等一带流传着《风雨桥的传说》，故事说风雨桥是人们为纪念为救侗家少女而勇斗螃蟹精的花龙，将小木桥改建成空中长廊式大木桥，还在大桥的四条中柱上刻上花龙的图案，祝愿花龙常在，大木桥落成庆典，奏芦笙、唱耶歌，人山人海之际，天空彩云飘来，霞光万道，形如长龙，人们认为是花龙回来看望大家，因此后人叫这种桥回龙桥，因为上面能躲避风雨，又叫风雨桥，这就是风雨桥的来历。

风雨桥的传说故事中，幻想的花龙是救民济世的英雄，《鼓楼的故事》却和一个聪明能干、美丽侠义的姑娘有关。这个故事主要流传在侗族南部方言区：桂北侗乡有一个铜盆寨，寨上有一位聪明能干的姑娘，名叫姑娄娘，她在敌人入侵侗寨时用击鼓的妙计击退了敌人，保全了寨子。事后大家发现击鼓聚众，团结斗敌是个保护村寨的好办法，于是决定在寨子中央修建一座九层高楼，楼中央设置大鼓，每逢重大事件和节日就击鼓聚众，决议大事。鼓楼传说中的姑娄娘以她的英勇和智慧挽救了村寨，是侗族人民心目中的英雄。

《风雨桥的传说》和《鼓楼的故事》讲述了侗族标志性建筑的来历，这两则风物传说故事的叙事都很简单，人物形象都只是粗线条描述，但是无论是想象中的花龙，还是现实中的姑娄娘，都具备英勇无畏，惩奸除恶的崇高精神，体现出劳动者的审美情趣。

2. 舍己献身，造福众人

侗族是临水而居的民族，滚滚的江水带来灌溉和生活的便利，但是洪水的泛滥又带给人灾难和恐惧，因此侗族地区风物传说很多与龙相关。

在贵州省天柱县的侗寨里流传着《双凤斗龙》的传说，这个传说的梗概是这样的：很久以前，北海小黑龙和南海小白龙为天柱海互相争夺又互相勾结，祸及侗家，侗族青年阿吉和阿利为了赶走这两条孽龙身陷海底，他们的未婚妻金凤和银凤为了替夫报仇，为百姓除害，向侗族仙人卜老师学得一身本领，历经波折，终于镇住了这两条孽龙，救出了阿吉、阿利兄弟，而金凤和银凤为此化成了金凤山和银凤山。这个故事运用现实主义与浪漫主义相结合的艺术手法，塑造了阿吉、阿利、金凤、银凤这样一些栩栩如生的侗族男女青年的形象，体现了人们战胜灾害的美好愿望。

贵州天柱玉屏地区流传着《望娘滩》的传说，故事讲的是清水江畔的一个侗寨里有一个叫曼生的小孩，和母亲相依为命，有一年，天气大旱，清水江也干得见了底，曼生在神鸟的指引下来到恶龙洞，找到了恶龙的镇山宝珠，明知惹恼恶龙会有杀身之祸，但是为了能缓解旱情，让恶龙下雨，曼生吞下宝珠，解救了旱灾中的百姓，自己却口渴难耐，把清水江的水一口气喝干了，喝干江水的曼生变成了一条浑身发光的金龙，变形后的曼生舍不得母亲，流下了一滴滴的眼泪，他流下的眼泪很快就变成一个个的深潭，曼生依依不舍地向母亲和乡亲们告别，随着滔滔清水江水游进了洞庭湖，从此以后，每年春夏之交，清水江滚滚洪水，长滩上波翻浪涌，人们就要说："曼生回家望娘了"，"望娘滩"的名字就这样传下来了。当地还流传着《呵罗湖》的传说，情节与《望娘滩》大致相似，只不过故事的主人公呵罗要反抗的不是恶龙而是坏心的财主，呵罗在财主的追赶中吞下宝珠，化身为龙，翻个身滚出大水塘，就成了呵罗湖。

侗族风物传说故事体现出统一的审美观念，那就是重自然美的社会性而轻其自然性，强调自然美与善的联系超过与真的联系，侗族地区特有的自然环境馈赠给人们丰富的资源，但是在强大的自然面前，人们不禁感到自己的弱小，要战胜自然、征服自然，必须有力量和勇气，因此人们呼唤舍己献身的崇高精神，因而侗族风物传说呈现出崇高美的审美特色。

南方少数民族古代文论研究的回顾与思考

李　锋

（中南民族大学中南少数民族审美文化研究中心）

摘要：目前，对于南方少数民族古代文论的研究在文献整理、研究深度、研究对象、研究视角等方面都有极大的开拓空间，而且深化对南方少数民族古代文论的研究，不仅有利于完善中国少数民族古代文论学科体系、丰富中国古代文论的学科领域，还在积累文献、拓展视野方面具有极大的意义。因此，可以考虑从整体性的角度，分纵、横两个向度，围绕南方少数民族古代文论的发生、发展过程，以及其中涉及的明、清边疆政策对文论形成和发展的影响，各族别文士的交流对文论的影响，口头诗学等专题展开进一步研究。

当代对南方少数民族古代文论的研究，可以追溯到20世纪50年代开始的少数民族文学史的编纂，时至今日已历一个甲子。这期间，学界先贤筚路蓝缕，开启了对南方少数民族文论的研究，尤其在文献整理方面贡献良多，为后世的研究奠定了基础。梳理和继承既有的研究成果，并在此基础上，进一步深拓对南方少数民族古代文论的研究，成为当下民族文学研究者面临的一个重要的问题。

一　有关南方少数民族古代文论研究的现状及存在的问题

关于南方少数民族古代文论的研究，既已形成一定的理论储备，但也存在诸多问题。

（一）有关南方少数民族古代文论的研究主要包括四种类型：

1. 总括式研究。代表性成果有王佑夫《中国古代民族文论概述》、《中国古代民族诗学初探》（论文集）、《中国少数民族文学理论批评史》等。王佑夫的著作，可说是开中国古代文论宏观研究之先河，特别是成书于20世纪90年代初期的《中国古代民族文论概述》，从“本质论”、“功能论”、“创作论”、“语言论”、“诗歌论”、“起源论”、“发展论”七个方面，首次概括性地总结了中国少数民族古代文论所涉及的理论主题，并较早提出了书面文论与口头文论并存的问题。除此之外，该书在具体问题的论述上，既强调少数民族文论与汉族文论的联系和“共性”，也关注少数民族文论的“个性”，如针对文学功能论，该书就指出少数民族文论与汉族的相同之处在于同样强调文学的抒情表志功能，但不同之处在于“少数民族文论家们，在谈情感表现的时候，并不过分强调‘情’与‘理’的联系。他们并不认为文学所表现的‘情’必须受到政治伦理的规范。相反，他们强调的是情感的原生性和自在性，认为文学应当是人的纯真性情的表现”。[①] 除此之外，还有一些著作的个别章节涉及南方少数民族文论，如刘亚虎的《中华民族文学关系史·南方卷》中用一节的篇幅，结合传统诗论简要梳理了赵辉璧、王崧、彭秋潭等南方少数民族代表性批评家的诗论思想。

2. 文献的整理和注释。此类研究分为三个方向，一是文献的搜集与整理，如由国家民委全国少数民族古籍整理研究室主持编撰的《中国少数民

① 王佑夫：《中国古代民族文论概述》，中央民族学院出版社1992年版，第56页。

族古籍总目提要》、云南教育出版社出版的《中国少数民族古籍集解》、吴肃民主编的《中国少数民族文学古籍举要》，以及云南、湖南、贵州等省主编的少数民族古籍丛书等，另外还有一些包括少数民族古籍的丛书，如《云南丛书》、《丛书集成续编》等，这些文献整理的基础工作，使大量少数民族的珍贵文献重新走入研究者的视野，为后续研究提供了极大的便利。二是各民族文论作品的编选和注释，如买买提·祖农等编《中国历代少数民族文论选》，王戈丁等编《少数民族古代文论选释〈中国历代少数民族文论选〉续编》，《中国少数民族古代美学思想资料汇编》（有关文论的作品选编），彭书麟等编《中国少数民族文艺理论集成》等，这类"作品选"式的著作，将文献整理的焦点对准具体的少数民族文论作品，在文论内容的校勘和注释方面，有开创性贡献。三是个别民族文论作品的编译和注释，如举奢哲、阿买尼著，康健、王子尧译《彝族诗文论》，漏侯布哲等著，王子尧译《论彝族诗歌》，布麦阿纽等著，王子尧译《论彝诗体例》，康健等编《彝族古代文论》，沙玛拉毅著《彝族古代文论精译》，祜巴勐著、岩温扁译《论傣族诗歌》、蓝华增著《云南诗歌史略——赵藩〈仿元遗山论诗绝句论滇诗六十首〉笺释》，陈湘锋著《〈田氏一家言〉诗评注》（对序跋的整理和注释部分）等，针对个别民族具体文论家的文献，进行较为细致深入的注释，特别是有关彝族文论的研究，还涉及翻译问题。这三个方向的研究，从不同的角度给后来的研究提供了文献的准备。

3. 族别文论的研究。这一类文论的研究中，有关彝族文论的研究一枝独秀，如康健等编《彝族古代文论研究》（论文集），巴莫曲布嫫《鹰灵与诗魂——彝族古代经籍诗学研究》，何积全《彝族古代文论研究》，《民族文学探索》（论文集）中涉及对彝族古代文论的讨论部分。其中康健所编的论文集从历史背景、美学特征、学科价值、理论范畴、比较诗学等多个角度对彝族文论进行了研究，而巴莫曲布嫫与何积全的著作则都将纵向性的历史梳理和横向性的理论主题研究相结合，在较为全面概括了彝族古代文论的同时，对于一些具体的问题也有深入的分析。除此之外，也有一些著作涉及彝族文论，如刘亚虎等所著《中国南方民族文学关系史》中，有一小节将彝族文论与汉族文论进行了比较研究。彝族文论研究能够取得这样的成就，一方面是因为彝族文论在文献方面已有了较充分的准备，另一方面也是因为以彝文为原始载体的彝族文论体现了更为鲜明的民族特色，在与汉族古代文论的对比中，更能见出其理论的独特性和异质性，这也从某种程度上保证了研究的创新性。

4. 各族别文学史中有关作家批评理论和思想的介绍。其中着墨稍多的有《壮族文学史》中对于郑献甫诗论的介绍和分析，指出郑氏诗论“颇有见地，与当时正统的宋诗派和桐城派颇异其趣，大体上接近袁枚的‘性灵’之说，而又不是故作依傍”。[①] 较好地说明了郑献甫诗论的特征。再如《白族文学史》中专辟一节介绍王崧的文学理论，将其文论思想与其学术思想相联系，指出其“道学”思想是其文论思想的基础，并将王崧的文学理论分成文论和诗论两部分，分别进行了评述。同时，该部著作还将白族文学史中包含文论内容的文献分成三类：诗话、诗文集和解经著作，并有简单的介绍。另外，该书中对于杨士云评论诗人、诗作，以及师范论诗诗和《荫椿书屋诗话》的介绍等也涉及文论领域。《土家族文学史》中对于彭秋潭的诗论亦有介绍，着重点在竹枝词创作理论方面的突破。《纳西族文学史》中对于杨竹庐、杨昌、杨品硕等人的诗论亦有提及。

总体来看，既有的研究意义重大，一是开启了有关南方少数民族古代文论研究的先河；二是为进一步的研究提供了方法、准备了资料、开启了思路。但这些研究也存在较大的不足。

① 欧阳若修、周作秋、黄绍清、曾庆全：《壮族文学史》（三），广西人民出版社1986年版，第974页。

（二）南方少数民族古代文论研究的不足主要存在于五个方面：

1. 对文论文献的挖掘仍有遗漏。主要体现为，首先，对有关作家批评文献的挖掘仍有不足之处，尤其是对古代少数民族批评家诗文集、地方志（艺文志）中有关文学理论批评文献的搜集和整理，还存在很多空白点需要填充。不可否认，有关民族古代文论的文献资料相对比较零碎、分散，而且多数民族的文论文献都是用汉语写成，夹杂在汉族文士的论著当中，不易辨识，搜集、整理起来也有一定困难，但作为研究的基础性和准备性工作，对南方诸民族古代文论文献的全面整理势在必行。这项工作的开展，需要更多的学者参与。其次，对口头诗学文献的挖掘尚处起步阶段，[①]口头诗学包括口头文学中涉及文论的部分，以及探讨口头文学特征规律的理论，这些理论文献曾有少量被选入《中国历代少数民族文论选》、《少数民族古代文论选释》、《中国少数民族文艺理论集成》，另外，一些口头文学的作品集中也收录有与文论相关的作品，如《中国歌谣集成》等，但还有很大一部分有待整理，甚至是“抢救性的发掘”。

2. 对已整理文献的研究还有待加强。主要表现为，首先，对作家文学批评理论的研究亟待加强，如白族批评家赵藩的《仿元遗山论诗绝句论滇诗六十首》，自 1981 年出过一部研究专著以来，30 多年其研究基本处于停滞状态，而赵藩的“论诗诗”不仅在白族文论中占有极重要的地位，而且在整个少数民族古代文论中亦有不可忽视的贡献。再如湖北土家族的《田氏一家言》中有序跋 11 篇，评点 111 条，如此丰富的文学理论批评内容和思想，到目前为止，没有一篇专题的研究性文章。其次，对已整理出来的口头诗学理论和思想的研究还非常薄弱，如《中国歌谣集成》中所整理收

---

① 本文所说的“口头诗学”与约翰·弗里（John Miles Foley）所说的“口头诗学”（the theory of oral composition）有所不同，约翰·弗里所说的“口头诗学”指针对史诗创作和传承中口头传统的理论研究，而本文所说的“口头诗学”则指口头文学（神话、歌谣、传说、故事等）中有关文学理论的内容。

录的大量歌谣，尤其是其中的“引歌”就有很多与文学理论相关的内容，[①]但截至目前，有关这一领域的研究还没有一部专著，论文也很有限。

3. 对南方少数民族古代文论有机组成部分之一——汉族批评家对于少数民族作家、作品的批评（主要是评点、序跋），还没有将其纳入研究视野。正如王佑夫所指出的，“在我国少数民族文学理论批评发展历程中，汉族学人作出了积极而不可或缺的贡献，他们的著述应被视为少数民族文学理论批评的组成部分，纳入研究范围之内”。[②] 这一点在南方少数民族中体现得十分明显，一部南方少数民族古代文学和文论的发生、发展史，就是一部与汉族、乃至其他民族文士进行交流和酬唱的历史，可以说，没有汉族文士的参与，就不会有南方少数民族的古代文学与文论。因此，对南方少数民族古代文论的研究，不能也无法仅仅因为族别之见，而故意忽视汉族批评家的理论贡献。

4. 对南方少数民族文学理论批评的整体性研究还是空白。上面所举的研究文献中，要么只是将南方少数民族文学理论批评作为整个中国少数民族古代文学理论批评的一部分（往往是很小的一部分）加以论述，其研究深度和广度都难以保证，要么只是针对南方个别民族的文论进行研究，虽有一定深度，但存在严重的失衡现象，实际上只有对彝族文论称得上有专门的研究，其他民族的大量文论文献要么只是被初步整理和注释，要么根本还未得到整理，更遑论理论层面的研究和分析。而通过对南方诸民族古代文论发生发展的历史考察，更应认识到，应将其作为一个整体进行研究。南方诸民族古代文论的发生发展，有着一个共同的历史背景，即明代

① 《中国歌谣集成·广西卷》对引歌的介绍是：“引歌，壮语称‘欢咯’、‘诗媒’，是关于唱歌的歌，内容包括歌谣的起源、承传、性质、作用、威力及传唱歌谣的意义等，具有民间诗论的性质。”（中国民间文学集成全国编辑委员会：《中国歌谣集成·广西卷》，中国社会科学出版社1992年版，第5页。）

② 王佑夫：《拓展民族文论研究》，《西北民族研究》2013年第4期。

以降，为加强对边疆的控制，中央皇权开始在南方民族地区大力推行以儒学为主体的汉文化教育。明太祖认为，“边夷土官，皆世袭其职，鲜知礼义，治之则激，纵之则反，不预教之，何由能化？其云南、四川边夷土官，皆设儒学，选其子孙弟侄之俊秀者以教之，使之知君臣、父子之义，而无悖礼争斗之事，亦安边之道也”。[①] 正是在这样一种思想的指导下，明代中央政府采取各种措施在南方民族地区推行汉文化教育，包括遴选土官子弟入国子监学习、在民族地区广设府、州、县、卫和各司儒学，并诏令兴办社学，鼓励开办书院以吸引少数民族子弟参加科举考试等，这也是南方民族地区普遍到明代以后才开始出现真正意义上的作家文学和文论的根本原因，而且由于明代的汉文化推行政策实施的重点主要在南方民族地区，“南方和西南地区大力发展儒学，广开学校，推行科举，开设书院；在北方也设立都司卫所儒学，但文化教育不被重视，学校教育数量不多”。[②] 因此，汉文化的影响，以及与汉族文士的交流，是南方少数民族古代文学、文论发展的一个共同背景，也是区别于北方少数民族的一个重要特征。只有结合这样的历史背景，从宏观上将南方少数民族古代文论作为一个整体进行考察，才能真正把握其演进的深层原因和基本规律，并在此基础上揭示其根本特征。

5. 学界还没有正确认识南方少数民族古代文论的意义和价值。以文献的整理为例，一方面如上文所说，这种状况一定程度上是由于南方诸民族的文献整理起来有难度，但根本原因在于学界对南方诸民族古代文论的价值和意义，没有给予应有的重视，导致其在研究当中，缺乏南方少数民族古代文论的问题意识和学科意识，从而使相关的研究难以为继。有鉴于

---

① 中央研究院历史语言研究所编：《明太祖实录》（卷 239），中央研究院历史语言研究所校印本 1966 年版。

② 刘淑红：《以夏变夷和因俗而治：明代民族文教政策的一体两面》，《广西民族研究》2012 年第 3 期。

此，应从学科意识入手，加强学术舆论的引导，通过期刊和会议两大学术平台，多刊布、发布相关的研究意义、研究现状，使学界真正意识到南方少数民族古代文论研究的价值，以及目前研究尚处于起步阶段的事实，从而吸引更多的学者参与进来。唯有如此，才能真正解决南方少数民族古代文论研究动力不足、发展乏力的问题。

二　进一步拓展南方少数民族古代文论研究的意义

通过对既有研究成果的梳理可以看出，南方少数民族古代文论的研究无论在文献整理还是研究方面，都还有极大的拓展空间，而进一步的研究，至少有四个方面的意义。

（一）有利于完善中国少数民族文学理论的学科体系。考虑到现有对少数民族文学理论的研究中，北方民族已有诸多成果，如蒙古族、维吾尔族、朝鲜族等文字的古代文论专著先后问世，藏族、哈萨克族的古代文论研究已获国家社科基金立项，但南方少数民族古代文论的研究，除了彝族成果稍多外，其他民族还较有限，从整个少数民族文论的学科体系上看，处于明显的北重南轻的失衡状态。作为中国少数民族文论的有机组成部分，南方诸民族古代文论，标志着南方民族文学由创作自觉走向理论自觉的新境界，在南方民族文学发展史中有着里程碑式的意义。同时，南方诸民族文论，其形成和发展与汉族文论有着极密切的联系，与汉族古代文论有着相互参照的意义，这是北方民族文论所无法比拟的。因此，进一步拓展南方少数民族古代文论的研究，不仅对完善中国少数民族文学理论批评的学科体系有着直接而重大的意义，同时亦能为汉族古代文论的研究提供新的视角和材料，对丰富其学科的研究领域有重要意义。

（二）还原南方少数民族古代文论丰富多彩的本来面貌。通过对各类文献中文论资料的钩沉、搜集和整理，让尘封已久的针对少数民族文学的批评理论和少数民族批评家、理论家进入研究视野，尽可能多地还原南方少数民族古代文论的本来面目，拓展南方少数民族古代文论研究的既有规模。以云南一省为例，可供重新梳理的较集中包含文论内容的诗文总集就有《滇南诗略》、《滇南文略》、《滇诗嗣音集》、《滇诗重光集》、《滇诗拾遗》、《滇诗拾遗补》、《滇诗丛录》等多种，这些文献虽有研究者进行过整理，但在相当程度上忽视了其中珍贵的文论思想和内容，包括序跋、作者小传，大量的眉批、夹批、旁批，这些文学理论和文学批评包括针对少数民族作家的批评内容，如具体作品的分析、个别作家风格的评论、家族诗歌群体的介绍、地方诗歌风气的评论等多方面的内容。[①] 另外，还应注意的就是少数民族聚居地区的地方志（艺文志）中收录的作品，这些作品中也含有不少涉及文论的内容，如乾隆《丽江府志略》中有关木氏土司诗文的序跋和论诗诗。对这些文献进行重新的爬梳、抽绎和整理，将使南方少数民族古代文论的研究呈现全新的面貌，并让很多从未引起过注意的理论和理论家进入学界视野，改变人们对于南方古代文论的“贫瘠”印象。

（三）重新认识南方少数民族文论的价值。通过对代表性批评家和批评理论的深入考察，弥补之前相关研究的不足。如对土家族批评家田舜年，既有的研究多是肯定他在编辑容美土司作品集方面的贡献，很少有学者注意到，田舜年的一些批评言论，已经走在了时代的前端，如他主张兼顾“自然抒发”和“风雅兴寄”的批评主张，就和当时的文坛领袖钱谦益有共鸣之处，他在《田氏一家言·跋》中提出“诗言志也，各言其所言而已……十五国风，大都井里士女信口赠贻之物”。[②] 反对刻意的模仿，“果若人言，绳趋尺步，诗必太历以上，则自有盛唐诸名家在，后起者又何必寻声逐响于千秋之上哉”。强调自然抒发的作品有天然之美，富于特色、自成佳作，“天机所动，将亦有自然之律吕焉”。但他同时也强调作品应

① 张梦新、吴肇莉：《云南诗歌总集的开山之作——论〈滇南诗略〉的编纂体例》，《西南交通大学学报》2010年第5期。

② 中共鹤峰县委统战部：《容美土司史料汇编》，鹤峰县印刷厂1984年版，第293页。

“冲融大雅”（引吴国伦之语），这种见解已经彻底跳脱了在明末清初有重大影响，并造成极大流弊的复古和公安、竟陵三派的窠臼，展现出很高的批评水平和广阔的批评视野。另外，他提出“山鸡之羽文彩可观、泽雉之性耿介足垂”。（《田氏一家言·跋》）对“荒裔文学”（即少数民族文学，具体而言，就是容美土司的文学作品）的价值给予充分的肯定，并表现出高度的自信，在当时而言，都是非常难能可贵的。另外，“口头诗学”作为一个被忽略的“宝库”，包含着极丰富的文论思想，而且这一类文论从理论视角、具体内容到叙事风格，都与作家文论有极大的不同，表现出很强的理论特色。加强对“口头诗学”的研究，将极大地拓宽、丰富中国古代文论的研究范围，甚至从某种程度上改写中国古代文论的既有面貌。

（四）创新民族文论的研究视角。从既有的微观、具体的惯性研究视角中跳出来，站在宏观角度，考察南方少数民族文论形成、发展的过程，以及南方少数民族文论与汉族文论、南方各族别之间文论的关系，尤其是结合历史背景（宏观的大背景和各民族地区的小背景），分析和解读南方少数民族古代文论的形成、发展中所表现出的阶段性特征及其原因，如明代在西南地区大力推行汉文化，以及清代与“改土归流”相配套的文化政策等，对于民族地区文论产生了怎样的影响，使其具备了怎样的特征等问题，另外，还有明末清初大批汉族文士进入少数民族地区，对于该地区文论发展的影响等问题，将有利于从整体上描述南方少数民族文学理论批评的特征、准确定位南方少数民族文学理论批评在中国文学理论批评史中的价值和地位。

值得一提的是，通过对不同民族作家和批评家之间交往史的研究，还有利于我们了解民族文化交流、交融的历史进程。

三　进一步拓展南方少数民族古代文论研究的可能路径及内容

在开展研究之前，应首先认识到南方少数民族既是一个地域概念，更是一个文化概念。就地域而言，南方少数民族地区在广义上涵盖了南方和西南两大区域，包括川、藏、云、贵、桂、湘、鄂、赣、粤、闽等省的少数民族聚居地区。就文化而言，南方少数民族的整体性特征就是受汉族文化影响较深，特别是明代以降，受“以夏变夷”文化政策影响，在南方民族地区出现了一次少数民族与汉族文化交流的高潮，很多民族地区因此产生了第一批自己的作家文学，并进而有了第一批文论著述。因此，从文化这个角度看，南方少数民族是“多元一体”的存在，这种“一体性”主要体现在它们与汉文化千丝万缕的联系上，以及受此影响形成的民族文化的趋同性、一致性。可以说，南方少数民族古代文论虽然包含不同民族的文学理论批评理论和思想，但因其“同源性”（即都受到汉族文论的影响），再加之各少数民族之间文化、文学的紧密联系和频繁交流，使这些理论和思想构成了一个有机的整体。基于这样一种认识其础上的南方少数民族古代文论研究，可以分成两大部分，即纵向性的历史研究和横向性的专题研究。

（一）纵向性的历史研究。目的在于梳理南方少数民族古代文学理论批评史的基本发展线索。考虑到南方少数民族古代文学理论批评的发生，尤其是作家文学的批评理论的产生，是比较晚近之事，另外有些理论的产生时间也不易考证，因此在梳理过程中将以代表性人物、文献及其理论为主线，兼顾其时间上的先后，描述南方少数民族古代文学理论批评史的发展历程。在具体的研究过程中，会加强三个方面的内容，一是加强对新文献及其包括文学理论批评理论的挖掘、整理和研究；二是加强对既有文献中文学理论批评理论和思想的研究；三是加强与中国古代文学理论批评史的结合，以求更为直观地显现南方民族文学理论批评的地位和价值。

（二）横向性的专题研究：

1. 明代的边疆文化政策对南方少数民族文论形成的影响研究。这种影响研究应注意两方面的问题：首先，明代开始，中央皇权为加强对边裔地区的控制，通过强制土司子弟入国子监学习、在民族地区兴办学校、采取优惠政策鼓励少数民族学子参加科举等方式，[①] 在这些地区大力推行以儒家文化为主体的汉文化教育，大大提升了本地区的文化水平，并相应地造就了一批作家和文学批评家，推动了南方少数民族文论的初步形成。其次，明代在南方民族地区推行汉文化政策的主要对象是土司及其族裔，并明文规定："土官应袭子弟，悉令入学，渐染风化，以格顽冥，如不入学者，不准承袭。"[②] 将世袭爵位与学习汉文化直接挂钩，使得土司及其族裔开始潜心钻研汉文化，同时，由于对一般民众学习汉文化缺乏有力的政策举措，造成明代至清初，土司及其族裔成为南方民族地区接受汉文化的主体人群。与此相对应，南方民族文论的一大特征就是，批评的对象以土司及其族裔为主，而由于自身批评家从整体上尚未成长起来，此一时期批评的主体则以汉族文士为主，[③] 如明代严首升、文安之对于土家族容美田氏土司的文学批评，杨慎、张含、贾体仁对于纳西族丽江木氏土司的文学批评等都是其中的代表。对此问题的研究，应以史实为基础，参考民族学、社会学、历史学等学科的既有成果，从文论的视角去考察边疆文化政策产生的影响，以及早期南方少数民族古代文论的基本特征。

2."改土归流"对南方少数民族文论发展的影响研究。对此问题的研究，应注意到"改土归流"政策对于地方文化最显著的影响，即平民的知识分子大量增加。在此之前，土司及其族裔在相当大程度上垄断了对汉文化的接受，土司一方面因为世袭制度和血统论意识的影响，在显意识和潜

① 花文凤：《科举体制下明朝少数民族教育公平问题及其解决策略》，《徐州师范大学学报》2011年第3期。

② （清）张廷玉：《明史·湖广土司传》，中华书局1974年版，第7997页。

③ 此就整体而言，当然也存在一些例外，如明代白族的杨士云、李元阳、赵炳龙等人，虽不是土司，但都具有较高的文学成就，也有文论存世。

意识层面都非常强调自身的贵族身份，另一方面为了方便统治、抵制外来文化对自身政权的可能威胁，[①] 导致其在大力学习汉文化的同时，却阻止治下的土民接触汉文化，实行“土民皆不受学”的愚民政策，而明代政府虽然大力在民族地区推行汉文化，但是对于土司子弟之外人群的汉文化教育缺乏有力的政策支持，[②] 使得一般的少数民族子弟都没有接受教育的机会。清代在“改土归流”之前，就已经吸取了明代的教训，开始将汉文化教育向平民阶层推进，如康熙四十四年（1705 年）“令贵州各府州县设立义学，土司承袭子弟送学肄业，以俟袭替。其族属子弟并苗民子弟愿入学者，亦令送学”。[③] 及至“改土归流”，加强对平民阶层的教育，不仅成为政策的一部分，而且成为推动“改土归流”深入发展的必需措施，因为参与“改土归流”的官员都感觉到，虽然土民在制度上摆脱了土司统治的模式，但是在精神和文化层面，依然对“流官”体制及以儒家为代表的汉族文化、风俗的推行感到隔阂和不适，因此通过文化教育强化广大土民文化身份认同和对中央皇权的归属感，成为当务之急。[④] 各地官员通过兴办“义学”、鼓励土民子弟等方式，吸纳大量平民学习，使汉文化在少数民族地区得以大范围地传播。[⑤] 因此，开始产生大量出身平民阶层的

---

① 如乾隆《贵州通志·艺文》载：“因土府陋习，恐土民向学，有所知识，即不便于彼之苛政，不许读书。”（靖道谟等：《贵州通志》，台北：京华书局 1968 年版，第 711 页）。光绪《普洱府志稿》亦云：“向来土官不容夷人应考，恐其为入学，与之抗衡。”（转引自李世愉：《清代土司制度论考》，中国社会科学出版社 1998 年版，第 98—99 页。）除了担心土民学习文化与其抗衡之外，土司还害怕土民因读书走上科举之路，从而脱离他的统治，如赵翼《簷曝杂记》卷四载：“粤西田州土官岑宜栋……其虐使土民，非常法所有。土民读书，不许应试，恐其出仕而脱籍也。”（转引自龚荫《中国土司制度》，云南民族出版社 1992 年版，第 165 页。）

② 明代政府在民族地区推行汉文化的根本目的在于加强统治，因此在政策设计上，就特别强调对这些地区的直接统治者——土司阶层的文化教育，但却忽略了对一般平民接受教育的政策设定。这也为土司实行愚民统治提供了口实。

③ 龚荫：《中国土司制度》，云南民族出版社 1992 年版，第 135 页。

④ 赵旭峰：《文化认同视阈下的国家统一观念构建——以清代前中期云南地区为例》，《云南民族大学学报》2013 年第 2 期。

⑤ 段超：《改土归流后汉文化在土家族地区的传播及其影响》，《中南民族大学学报》2004 年第 6 期。

文学人才，如土家族的彭秋潭、彭淦，壮族的冯敏昌、刘定逌，白族的龚锡瑞、杨履宽、赵廷枢，纳西族桑映斗、杨竹庐等，自然也相应地产生了一批文论著述。自“改土归流”之后，南方少数民族古代文论的变化就是批评客体从以土司及其族裔为主，转向以平民文士为主，批评主体以汉族为主，转向汉族、少数民族并重的局面。对此问题的研究，同样应以历史文献为基础，考察南方少数民族古代文论在发展过程中，其基本特征的重大变化。可以考虑通过量化研究的方式，来辅助说明这种变化的过程。

3. 南方各民族之间文学理论批评的关系研究。首先，是汉族与南方少数民族文学理论批评的关系研究，包括汉族文学理论批评理论和思想对南方少数民族文学理论批评的影响及其意义研究，汉族批评家参与南方少数民族文学理论批评的研究，南方少数民族对于汉族文学理论批评的补充和启发研究。与汉族文士的文学交流、诗文酬唱，是文论生产的重要方式，也是研究南方少数民族古代文论的一个重要角度，从中不仅可以看到汉族与少数民族文论相互交流、影响的生动例证，还能据此勾勒出南方少数民族古代文论发生、发展的具体过程。其次，是南方少数民族古代文学理论批评史中各族别之间文学理论批评关系的研究。这一类研究，目前来看，还基本处于空白状态。虽然各少数民族之间的文学交流，以及由此产生的文论文献并不很多，但是意义重大，因为这种交流必然基于一个事实，即南方诸民族对于同一文化身份（中华文化成员）的认同，唯有如此，他们才能用同一“文学话语”进行交流，这种交流体现了一种真正的文化融合。

4. 口头诗学研究。口头诗学研究的对象主要是歌谣、谚语、民间传说中的文论。如广西苗族歌谣《三月春雨》从歌者的角度，提出“人世间风风雨雨坎坎坷坷，唯有山歌能够解除你心头的忧愁积怨；人世间充满争斗难有一汪清泉，唯有歌手能够倾吐真情替你说出心底的话语。”并热情洋溢地表示："让我的歌是那火塘的红炭吧，时时刻刻温暖着你的心田。"[①]从文学功能和作者职责的角度，赞扬了山歌和歌者。又如侗族《歌师传》以较长的篇幅总结了侗歌的创作经验，提出了歌要以情动人，故事情节要完整、歌词要新颖、音乐要多样等理论。[②]彝族戏剧艺人当中流行的谚语《编戏如金沙江里淘金》，其中说道："编戏的人看透世上的事才能编出好看的戏……编戏如金沙江里淘金。"[③]谈到了剧作者的生活阅历对创作的重要意义，以及创作的提炼问题。布依族民间传说《刷把舞的来历》，通过讲述刷把舞的来历，揭示了艺术来源于生活。[④]口头诗学，以口头文学为载体进行传播，虽然不似作家文学的文论那样符合"学术规范"，但却具有民间叙事所特有的朴素、直率的风格，而且这些理论都经过若干代的口耳相传，是无数口头文学创作实践和表演实践的理论"结晶"，是至真至切的心得之言、甘苦之谈。对这一问题的研究，应注意的是，首先，要结合具体口头文学的文体特征，以及口头文学所特有的口传性、变异性、集体性等特征，分析相应理论的特征。其次，要结合当地的民族历史、文化来分析理论的形成。

如上所述，对南方少数民族古代文论的研究，有文献意义、学科意义、研究领域意义、视角创新意义。另外，还应强调的是，南方少数民族古代文论，也是中华民族古代文化交流和融合的一个生动标本，借由这个标本，我们可以看到南方诸民族虽然有着多元的文化背景，但依靠中央政权的政策推动，由被动到主动地进入中华文化的主流场域，并在精英和民间两个阶层，都发出了令人印象深刻的声音。

---

① 中国民间文学集成全国编辑委员会：《中国歌谣集成·广西卷》，中国社会科学出版社1992年版，第630页。

② 同上书，第953—955页。

③ 彭书麟：《中国少数民族文艺理论集成》，北京大学出版社2005年版，第488页。

④ 同上书，第550页。

少数民族文学研究

中国创世神话形态演变论析

向柏松

（中南民族大学中南少数民族审美文化研究中心）

摘要：中国创世神话经历了由零碎、简短、残缺的原生形态到连贯、复杂、完整的系统形态的漫长发展历程。这一历程经历了三个发展阶段，分别形成了创世神话的三种基本形态，即原生形态、衍生形态、系统形态。系统形态创世神话是中国创世神话成熟的标志，它是由相互联系、相互作用的各类事物起源神话结合而成的解释世界基本构成的有机整体。中国创世神话系统形态以其独特的整合性、兼容性和丰富性有力地证明了，中国的神话绝不贫乏。

早期研究中国神话的学者，大多根据典籍资料考察中国神话的形态，得出所谓中国神话零碎、残缺、不成系统的结论。20 世纪 80 年代以来，随着田野调查获取的大量口头神话材料公诸于世，以及袁珂广义神话概念的提出，[①] 早期神话论者的观点不断受到学界的质疑与否定。与此同时，

① 袁珂：《从狭义神话到广义神话——〈中国神话、传说词典〉序》，《民间文学论坛》1983 年第 2 期。

人们开始从不同的视角来揭示中国神话系统的存在，至今已有不少研究成果，如：神谱系统的考证、[①] 长篇神话包括史诗的复杂性与完整性的论证、[②] 活态神话体系的揭示[③]等。这些研究有助于人们认识中国神话的系统性特征，但是，还缺少对中国神话系统形态形成历程的追溯，以至于使人们无法从中国神话芜杂的材料中去准确识别系统形态的存在。本文试图通过对中国创世神话发展历程的梳理，来鉴别中国创世神话的系统形态，为中国神话系统形态的研究提供一种思路。中国创世神话作为一种事物释源神话，经历了由零碎、简短、残缺的故事形态到连贯、复杂、完整的叙事体系的漫长的发展过程，这一发展过程先后出现了原生形态、衍生形态、系统形态等创世神话形态。

一 原生形态

最早出现的创世神话，是人类社会早期的单一的释源神话，往往只解释天地万物与人类中的某一类事物的起源，这是因为早期的人类还缺乏综合思维与概括思维的能力，在解释事物的起源时，只能作单一的解释。因此，这类创世神话往往情节单一，篇幅短小。我们称之为原生形态创世神话，可分为如下几种类型。

（一）自然形成型

包括自然演化与自然生人两种形式。

自然演化。在神话中，天地万物的形成多源于自然的演化。这类神话讲述天地的形成，多数是在某种力量的作用下将整体物质分离的结果，或者说天地本是相连相近的，由于某种自然力量的作用而拉开距离，从而形

① 谢选骏：《中国神话体系简论》，《民间文学论坛》1985年第5期；闫德亮：《中国古代神话的文化关照》，人民出版社2008年版，第9—32页。

② 陶阳、钟秀：《中国创世神话》，上海人民出版社1989年版，第138—144页。

③ 孟慧英：《活态神话研究的历史基础》，《民族文学研究》1989年第1期。

成天空。如云气形成天地神话，将天地的形成说成是气体运动或混沌之气分离的结果。阿昌族神话《遮帕麻与遮米麻》中说：远古之时，无天无地，只有混沌。混沌之中，无明无暗，无上无下，无依无托，无边无际。不知何年何月，混沌中闪出一道白光，有了光明，就有了黑暗，有了黑暗，就有了阴阳。阴阳相生诞生了天公遮帕麻和地母遮米麻。[①] 彝族创世史诗《阿细的先基》、彝族典籍《西南彝志》与《宇宙人文论》、基诺族史诗《阿嫫腰白》、纳西族史诗《创世纪》等中都有类似的神话。这种对天地起源的描述，反映了早期人类对宇宙起源的朴素而朦胧的思考，其虚实相生的说法可能就是老庄哲学思想的源头。

自然生人。在神话中，人类的起源有的为自然孕育，而更多的则是自然生人，包括动物植物生人、自然物生人。如竹生人神话，我国南方多竹，竹生人神话主要产生于南方。南方各民族多有以竹为图腾者，竹生人神话即为其图腾神话。陶阳、钟秀指出："原始先民们所以会想象竹生人，除了受生命一体化这一普遍观念支配外，还因为竹子本身有它的特点，如竹笋生长神速、竹子空心等。生长神速是生命力旺盛的表现，空心又易引起可以容人和母腹的想象。"[②]

彝族竹生人神话说：太古时代，一条河上漂来一节楠竹筒，漂到岸边爆裂，从中爆出个人来，称名阿槎。[③] 云南、贵州、四川、广西等地均有竹生人神话。台湾卑南族、雅美族、排湾族等也有竹生人神话。

（二）化生型

化生型创世神话讲述巨大的生命躯体化生为万物和人类的故事，主要包括人体化生与兽体化生两大类。

人体化生。人体化生神话中最典型的是盘古躯体各部分化生天地万物

---

① 张研：《布碌咜的传说、遮帕麻与遮米麻》，中州古籍出版社 1991 年版，第 46 页。

② 陶阳、钟秀：《中国创世神话》，上海人民出版社 1989 年版，第 219 页。

③ 余宏模：《夜郎竹王传说与彝族竹灵崇拜》，《贵州民族研究》2004 年第 4 期。

及人类的神话，见三国吴国人徐整《三五历纪》，后文有详述。谭达先指出该神话经长期传承，在我国有广泛分布，包括中部、东部、西南部、西部、南部、东部、东北部及台湾地区。[①] 至明代，该神话已有很大变异。周游《开辟衍绎通俗志传》（第一回）："（盘古氏）将身一伸，天即渐高，地便坠下。而天地更有相连者，左手执凿，右手执斧，或以斧劈，或以凿开。自是神力，久而天地乃分，二气升降，轻者上升为天，浊者下沉为地。自是混茫开矣。"此处盘古创世已不是化生，而是用斧劈、凿开，更符合开天辟地之说，然此则神话已不属于化生类型，而是属于下文所论制造类型了。

兽体化生。我国少数民族多兽体化生神话。流传于四川的藏族神话说：很久以前，没有天和地，到处一片昏沉、苍茫、朦胧。不知过了多少年，一只人面大鸟，摇动左翅，出现了天空，摇动右翅，出现了大地。它的左眼变成了月亮，右眼变成了太阳，骨骼变成了大地上的石头，筋络变成了山脉，血液成了水，肉成了泥土，头发成了森林、花草、庄稼。此则化生神话与盘古化生神话如出一辙，只不过是化生者由人体变成了兽体。普米族神话《杀鹿歌》有鹿体化生神话、[②] 彝族史诗《梅葛》有虎体化生神话、[③] 哈尼族创世史诗《奥色密色》有牛体化生神话。[④]

（三）制造型

制造型创世神话讲述创世大神制造天地万物和人类的故事，它与巨人化生神话一样都是人类自我意识增强的产物，都表现了对人类自身伟大创造力的崇拜。制造型创世神话属于原生态创世神话，原因有二：其一，制

① 谭达先：《"盘古开天地"型神话流传史》，《文化遗产》2008年第1期。

② 中国各民族宗教与神话大辞典编审委员会：《中国各民族宗教与神话大词典》，学苑出版社1993年版，第519页。

③ 云南省民族民间文学雄楚调查队搜集翻译：《梅葛》，云南人民出版社1960年版，第15—17页。

④ 刘辉豪、白章富搜集整理：《奥色密色》，《山茶》1980年第3期。

造型创世神话虽然晚于自然形成型创世神话，但仍然是人类早期的神话。因为这类神话在人类能够制造生产、生活工具时就有可能产生。比如泥土造人神话的产生，就可能与人类制造陶器与制造泥质神像有关。其二，制造型创世神话只包含单一的母题，即制造天地与人类，其中主要是人类。我国此类神话最具代表性的是女神造人神话。如汉族的女娲用泥土造人神话。基诺族有女神阿嫫腰白用泥垢造成天地、日月、星辰、山川、河流、动物、植物和人的神话。瑶族有女神密洛陀造天地和人类的神话。[①] 土家族有女神依窝阿巴用泥土和多种植物造人的神话。[②] 也有男性制造神话或男女神共同制造神话。彝族史诗《阿细的先基》[③] 讲述了男神阿热和女神阿咪共同用泥造人的故事。

（四）女子生人型

女子生人神话与女子造人神话一样都是母系民族社会的产物，但它与女子造人神话所表现的观念有所不同。女子生人神话表现的是对女子生育力的崇拜，而女子造人神话主要表现的是对女子创造神力的崇拜。在女子生人神话中，没有对女子怀孕原因的解释，这是因为，在只知有母不知有父的时代，人们直接观察到女子生人现象，只会将女子生人与相关的器官如母腹、生殖器等联系起来，而不会去追寻女子怀孕生子的原因。这就产生了单一的女子生人神话。满族女子生人神话中说，宇宙形成之初，有地母神巴那吉额姆创世。她是宇宙三姊妹之一，有山一般巨大的身躯和高耸的乳房。她搓落身上的泥土和汗毛，化作了树木山海，流出的汗水化作了清泉。她生下了第一个女儿，是个四头、六臂、八足的大力士。神话中的女神有高耸的腹部，这正是女子怀孕形象的写照，是母腹崇拜的体现，可

① 莎红整理：《密洛陀（瑶族创世古歌）》，广西人民出版社 1981 年版，第 1—4 页。

② 彭勃、彭继宽整理译注：《摆手歌》，岳麓书社 1989 年版，第 32—34 页。

③ 云南省民族民间文学红河调查队搜集翻译整理：《阿细的先基》，云南人民出版社 1959 年版，第 35—37 页。

见该神话源于母腹生殖崇拜。满族另有女子生人神话《佛朵妈妈》，该神话则直接与女性生殖器发生联系，也可见女子生人神话产生的缘由。神话中的女子为满族始祖母神，名为佛朵妈妈。[①] 佛朵，即满语“佛特赫”，意为柳枝。柳枝在满族是女阴的象征，女阴则是生育万物的生育者。佛朵妈妈意即生育万物的大母神。佛朵妈妈生人神话源于女阴崇拜，即此可证。

（五）婚配型

婚配型神话是在人类对于男女交配或雌雄动物交配繁殖新生命现象有了朦胧的认识之后才产生的。人们将婚媾或交配看成是人类诞生或人类再生的必要行为，并对其加以崇拜，从而产生了婚配型创世神话。主要有人兽婚与兄妹婚神话。

人兽婚。人兽婚神话是人类关于两性交配繁衍子嗣认识的低级阶段的产物，也是动物生人神话不断演化的产物。人兽婚神话多讲述人（多是女子，也有男子）与某种兽类成婚生子的故事，而其中的兽类往往又可以变化为人形。兽类变化为人形的情节可能是后世的人们为使其解释合理化所作的篡改。傈僳族虎氏族有女子与虎婚媾生子的神话，虎为傈僳族虎氏族图腾，该神话为傈僳族虎氏族起源神话。神话说：古老时代，一女子上山砍柴，遇一虎。虎旋即变为一青年男子，与女子交配，生一男，长大后以虎为名，表明为虎之后人。另一异文说：一虎化为青年男子，与某女成婚，生下的子女就成为虎氏族。傈僳族熊氏族有女子与熊婚配生子神话：远古之时，一女子上山砍柴，遇一大公熊，熊步步走近女子，到眼前时，女子吓得昏死过去。待女子醒来，公熊已变为一青年小伙，两人遂结为夫妻。婚后产一男，即是熊氏族之男祖先。蒙古族、怒族、珞巴族等都有人兽婚神话。

---

① 中央研究院历史语言研究所编：《明太祖实录》（卷239），中央研究院历史语言研究所校印本1966年版，第397页。

兄妹婚。兄妹婚神话反映了人类历史上存在过的血缘婚制，血缘婚制是不分辈分的群婚制的进化形式，在这种制度下，同辈有血亲关系的兄弟姊妹都可通婚。在兄妹婚神话中，兄妹要实施婚配实际上处于两难境地，一方面，为繁衍人类，兄妹必须婚配，但另一方面，两人的婚配就意味着乱伦。这说明兄妹婚神话产生的时代已是兄妹婚制逝去的时代，当时已有了兄妹不能通婚的禁忌，在神话中兄妹最终配成夫妻繁衍人类，这是因为，兄妹婚制还存在于当时人们的记忆中，当人们追溯人类的诞生，并将其与早期的兄妹婚制联系在一起时，这样便产生了兄妹婚神话。这类神话一般是由大神造人神话发展而来。当人们逐渐认识到两性结合与生殖的关系后，不再相信大神能造人这一观念，便以大神为主角，创造出兄妹婚神话，兄妹婚遂成为人类繁衍的象征。汉族神话说伏羲、女娲是华胥所生的一对兄妹。东汉武梁祠石室有人首蛇身画像，一边标明为伏羲，另一边可能是女娲。唐代李冗《独异记》：天地开辟之时，昆仑山仅有伏羲女娲兄妹，天下未有人民。兄妹欲成婚繁衍人类，但又为兄妹成亲感到羞耻。二人至昆仑山顶，对天占卜，燃火升烟，以各人所烧烟火升天相交为天意。结果应验，两人结为夫妻。成婚时妹妹害羞，以结成的草扇遮面。南阳汉画像石刻有巨人抱伏羲女娲图，伏羲女娲分别执一扇状物，各挡其面。反映兄妹成亲遮羞情景。伏羲、女娲为中原地区的人祖神。河南淮阳有伏羲陵和女娲观，祭祀伏羲女娲成为当地人们祈求子嗣繁衍的重要活动。兄妹婚神话在我国南方少数民族中普遍存在。

人兽婚、兄妹婚是婚配型创世神话的主要类型，除这两种形式之外，还有母子婚型、[①] 非血缘男女婚配型，但都不是典型类型，比较少见。

上述五种原生态创世神话包含了五种基本创世方式。后来形成的创世神话形态都是以这五种基本创世方式为基础的再创造。

① 毛星主编：《中国少数民族文学史》中册，海南人民出版社 1983 年版，第 374 页。

二 衍生形态

随着人类思维的综合能力与概括能力的不断提高，人们认识事物的方式逐渐由单一性视角向整体性视角方向发展，由此，单一的释源神话逐渐发展成为整体性释源神话，即系统形态的创世神话。在这一发展过程中产生出的过渡性的创世神话，我们称之为衍生形态的创世神话。衍生形态创世神话的形成，遵循了多种组合方式。我们根据这些组合方式，将衍生形态创世神话分为以下几种类型：

（一）串联型

串联型，是指将两个以上的创世神话按照一定的逻辑顺序串联成的创世神话。为了故事情节结构安排的需要，参与组合的各种创世神话往往会有情节上的减省和变形，但是仍保留了各自相对独立的结构单元。

《苗族古歌》中的《古枫歌》说：“树干生妹榜，树干生妹留。”“妹”在苗语中义为母亲，“榜”与“留”均为蝴蝶，妹榜、妹留即为蝴蝶妈妈之意。这里是说枫树生出了蝴蝶妈妈。蝴蝶妈妈出生后，跟泡沫婚配，生下十二个蛋，从蛋中孵出姜央、雷公、老虎、水龙等。[①] 很显然，这段神话是由枫树生蝴蝶，蝴蝶婚配生蛋，蛋孵化出人与动物等神话串联而成，是苗族不同时期的事物起源观的累积叠合。

傣族神话《金葫芦生万物》[②] 中说：远古时代，大地一片荒芜。天神派一母牛和一鹞子来到地上。母牛活了三年，生下三枚蛋。鹞子来孵这三个蛋，结果孵出一个葫芦，从葫芦里出来好些人。这则神话显然是由蛋生人神话与葫芦生人神话串联而成。串联型中的若干神话之间似乎包含着一种事物起源的谱系关系，在结构上与汉族典籍所载的远古帝王谱系神话类

① 田兵编选：《苗族古歌》，贵州人民出版社1979年版，第185—209页。

② 中央研究院历史语言研究所编：《明太祖实录》（卷239），中央研究院历史语言研究所校印本1966年版，第82页。

似。如《山海经·海内经》载："西南有巴国，太皞生咸鸟，咸鸟生乘厘，乘厘生后照，后照是始为巴人。"又载："黄帝生骆明，骆明生白马，白马是为鲧。帝俊生禺号，禺号生淫梁，淫梁生番禺，是始为舟。番禺生奚仲，奚仲生吉光，吉光是始以木为车。"这类神话表现了帝王的谱系关系，但是创世神话与此不同，只有谱系的形式，并无谱系之实，其表现的"谱系"关系是不合乎逻辑的。事实上，串联型创世神话是不同时期、不同地域的人们关于事物起源解释的拼凑之物。

（二）化合型

化合型，是由两个以上的创世神话融合而成的衍生态创世神话类型，参与融合的各种创世神话在新的结构中已不再具有独立结构单元，而是成为新故事的构成要素，并且彼此达到了水乳交融般的融合。

盘古神话就是典型的由化合方式组合成的神话。徐整所撰《三五历纪》与《五运历年纪》：

> 天地混沌如鸡子，盘古生其中，万八千岁，天地开辟，阳清为天，阴浊为地。盘古在其中，一日九变，神于天，圣于地，天日高一丈，地日厚一丈，盘古日长一丈，如此万八千岁。天数极高，地数极深，盘古极长。后乃有三皇。[①]
>
> 首生盘古，垂死化身：气为风云，声为雷霆，左眼为日，右眼为月，四肢五体为四极五岳，血液为江河，筋脉为地理，肌肉为田土，发髭为星辰，皮毛为草木，齿骨为金石，精髓为珠玉，流汗为雨泽，身之诸虫，因风所感，化为黎甿。[②]

① （唐）欧阳询：《艺文类聚》卷一引徐整《三五历纪》，上海古籍出版社 1965 年版，第 2—3 页。

② （清）马骕：《绎史》卷一引《五运历年纪》，上海古籍出版社 1993 年版，第 69 页。

由这两则记载可见，盘古开天辟地神话是由宇宙卵神话与化生神话融合而成的，这种融合已经不是简单相加式的组合，而是打破原有结构的相对独立性，实行了情节与情节之间的相互渗透与黏结。其中的宇宙卵已经失去独立的形成天地万物的功能，只是保留了形成天地的因素，阳清为天，阴浊为地，而天地的形成则要靠盘古经过万八千岁的变化去完成。两则神话达到了水乳交融般的融合，所以称其为化合式融合。

台湾赛夏族神话：太古之时，大神创造了人类。一场洪水毁灭人类，仅剩一男子。神灵乌兹帕赫崩恐人类灭绝，将男子杀死，碎成肉块，抛撒洪水中，肉块漂至各山头，化为赛夏人。神还把肠子切成段，投进洪水中，各节肠子漂到平地，化为汉人。最后，将骨头砍成块，投进洪水中，漂到陆地，化为泰雅人。[①] 该则神话由大神创世神话、洪水神话、化生神话化合而成。

洪水遗民神话也属化合型。这类神话从总体结构而言，多数是由天地开辟神话、洪水神话、兄妹婚神话几个神话化合而成的。化合型与串联型神话的不同之处在于：化合型神话中的若干神话已经融为一个整体，各神话已经转化为情节的构成要素；而串联型中的若干神话则保持着相对独立性，彼此之间构成一种前后承接的关系。

（三）箭垛型

箭垛型，是指以某个创世大神的基本事迹为基础，不断累积添加创世业绩而形成的衍生态创世神话。“箭垛”系套用传说学的术语“箭垛式”而来。“箭垛式，是指民众把一些同类情节集中安置在某一个人物身上的现象。”[②] 在神话领域也存在这种现象，某个创世大神，由于被奉为民族始祖神，所以民众不断为其添加新的业绩，以至于逐渐衍生出多个有关该创

① 中央研究院历史语言研究所编：《明太祖实录》（卷239），中央研究院历史语言研究所校印本1966年版，第146页。

② 刘守华、陈建宪主编：《民间文学教程》，华中师范大学出版社2002年版，第135页。

世大神的神话。人们所熟悉的女娲神话系列即为典型一例。我国少数民族多有此种类型的神话。如水族牙巫神话，其构成就采用了箭垛型方式。牙巫是水族远古至上女神，“牙”在水族语言中为“婆”、“奶”之意，“巫”为其名。水族若干神话叙述了她一系列创造天地万物的事迹，这些事迹是不同时期的人们累积上去的。

《牙巫造天地》讲牙巫造出天地，但是造出的天地是连在一起的，她用全身的力气掰开天地，朝中间吹了一口气，天地一声巨响，就分开了。

《开天地造人烟》说，天地造好后，摇摇晃晃，牙巫急忙去煅炼铜柱、铁柱来撑天。

《牙巫造人》神话说，牙巫见天地无人，就剪纸压在木箱中来造人。一说掐木叶藏在土罐中造人。牙巫性急，不到规定的十天时间，第七天就揭开封盖，结果造出的人矮小、瘦弱、胸腔是空的。矮人不能劳作，牙巫放老虎与老鹰将他们吃掉，又重新造出健壮的人。

《十二个仙蛋》也讲牙巫创造人的故事，不过采用的方法已与生育相关，显然是后来的产物。神话说牙巫与风神相配，生下十二枚蛋，孵化出了人与雷、龙、虎、蛇、猴、牛、马、猪、狗、鸟及凤凰。人最先找到火，就与凤凰化成的美女成婚。

《旭济·造人》讲牙巫创造人则隐含男女交合之事，这显然是人们认识到男女结合生育的道理之后的产物。神话说：“初造人，在干罕洞脚，在熬洞口，干罕造粮，熬洞造人。”干罕意为舂碓，熬洞意为粮食洞。运用舂碓与碓窝舂粮之劳作，隐喻男女交媾之行为。这则神话又晚于《十二个仙蛋》。[①] 不同时期的牙巫神话累积相加构成了箭垛型牙巫神话，这些神话之间虽然有重叠矛盾之处，但是却共同塑造了牙巫创世大神的形象。同

① 中央研究院历史语言研究所编：《明太祖实录》（卷239），中央研究院历史语言研究所校印本1966年版，第555—556页。

类结构的创世大神神话还有不少，如傣族大神英叭神话、独龙族最高神格蒙神话、鄂温克族祖先神来莫日根神话、基诺族女神阿嫫腰白神话、傈僳族天神木布帕神话、佤族至上神木衣吉神话等。

（四）派生型

派生型，是指在原有创世神话基础上，经过意义上的引申与情节的置换变形而衍生出的新神话类型。

如蛋生人神话派生出女子沐浴食蛋生人神话。《史记·殷本纪》载："殷契，母曰简狄，有娀之女，为帝喾次妃。三人行浴，见玄鸟堕其卵，简狄取吞之，因孕生契。"[①] 当人类的自我意识逐渐觉醒后，便开始关注女子生人现象，蛋生人神话必然发生演化，蛋再也不能直接生出人类。这样便产生了女子食蛋生人神话，蛋生人置换为女子生人，但是蛋仍是女子致孕的因素，表明古老的蛋生人观念并没有完全消失，而是通过新神话的产生而延续，因此，简狄食蛋生人神话可以看作蛋生人神话的派生形式。同理，女子感竹生人神话也是由竹生人神话派生而来。《后汉书·南蛮西南夷列传》："西南夷者，在蜀郡徼外。有夜郎国。……夜郎者，初有女子浣于遁水，有三节大竹流入足间，闻有号声，剖竹视之，得一男儿，归而养之。及长，有才武，自立为夜郎侯。以竹为姓。"[②] 显然，这已经不是单纯的竹生人神话。竹子生人是经过女子的感应才能实行的。按置换变形原理，夜郎侯应产自母腹，而此处仍是产自竹节，这是由于竹节与母腹相似，竹生人神话没有进行完全置换所导致的结果。

又如原始的水生型创世神话派生出女子感水生子神话。原始水生型创世神话基本情节为人与万物起源于水，彝族典籍《六祖史诗》说："人祖来自水，我祖水中生。"[③] 哀牢山哈尼族聚居区流传的哈尼族史诗《哈尼阿

① （汉）司马迁：《史记·殷本纪》，中华书局1959年版，第91页。
② （宋）范晔：《后汉书》第10册，中华书局1965年版，第2844页。
③ 刘尧汉：《中国文明源头初探》，云南人民出版社1985年版，第37页。

培聪坡坡》开篇讲述哈尼族祖先在水中诞生的情形:“大水里有七十七种动物生长;先祖的诞生也经过七十七万年。”又说,“先祖的人种在大水里,天晴的日子,他们骑着水波到处飘荡。”接下来叙述像螺蛳、蜗牛一样的人种在水中爬行,经过二十三次换爹换娘,才变成塔婆始祖。[①] 神话展现了人类在水中诞生的过程,所谓最初的“人种”其实还不是真正意义上的人,只是可以变成人的水生动物,由于哈尼族认为人是由这类水生动物变化而来的,所以将其称为人种。水有水气、雾、露水、云、雨、雪等变形形式,所以又有水气、雾、露水、云、雨、雪等形成天地万物、生成人类的神话。其中云气或雾气生成天地万物的神话在我国西南少数民族普遍存在。当人类逐渐将自身与自然界区分开来,逐渐认识到女子在生育中的重要作用的时候,就不会再单纯地相信人类诞生于水或雾气之类的物质,水生型创世神话必然和女子发生联系,于是衍生出了女子接触水而怀孕生子的神话。《山海经·海外西经》说:“女子国在巫咸北,两女子居,水周之。一曰居一门中。”郭璞注:“有黄池,妇人入浴,出即怀妊矣。若生男子,三岁辄死。”[②] 同类的记载还见于《梁书·东夷传》:“扶桑东千余里有女国,容貌端正,色甚洁白,身体有毛,长发委地。至二三月,竞入水则妊娠,六七月产子。女人胸前无乳,项后生毛,根白,毛中有汁,以乳子。一百日能行,三四年则成人矣。”[③] 《太平御览》卷 395 也记载了同类神话:“方江之上,暑湿,生男子三岁而死。有黄水,妇人入浴,出则乳矣。”[④]《太平广记》卷 81《梁四公》载:“勃律山之西有女国,方百里,山出台虺之水,女子浴之而有孕。”[⑤] 在这类神话中,女子替代水而成了

① 史军超、芦朝贵等:《哈尼阿培聪坡坡》,云南民族出版社 1986 年版,第 6 页。

② 袁珂译注:《山海经全译》,贵州人民出版社 1991 年版,第 208 页。

③ (唐)姚思廉:《梁书·东夷传》,中华书局 1973 年版,第 809 页。

④ (宋)李昉:《太平御览》第 2 册,中华书局 1960 年版,第 1626 页。

⑤ (宋)李昉:《太平广记》第 2 册,中华书局 1961 年版,第 520—521 页。

生人的主体，水则转化为女子致孕的因素。从水生人神话与女子触水生子神话之间的置换变形关系中，我们可以清晰地辨识出后者与前者之间的派生关系，所以，我们将女子触水生人神话看作是水生人神话的衍生形态。

衍生形态创世神话的多种类型表明中国创世神话经历了多种发展方式，有着旺盛的生命力、生长力。衍生形态创世神话遍见于典籍与口头传承，表明中国创世神话经历了漫长的发展阶段，很晚才形成系统形态。

三 系统形态

中国原生态创世神话经历了漫长的衍生发展，最终演变成系统形态，它是中国创世神话成熟的标志。

分析中国创世神话的系统形态，需首先了解系统的基本含义。奥地利生物学家冯·贝塔朗菲在《一般系统论——基础、发展和应用》中指出：系统可以定义为“相互作用着的若干要素的复合体”。[①] 复合体也可以理解为整体。我国学者乌杰在贝塔朗菲等的系统理论的基础上，从哲学层面解释了系统的概念：“作为哲学意义上的系统概念是指相互联系、相互作用的若干要素或部分结合在一起并具有特定功能、达到同一目的的有机整体。”[②] 根据系统理论的概念，我们可以对中国创世神话的系统形态作出如下定义：中国创世神话的系统形态是由相互联系、相互作用的各类事物起源神话结合而成的解释世界基本构成的有机整体。所谓创世神话的系统形态，就是完整系统解释世界起源的神话形态，它的构成要素应该包括：宇宙起源神话、人类起源神话、文化发明神话等，三类神话相组合，就构成了一个基本的世界释源系统，即创世神话系统形态，这种系统形态反映了

① ［奥］冯·贝塔朗菲：《一般系统论——基础、发展和应用》，林康义等译，清华大学出版社1987年版，第51页。

② 乌杰：《系统哲学》，人民出版社2008年版，第2页。

当时人们对世界构成或基本面貌的一种幻想性的认识。从结构上看，这是一种集各类释源神话之大成而形成的有头有尾的完整叙事，往往采用串联式、化合式、派生式、箭垛式等多种方式构成，这些构成方式使得参与组合的各种创世神话融合为一个井然有序的有机整体。系统型创世神话多以韵文的形式而存在，少有散文形式。[①] 这是因为创世神话的传承发展主要依赖于民间信仰仪式中巫师的口头传承。巫师人物为了传承的方便，往往采用吟诵的形式，这样便形成了韵文形式的创世神话。茅盾对此有明确认识："神话既创造后，就依附着原始信仰的宗教仪式而保存下来，且时时有自然的修改和增饰。那时文字未兴，神话的传布全恃口诵，而祭祀的巫祝当此重任。"[②] 韵文系统形态创世神话，即创世史诗，在我国南方少数民族特别是西南少数民族均有丰富的遗存，其中具有代表性的创世史诗有：纳西族的《创世纪》，瑶族的《密洛陀》、《盘王大歌》，苗族的《苗族古歌》，拉祜族的《牡帕米帕》，壮族的《布洛陀》、《布伯》，阿昌族的《遮帕麻和遮米麻》，哈尼族的《奥色密色》（异文本《十二奴局》）、《哈尼阿培聪坡坡》，傣族的《布桑盖亚桑盖》、《巴塔麻嘎捧尚罗》，佤族的《司岗里》、《葫芦的传说》，彝族的《梅葛》、《查姆》、《阿细的先基》、《勒俄特依》，白族的《开天辟地》、《刀簿劳谷与刀簿劳胎》（又名《人类万物的起源》），傈僳族的《创世纪》，景颇族的《勒包斋娃》（又名《穆瑙斋瓦》），独龙族的《创世纪》，普米族的《帕米查哩》、《金锦祖》，德昂族的《达古达楞格莱标》，布朗族的《创世纪》，基诺族的《大鼓和葫芦》、《阿嫫腰白》，怒族的《创世歌》，土家族的《摆手歌》，布依族的《赛胡细妹造人烟》、《十二层天·十二层海》，仡佬族的《十二段经》，侗族的《侗族祖先哪里来》、《起源之歌》，水族的《开天立地》，畲族的《盘瓠歌》、《高皇

---

① 尚仲豪等编：《司岗里》，《佤族民间故事选》，上海文艺出版社 1989 年版，第 1—19 页。

② 茅盾：《神话研究 ABC·保存与修改》，苑利主编：《二十世纪中国民俗学经典·神话卷》，社会科学文献出版社 2002 年版，第 24 页。

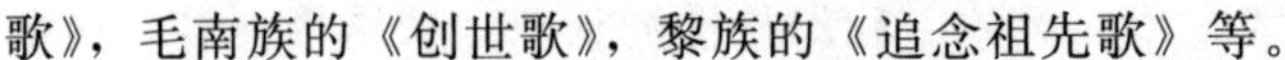

歌》，毛南族的《创世歌》，黎族的《追念祖先歌》等。

组成创世神话系统形态的三类释源神话，又可自成系统。这是由系统构成要素的特性所决定的。乌杰指出："任何系统中的要素都不是一个简单的存在，它仍然是潜在可分的。要素自身的可分性又使它同时就是一个系统。这样任何事物在外在联系中成为要素，其内在联系又使其成为系统。"[①] 创世神话系统形态中的每一类释源神话都是可以再分的系统，由此，中国创世神话系统形态又可以分为三个子系统：即宇宙起源神话系统、人类起源神话系统、文化发明神话系统。综合中国创世神话的材料，可以将三个子系统的基本构成作如下概括：

（一）宇宙起源神话

宇宙起源神话是解释宇宙万物来源的神话，一般包括天地开辟、万物起源等内容。

1. 天地开辟。天地开辟神话是原始人幻想出的人类生存空间天地如何诞生的神话，包括天地的初次形成、天地形态的完善等内容。

天地的形成

（1）自然形成：混沌分开形成天地；两片云彩形成天地；浊气与清气形成天地；岩石分成两块形成天地；宇宙卵破裂形成天地，通常也从中生出人类和其他物。

（2）躯体化生：人的躯体或动物躯体的某部分化为天地，通常其他部分也同时化生人类和万物。

（3）神人制造：天神降临造天；男女神造天；众神造天；天神杀动物使其化生来造天地，是化生神话与神人制造神话的结合。

天地的改造

天地形成后，往往还存在诸多缺陷，如天地离得太近，天盖不住地，

① 乌杰：《系统哲学》，人民出版社2008年版，第51页。

天地不稳固等，因此需要进一步完善。

(1) 将天地撑开：巨人用身体撑开天地；神人用柱子顶开天地。

(2) 将地托住：神人将地托在龟鱼等水生动物的背上。

(3) 缩地合天：由于种种原因，天小地大合不拢，神人将地缩小，形成皱褶，变为山川，又将天扯宽，才使天地合拢。

(4) 天地稳固：用金银铜铁四柱撑住天的四方；用动物四脚撑住天的四方；用山撑住天。

在神话中，天地的开辟往往要经历一个曲折的过程，反映了人们对天地形成认识的发展。

2. 万物起源。万物起源神话是解释天地间的各种自然现象和自然物的成因或来历的神话，包括对天体、气象、季节、地貌、动物、植物以及一切自然物起源的解释。这类神话往往和天地开辟神话紧密结合，在神话中往往是天地的开辟导致了万物的形成，如盘古化生天地万物即是典型的一例，所以将其归入宇宙起源神话系统。万物起源神话中最为主要的类别有日月神话、雷电神话、动植物神话、四季神话等。其中，日月起源神话最为常见，它包括：

(1) 日月形成：巨人眼睛化生；巨兽眼睛化生；神人制造。

(2) 日月完善：射掉多余的太阳和月亮；擦洗太阳和月亮使其发光。

3. 其他物种起源。

(二) 人类及族群起源神话

人类及族群起源神话是讲述人类的诞生、进化、早期发展过程包括族群的形成的神话，由如下几类神话组成：人类起源、人类进化（包括洪水遗民神话和其他灾难遗民神话）、族群起源（包括族群的迁徙）等。

1. 人类起源。人类起源神话是讲述人类最初如何诞生，从何而来的神话。各民族关于人类诞生的幻想千奇百怪，归结起来主要有四类：

(1) 自然演化。包括自然物、动植物生人、变人等内容。此类神话影响较大的有：兽类变人或化生人、蛋生人、葫芦生人、竹生人、树生人、花生人、水生人、石生人、洞生人等。

(2) 大神创造。大神创造包括大神造人、化生人，以及大神无婚生人。

(3) 异性婚配。异性婚配类神话主要有兄妹婚与人兽婚两种形式，也有少量的母子婚神话。

(4) 女子感生。女子感生神话，或称贞洁受孕神话，多是叙述女子未经与男子结合而只是与某种神物或神灵相感应便怀孕生子的神奇事件的神话。女子所感对象多为植物、动物、自然物等，带有图腾崇拜的印记。

2. 人类进化。人类的诞生，经历了漫长的演化，这在神话中也有曲折的反映。彝族史诗《查姆》[①] 讲述了人类由独眼睛到直眼睛再到横眼睛的形体转换过程。第一代人为独眼睛人。只有一只眼睛生在脑门上，这一代人不明事理。众神发起旱灾，把独眼睛这代人全晒死了，只留下一位学会劳动的“做活人”躲在葫芦里得以幸免。第二代人为直眼睛人。众神之王涅侬倮佐颇派罗塔纪姑娘用水给“做活人”洗净全身，独眼睛变成了直眼睛。然后仙姑娘撒赛歇与“做活人”结为夫妻，繁衍人类。但是这一代人不善良纯朴。天神发起洪水，直眼睛人全都淹死了，只留下了心地善良的阿卜独姆和他妹妹做人种。第三代人是横眼睛人。洪水滔天后，阿卜独姆兄妹躲在葫芦里得以幸免，通过滚魔盘、滚筛子簸箕、河水里引线穿针等方法来“验证”天意，终于结为夫妻，繁衍人类。“横眼人”逐步学会了种麻、种棉、养蚕，服装也由麻衣逐步过渡到棉布衣、丝绸衣。他们又炼出金银铜铁锡，并用来打造首饰、锄头、镰刀和其他用具。后来，他们又创造了文字，发明了纸和笔，并发明了医药……神话反映了彝族先民朴素的唯物观和辩证思想，用神话幻想的方式展现了人类由低级向高级、从野蛮到文明的发展历程。

洪水遗民神话是典型的人类进化神话，其基本结构如下：

---

① 郭思久、陶学良整理：《查姆》，云南民族出版社2009年版，第16—81页。

(1) 洪水原因：洪水发生的原因有多种，其中多数与人的素质有关，或是人种不良，天神要换人种，或是人性不善，天神要惩罚。

(2) 洪水灭绝人类。

(3) 兄妹得以逃脱。

(4) 兄妹经过种种曲折成婚。

(5) 生人、生怪胎变人。

洪水过后的再生人类则表现了人种的改良，洪水神话反映了先民朴素的进化观。其他灾难遗民神话与洪水神话意义相同，同属人类进化神话。

3. 族群起源。族群起源神话是讲述氏族、部落、民族的来历或始祖诞生的神话。人类是以群居的方式生存并延续下来的，族群的起源与人类的起源密不可分，所以将族群的起源神话划入人类起源神话之内。事实上，在神话中，人类的起源往往伴随着族群的起源。傈僳族的神话《岩石与月亮》中说：洪水过后，从葫芦里出来的男人西沙与女子勒沙，在凶神路帕的独生女的帮助下存活下来。三人生活在一起，生下了九个儿子、七个女儿。后来，九男、七女拜别父母，走向四面八方。一对儿女走向汉人地区，就成了汉人；一对儿女走向彝人地区，就成了彝人；一对儿女走向傣人地区，就成了傣人；一对儿女走向藏人地区，就成了藏人；一对儿女走向景颇人地区，就成了景颇人；一对儿女走向老缅地区，就成了缅人；一对儿女走向纳西地区，就成了纳西人。剩下两个小儿子，留在父母身边。[①]阿昌族神话说：天公遮帕麻与地母遮米麻成婚，生葫芦籽，葫芦籽种下之后结葫芦，葫芦打开后跑出一群孩子，长大后散布到各地，形成傣族、汉族、景颇族、傈僳族等。[②] 德昂族神话《葫芦与人》说：天王去天宫寻粮种，带回包谷、稻子、大豆、小麦、瓜果、葫芦等种子，分别撒在平地、

① 祝发清、左玉堂、尚仲豪编：《傈僳族民间故事选》，上海文艺出版社 1985 年版，第 13—16 页。

② 马学良等：《中国少数民族文学史》，中央民族大学出版社 2001 年版，第 18 页。

山坡和海边。种在海边的葫芦藤蔓延伸到海中央，结出了个葫芦，大如山形。一阵暴风雨，电闪雷鸣，劈开葫芦，出来一百〇三个男女，还有动物。人们乘葫芦来到陆地，便各走东西，成为汉、傣、傈僳、景颇、阿昌、白等民族的祖先。[①] 我国还有不少民族有族源神话，如彝族、白族、纳西族、黎族、珞巴族、柯尔克孜族、哈萨克族等。

（三）文化发明神话

文化发明神话是指发明火、劳动工具、狩猎、种植、手工与各种技艺以及制定社会组织、婚丧典章、礼仪节令等的过程的神话。文化发明神话系统由事物发明、技术发明、文化制度发明等几类神话组成。

1. 事物发明神话。事物发明神话是讲述与早期人类生活生产活动密切相关的事物被发现或被创造的过程的神话。如火的发明，有燧人氏钻燧出火的神话；住宅的发明，有巢氏构木为巢的神话；此外，尚有弓箭、谷物、医药等的发明神话。

2. 技术发明神话。该类神话讲述各种技艺，如养蚕、制陶、纺织等的发明经过。

3. 文化制度发明神话。文化制度发明神话是讲述政治、宗教制度以及日常生活礼俗等如何被制定或被创造的神话。如女娲制造笙簧，就是礼乐政治仪式被制定的神话；伏羲作八卦，是宗教仪式发明的神话；伏羲制定俪皮嫁娶之礼，属于日常生活发明的神话。

以上是对我国系统形态创世神话（其中主要是创世史诗）三大系统情节结构的总体概括，具体到每一部系统神话，不一定都包括三大系统所有情节结构，但必然都包括三大系统的大部分情节。以上情节结构表明，我国的系统形态创世神话规模宏大，结构完整，内容丰富，包容了创世的全

① 中央研究院历史语言研究所编：《明太祖实录》（卷239），中央研究院历史语言研究所校印本1966年版，第94页。

部内容，是自有创世神话产生以来的集大成之作。

四　余论

冯·贝塔朗菲在他的著作中还提出了封闭系统与开放系统的观念，封闭系统是平衡稳定不变的系统，开放系统则是不断变化的活态系统。实际上，在冯·贝塔朗菲看来，开放性才是任何系统的本质，其封闭性的特性只是基于我们对事物的短暂时间段的考察所得出的认识。他说："虽然有机体中可能有一些系统处于平衡状态，但是这样的有机体并不能看作一个平衡态系统。有机体不是封闭系统，而是开放系统。我们把没有物质输入或输出的系统叫做'封闭'系统，而把有物质输入或输出的系统叫做'开放'系统。"又说："在一个较短的时间间隔内考察有机体，它表现为一个通过交换其组分而维持稳态的构造。"① 据此可知，以上对创世神话系统形态的讨论，只是基于其特定历史阶段的考察，所论系统形态是一种停止发展的封闭系统。事实上，在我国民间一直存在着创世神话系统形态的活态传承，活态传承中的创世神话系统形态从来就没有停止发展。人们在祭祀仪式中讲述或吟唱创世神话时，不断添加朝代更迭的内容，有的甚至从开天辟地一直讲述到今天的时代。对这种创世神话历史化现象，不能简单地斥之为讹变，因为创世神话本身就包含追溯事物进化的诉求，天地的形成，要经过完善的过程，人类的起源更是要历经多次反复。所以在创世神话中，不断加进后代的历史，是创世神话释源诉求的延续。另外，活态创世神话总是在带有宗教色彩的祭祖活动中传承的，所以往往要受到宗教的影响，融入宗教的内容，其中主要是佛教、道教的影响。经过历史化和宗教化的创世神话系统，内容较为纷繁芜杂，但是其释源的主题并没有发生

① ［奥］冯·贝塔朗菲：《一般系统论——基础、发展和应用》，林康义等译，清华大学出版社 1987 年版，第 112—113 页。

改变，只不过是所解释的对象已经极大地拉长了时间的跨度，并带上人为宗教的色彩。这类创世神话，我们可以视之为开放型创世神话系统形态。如流传于湖北随州大洪山一带的《涢山祭祀歌》,[①] 从天地形成一直唱到颛顼时代，其中多有矛盾重叠之处，讲述天地开辟，先说是气体自然形成，后又说是盘古开辟；讲述人类诞生，先说是肉球所化，后又说是女娲所化。长诗既有远古帝王人物，也有道教、佛教及民间信仰中的神灵，还有一些无法考证的神灵。内容庞杂无序，显见是在传唱过程中不断累加而成。流传于鄂西北地区的《创世歌》[②] 先讲述天地开辟，然后讲述朝代更迭，一直讲述到新中国成立，结构井然有序。流传于鄂西北地区的《黑暗传》，可谓开放型创世神话的典范，笔者见到的十一则异文，多数从天地开辟讲述到远古帝王，顺序也比较清晰。开放型创世神话系统至今仍存活于民间，具有顽强的生命力，应该是不容忽视的创世神话系统的研究对象。

纵观中国丰富多彩的创世神话系统形态，可以概括出如下特点：其一，整合性。中国创世神话系统形态一般都由多个单一的创世神话组成，可以说是在整合多个创世神话的基础上形成的，创世神话系统形态几乎所有的情节都有它的前文本。其二，兼容性。创世神话系统形态往往既包括了天地万物与人类起源的内容，又包括了民族早期历史文化方面的内容，一些活态的系统形态甚至包括了古往今来历史更迭的内容，显得别具一格。这或许是中国创世神话不同于西方的地方。其三，丰富性。创世神话系统形态的形成经历了漫长的历史发展阶段，从而融汇了不同历史时期的社会生活内容，反映出不同时期的人们对宇宙万物、人类起源及人类进化发展过程的认识，因而具有无与伦比的丰富的文化内涵。中国系统创世神话以其独特的整合性、兼容性、丰富性有力地证明了，中国的神话绝不贫乏。

---

① 张大业主编：《涢山祭祀歌》，中国电影出版社 2003 年版，第 31—90 页。

② 邹观禄、赵天禄主编：《创世歌》，中国文联出版社 2006 年版，第 7—289 页。

瑶族"文字歌"的文化传统及当下意义

何红一　王　平

（中南民族大学院中南少数民族审美文化研究中心）

摘要：运用歌谣学、文字学与修辞学原理，解析瑶族"文字歌"的构成，对其在传统社会中的文化功用给予充分肯定，并指出瑶族"文字歌"的当下意义：重新认识瑶族与汉字的关系、重新认识广大民众与文字的关系、重新评价少数民族民间字谜在现代生活中的价值与作用。

"无岭不瑶，无瑶不歌"，喜爱唱歌是瑶族一大传统。瑶歌像瑶族其他口头文学作品一样源远流长，具有民间文学所共有的集体创作、口头流传的特性，主要以口头形式存在着。但也不乏借助手抄本形式，由民间懂得汉语的师公、歌娘和歌手们用汉语夹杂着瑶族自造俗字的方式传抄保存并流传。瑶族手抄歌本极其丰富，其中有一类与文字直接关联的字形歌、拆字歌、谜歌，通过歌唱形式把汉字的形、声、义形象生动地表达出来，透露出瑶族崇尚文化、知书习字、在文字运用上的集体智慧和创造才能。本文拟通过对这类"文字歌"中的文化传统探析，说明瑶族"文字歌"的文化价值以及它与现代瑶族文化建构之间的关系。

一 瑶族“文字歌”构成解析

瑶族“文字歌”指瑶歌中以文字为内容题材的民间歌谣，其表现形式有对歌、盘歌、拆字歌、字形歌、字谜歌等。它或出现在长歌套曲里，或出现在对歌习俗中，或直接以短小的猜谜形式出现，形式灵活，为瑶族村寨生活增添趣味。

瑶族过去没有自己的文字，但这并不影响瑶族使用文字和运用文字进行文化创造。文字是人类社会交际的重要手段，在文字缺失的情况下，人们就会马上寻找替代方式。据学者研究，瑶语与汉语同属汉藏语系，在语言类型上同为词根语形态，且同源词多、音韵相似、语法形态相近。[①] 这种语系上的亲属关系，自然使瑶族对汉语有认同感，很容易直接将汉字拿来改造和使用，使之成为瑶族传统社会主要的交际手段。瑶歌是瑶族民间表情达意、休闲娱乐、传递信息的工具，文字在瑶族社会生活中的重要作用，也渗透到瑶歌中，形成瑶歌中的“文字歌”传统。

1. “字形歌”

“字形歌”是以描摹字形为对象的民间歌谣。广西全州东山瑶族乡婚仪坐歌堂唱时“陪花歌”，其中就有这样一首《字形歌》：

一字写来像把枪，二字画短一画长。
三字写来两画短，四字两点肚内藏。
五字写来盘脚坐，六字三点站四方。
七字写来左脚撂，八字撇拉（捺）八两旁。

① 据方炳翰对金平盘瑶语言（勉语方言）所记录的1312个单音节词中，属于汉语同源词和借词的多达593个，占总词量的45%，同时两者的声母、韵母相比较，金平盘瑶的声母和韵母与汉语的中古音类似或相似、句法结构大同小异。参见宋恩常《汉字在瑶族社会中的传播及其演变》，《云南民族学院学报》1991年第3期。

九字写来金钩挂，十字写来像把钗。

十字形歌唱几句，凑个热闹来陪花。[①]

湖南江华也有一首咏唱数字的“十字歌”：

一（乙）字写来像条龙，你看从前赵子龙；

长坂坡前他救主，千军万马逞英雄。

二字写来像条沟，周瑜用计夺荆州。

孔明八卦算得好，害死周瑜上高丘。

三（叁）字写来像楼台，无情无义蔡百锴，

多多拜上赵氏女，衣襟兜泥垒坟台。

四字有口又无门，你看从前许汉文，

那时水淹金山寺，法海救他命长生。

五字写来背又弓，元霸抛锤打雷公，

天下算他是一将，铜锣落地命归终。[②]

……

无独有偶，广西桂北地区丧葬仪式歌中的“哭丧开堂引歌”，也有一段类似的“十字歌”：

一字写来像把枪，鸿门大宴请刘邦，

保驾将军螃蟹将，那怕英雄楚霸王。

二字写来像条龙，薛家府内出英雄，

① 农学冠、李肇隆：《桂北瑶歌的文化阐释》，民族出版社2008年版，第216页。

② 彭式昆：《江华民族民间歌谣集》，大众文艺出版社2009年版，第232—233页。

英雄就是薛仁贵，保主跨海去征东。

三字写来三条街，孔明台上把兵排；

土中暗把雷埋下，烧死曹兵无处埋。

四字写来不通风，出了常山赵子龙；

长坂坡前救阿斗，七进七出好威风。

五字写来缺少角，唐皇李旦闹沙河，

沙河本是唐皇闹，害得鸡狗走奔波。[①]

……

以上瑶歌都运用民歌“十唱”套路，从“一”唱到“十”，但繁简有别。前一首用比喻、象形、拟人、拟物等修辞手段，直接描摹一至十这十个汉字数字字形。后两首运用起兴手法，先用起兴句进行描摹，再引起所咏之物，对其加以引申和发挥。两首歌虽作用于不同的人生礼仪场合，但都是通过描绘十个汉字字形的书写特征，引出民众对历史故事和历史人物的讲述与评价。而且从“一”到“十”的歌序，显得生动有趣，引人入胜。

值得注意的是歌中的异体字、俗字的运用：“一”“乙”互用、“三”“叁”置换，正因为如此，才有“一（乙）字写来像条龙”、“叁字写来像楼台”（“叁”与楼台之“臺”外形相近）之类的句子。其中不规范的汉字解读和认知途径来源于瑶族民间的智慧，也正好说明民歌姓“民”的特性。

2.“拆字歌”

所谓“拆字”，是利用汉字笔画或部首交错的结构特点，对汉字进行拆解和组合而形成的趣味性文字游戏，“拆字”是中华字谜中“离合”字制谜

① 农学冠、李肇隆：《桂北瑶歌的文化阐释》，民族出版社2008年版，第326页。

法形成的基础。“拆字”作为文字游戏源远流长。始于汉代的图谶文字，在测字、行酒令、对对子、猜灯谜等大众化的娱乐活动中不断发展成熟。

早在唐代，“拆字歌”就现身于瑶族《盘王大歌》中。《盘王大歌》为瑶族全民祭祀盘王时所唱的祭祀歌曲，抄本众多，流传甚广，皆以汉字杂以俗字方式抄存于世。全歌一万余行，通常要唱七天七夜。《盘王大歌》中祭祀套曲中都有一首《四字歌》，歌中唱道：

> 四字文书天字大，天字在高水字深。
> 火字不通郎下手，水字不通郎洗身。
> 四字文书天字大，天字不通水字深。
> 瓦字不通串手过，石字不通郎下针……①

用拆字解义的方式和浅显的生活道理将“天”、“水”、“火”、“瓦”、“石”、“败”等常用字的形、义编进歌里传唱，起到汉字启蒙和愉悦身心的目的。《四字歌》是迄今为止发现的瑶族最早的“文字歌”，为后世同类歌谣之滥觞。

除了祭祀盘王，瑶族歌堂对歌也常常融入拆字游戏，形成饶有兴味的“拆字歌”。广西湖南等地平地瑶青年婚礼对歌“坐歌堂”中，都有对唱“拆字歌”的习俗。所问之字读“轭”音，两“轭”成一门。

①一笔写成“門”字，两边“門”变成“門”，“門”字肚里安开字，请动主人开大门。开开大门留俫（小伙子之意）进，留俫进屋趁歌堂。

②一笔写成是木字，米字写来右边安，女字安在米脚下，同伴来到新娘楼。

③一笔写成草字头，人字写来在中央。木字写来脚下站，同伴接下主

① 引自笔者拍自美国国会图书馆馆藏瑶族文献《盘王大歌》的影印件。

人茶。

④一笔写成是火字，西字写来右角安，土字写来脚下站，金童玉女奉烟来。

⑤一笔写来是言字，主字写来右角安，月字写来脚下站，几倈同伴请行娘。

⑥一笔写成半边口，用字写来脚边安。走字打行脚下过，今夜酒筵倈通杯。

⑦一点一横长，三步楼梯架到墙。大口肚里安小口，今夜酒宴第一高。

⑧一笔写成是木字，卜字写来在右头。早字写来脚下站，起动主人收开桌。

⑨門字肚里安市字，同伴如如闹歌堂。

⑩另字扎刀别了姐，良字女边离开娘。[①]

以上歌段分别通过拆字方式，把汉字的结构、形态，甚至内涵生动地描绘出来。其中①⑨分别将繁写的“門”字，拆成两个门扇，用“門字肚里安开字”和“門字肚里安市字”，来猜射“開”和“鬧”字。同时，“请动主人开大门……留倈进屋趁歌堂”、“同伴如如闹歌堂”句，暗示出当地开门迎客，设宴对歌的热闹场景。

同样，⑩用“另”、“刂”和“良”、“女”分别拆解“别”“娘”二字，句子中也隐含着歌堂散场时恋人间难舍难离的心境。②用“木”、“米”、“女”拆解“楼”字；③④分别用“艹”、“人”、“木”拆解“茶”字；⑦用“火”、“西”、“土”拆解繁写的“煙”字，同时也表现了瑶族歌堂对歌时用茶、烟相待的好客习俗。

拆字歌中书写不规范的现象也从歌中折射出来。例如⑤用“言”、“主”、“青”拆解“請”字。歌中唱道：“一笔写来是言字，主字写来右角

① 引文皆见于奉大春、任涛、奉恒陞《平地瑶歌选》，岳麓书社1989年版。

安，月字写来脚下站，几倸同伴请行娘”。“请”字右边的“青”字头应为三横一竖，不属于一个独立字。但瑶族歌手却将它视为“主”字，虽然属于不规范用字，但表明瑶族在习字、用字过程中敢于变通，用大体相近的形象来拆分构字的机智。

在歌段⑥中，用“半边口”加“用”字，再加“走字底”拆解“通”字、用“一点一横长，三步楼梯架到墙。大口肚里安小口”来拆解“高”字，也分别得到的是“通”和“高”的俗字“通”与“高”。歌段⑧用“棹”做拆解字，用木旁加“卜”和“早”构成俗字“棹”来拆解桌子的“桌”，“棹”也不是规范的用字，“桌”与“卓”本不是一回事。以“卓”代“桌”为俗字中的同音替代。歌中又在“卓”字左侧加了木字旁，属俗字中的“增加意符”现象。

这一现象正好说明“拆字歌”虽然用了文字的形式，但仍然有别于文人雅士的拆字游戏，是民众审美意趣的体现。其中俗字的运用，为我们认识瑶用俗字形成规律和构成理据提供了生动的例证。

3. 字谜歌

字谜为谜语之一种，由谜面、谜底组成。字谜歌就是用歌唱形式猜射汉字的益智游戏。瑶族民歌中的盘歌和以歌斗智的传统，孕育了谜歌的产生。前面所举的“字形歌”、“拆字歌”，其实都已具备了字谜的因素。只需稍加转化，添上谜底，用于猜射游戏，遂成字谜歌。请看一组湖南八都平地瑶字谜歌。①

①一点写来一横长，二点写来口四方；

上面又有五官坐，下面双口讲文章。

②一对鸳鸯平排飞，一个瘦来一个肥；

一年只能来一转，一个月里来三回。

① 彭式昆：《江华民族民间歌谣集》，大众文艺出版社2009年版，第261—265页。

③二十一日落大雨，落到初三它才停；

那个猜中我小字，一双花带做人情。

④东边人买白丝线，西边人买白花丝；

人买八块去得早，我买十块去得迟。

⑤言是青山不是青，两人土上说原因；

三人寻牛牛无角，草木丛中有一人。

⑥二人共凳不出头，丁字脚下打绣球；

一人就把绣球遮，柑子树上结石榴。

其中歌①，运用拆字法，将言字旁拆解成“一点一横长”、“二点”、“口四方”。再将右边的“吾”拆解为“五官坐”的“五”和“双口讲文章”的“口”，合起来为“语”字。其中对笔画的描述，也有不够准确之处。例如“二点口四方”，应为“二横口四方”，但由于是民间文学，只求大概，不必细究，也不为错。

歌②运用了拟物法和诡词法。把数字“八”比作一对平排飞翔的鸳鸯，并用“一个瘦来一个肥”，暗示“八”在书写时粗细不一的特点，这就是拟物。接下来两句“一年只能来一转，一个月里来三回”，用诡词法提供猜射条件：一年之中只有“一转”，即暗示在一年中只有一个八月。而一月之中“来三回”则暗示在一个月时间内，有三个“八”日，即八日、十八日、二十八日。这种指东道西，自相矛盾的制谜方法，就是诡词法。既提供出些许蛛丝马迹，为猜谜者指出思考线索，又进一步误导对方，将其引入歧途。

歌③谜底为“满”字。制谜者用拆字法解构“满”字，但不是“满”的正字，而是解构“满”的俗字“滿”。方法为用“二十一日落大雨”解构满字右半部分：“二十一日”用“廿”加一横表示，下半部分以“雨”代“两”。左边用“落到初三它才停”暗示偏旁为“氵”。“满”本为形声字，有水会盈溢之意。但由于民间俗字“满”写为

“湡”，制谜者才有如此描述。

歌④谜底为“欒”字，这里也运用了拆字法。将“欒”字的上半部分拆解成糸、白、糸，下半部分的“木”字拆分为“八”和“十”字。整首谜语还用了叙事手法，讲述“东边人”和“西边人”分别去买“白丝线”和“白花丝”，“去得早”的人买得便宜，“去得迟”的人买得贵的小故事，使谜面听起来津津有味。

歌⑤、⑥为蝉联法，谜底分别为一个四字词组，谜面互相关联，破其一，则势如破竹，其余谜底很容易被一一破解。

其中歌⑤首句：“言是青山不是青”，“言”加青山之“青”为“请”；“两人土上说原因”，提示“土”字上面有“两人”，为“坐”字；“三人寻牛牛无角”中的“三人寻牛”暗示“奉”字的字头；“牛无角”，“牛”字没有角，可以猜射为“奉”字的下半部分结构。“三人寻牛牛无角”，合起来为“奉”字；最后一句“草木丛中有一人”，隐射“艹”和“木”之间有一个“人”字，即为“茶”字。四句诗构成的谜底为“请坐奉茶”。

歌⑥的首句“二人共凳不出头”，“二”与“人”的组合，又不出头者为“天”字；“丁字脚下打绣球”为“丁”字下面加一点，是个“下”字；“一人就把绣球遮”，用了拆解法加象形法，“一人”为“大”，再加上一个“绣球”代表“大”字下面的一点，则为“太”字；“柑子树上结石榴”，“干”与“柑”谐音，用“干子树”代替“柑子树”，“结石榴”用了象形法，将“干”字左右加上两点，变为“平”字。谜底为“天下太平”。

这两则四字谜底的字谜巧妙拆解出字形，再现了汉字的形象性，“丁字脚下打绣球”、“柑子树上结石榴”句，将汉字的基本笔画“、”比喻为“绣球”和“石榴”，形象生动地描述了字形，又表达了瑶乡风情和老百姓朴素的生活理想，同时，四句七言构成的歌句也朗朗上口，带来听觉上的美感，让人过耳不忘。

二 瑶族“文字歌”的文化功用

1. 文化娱乐

人类的生活少不了娱乐和消遣，谜语就是民间文学中娱乐性最强的一种形式，也是民众生活中非常人性化的精神消遣方式，从古到今，它一直是民众生活的开心伴侣。“蛮人生活痛苦，居地荒凉，工作繁多，若不以唱歌宣其湮郁，则绝无怯烦怡情之余地。”[①] 瑶族生存环境恶劣，生活艰苦，不断迁徙流离，生活中的艰辛需要用歌唱娱乐的方式来调节，以维系精神上的平衡。正如一首瑶歌所唱：不唱山歌心好慌，好比家中断了粮；家中断粮吃野菜，嘴不唱歌断肝肠。[②] 瑶族祭祀祖先盘王，通常是一个盛大而漫长的过程。除了请神等仪式歌曲外，还需要唱颂一些轻松、调侃和益智方面的歌调来调节气氛和愉悦身心。在婚丧礼仪中，也通常需要用歌唱来营造气氛和疏导情绪，拆字猜谜游戏于是应运而生。

“文字歌”的娱乐性来源于引人入胜的设谜技巧。《文心雕龙·谐隐》：“谜也者，回互其辞，使昏迷也”，“义欲婉而正，辞欲隐而显”。谜是让人动脑筋来猜的，既要使人感到有难度，百思而不得其解，又要提供线索，启发思路，引导破谜者穷追不舍地去探寻谜底。好的字谜，初看使人“昏迷也”，感到“山重水复疑无路”，产生浓厚的审美期待；经过一番冥思苦想后，获得“顿悟”，心情豁然开朗，享受到“柳暗花明”的精神愉悦，获得心理上的满足。正如一位学人所说，谜语是各民族感受语言魅力，满足好奇天性的文字游戏。谜语带着欢快的心情、发散的联想抒发对事物的观感体验和见识，并以垂询的姿态寻找和等待玩伴。

---

① 刘锡蕃：《岭表纪蛮》，商务印书馆1934年版，第155页。

② 农学冠、李肇隆：《桂北瑶歌的文化阐释》，民族出版社2008年版，第9页。

它既有守口如瓶天机不可泄露的骄傲与矜持，又有迫切的渴望不耐寂寞的期待和顾盼。二者构成巨大的张力，使谜语拥有无穷的吸引力，“谜”惑着我们。[①] 瑶族“文字歌”充分体现了对汉字结构进行揣摩的智慧，故意设置猜想障碍。又运用指东话西、谐音别解、模糊概念等方法，制造显与隐的矛盾。将人引入歧途。增加了谜面与谜底的距离，令人费解与玩味。

瑶族“文字歌”的娱乐性还来自它的互动性。俗话说，一个巴掌拍不响。“文字歌”需要有人回应和破解，虽取材短小，但不乏绘声绘色，勾勒出趣笔趣事，构成小字谜中的大手笔，将民间文学的娱乐性发挥到极致。在轻松愉快的歌唱互动中，既有设谜方的挖空心思和得意，又有破谜方百思不解的焦虑和一旦猜中谜底，验证智力的快感。紧张疲惫的身心得到松弛和休息，何乐而不为？

2. 文化传习

“寓教于乐”这个命题起于古罗马的贺拉斯所作的《诗艺》，“诗人的愿望应该是给人益处和乐趣”。其实“益处”和“乐趣”是民间文学带给人们密不可分的一件事的两个方面。千百年来民间文学的发展和传承史告诉我们，民间文学一个最大的功能就是“寓教于乐”，而作为识字游戏的“文字歌”，这一功能就格外明显。因为单纯的娱乐是不存在的，“文字歌”的演唱，在娱乐之后总会带给人们某种思索和启迪。像前文所举的数字歌、拆字歌和字谜歌熟练地唱下来，汉字的结构及意义均会烂熟于心，人们在所喜爱的歌唱活动中还能收获习字认字的乐趣。这种在游戏中学习文化知识的方式是“寓教于乐”的典范。

汉字是一种表意体系的文字符号，汉字的形体同字义之间有着紧密的关系。通过浅近的描述、生动有趣的方式拆解字形，讲述故事，传递文字

① 王燕：《谜语策略及认知机制》，《哈尔滨学院学报》2006 年第 3 期。

信息，是很好的识字教育方法。清代文字学家王筠曾说：“人之不识字也，病于不能分。苟能分一字为数字，则点画必不可以增减，且易记而难忘矣。”[①] 提倡将笔画繁多、结构复杂的汉字拆分为数个独体汉字，使汉字的认知由难变易。

还有盘王节、婚丧仪式中的歌堂对歌，都是瑶族传统的风俗礼仪。瑶族“文字歌”融入其间，不需要另设歌唱语境和习读空间，歌堂对歌民俗就是当地最自然的识文断字演练场所。把原本严肃的教育融于生动的民俗熏陶和互动之中，在有意无意之间，进行情景式的认知习读汉字知识。教育是在春风化雨，润物细无声，完全宽松自由的状态下进行的，而不是居高临下的教训和强制命令，更不是灌输，这种在自然状态中的歌唱教育，是“寓教于乐”的最高境界。

3. 文化创造

文字的创造，并不像有些人理解的只是文人墨客、士大夫的专利，也可以是山野村夫、妇人孩童参与的精神活动。老百姓不是只知道春种秋收和柴米油盐的泥腿子，作为文化的创造者，他们的社会知识面也相当丰富。其中的佼佼者，上知天文下知地理，中及人事，加上年复一年歌场的实战演练和实践熏陶，个个文韬武略，满肚子文才。《广东新语》记载山子瑶与壮族一样，喜好作歌，歌成后先抄成范本，供奉后珍藏，以致歌本累积数箱之多。歌本，历来是当地民歌流传的重要载体之一，年复一年的对歌习俗和歌场训练，培养了歌手们的汉字认读水平。唱着这些歌长大的人们，他们的汉字修养和认读水平都是不可小觑的。

汉字的魅力体现在使用和创造之中。汉字中95%以上是合体字，偏旁有1000余个。汉字的笔画和部件的可拆分性为汉字字谜的形成提供了必要条件。汉字的拆分使字的重构具有万花筒效应，有层出不穷的变化。拆分

① 王渭：《王亚平传略》，《新文学史料》1989年第1期。

汉字，加以注解，利用汉字形、声、意，加入编者的经验和感受，来实现拆解与转换。给予该汉字从内涵到外部结构的重新建构，这实际上也属于一种文化创造。

瑶歌中的拆字游戏不拘“六书”，有用字形类分法拆分，也有反常规的拆分。“拆字对汉字结构形体的利用，真正是按照‘六书’规则来拆分形体的，却是少而又少。而更多的则是，作者主观上望‘形’拆分，不拘六书；有的是对不能分解的汉字强加分解，有的则是对可以分解的汉字随意分解。正是从这个意义上说，使得拆字的运用变得更为容易，从而走向了大众化”。[①] 瑶歌的拆字中加进很多自己的理解与创造，补充了很多瑶用俗字的解构字例，较之汉族字谜显得更具有灵活性。

瑶族“文字歌”的文化创造，还体现在设谜者的审美情趣上。民间艺术是民众智慧与美感的结合。“中国自古就有许多由‘趣’组成的审美范畴，像雅趣、俗趣、天趣、奇趣等，这些趣味形态内涵不同，各具风韵，体现着一种独抒性灵的智慧的快乐，每一种趣味形态，都以其独特性造就一种魅力，它能给人以异乎寻常的体验，而这体验又能让人快意于心。”[②] 瑶族“文字歌”传达出丰富的民众的审美情感，是带有民间美学趣味的情感。

这种美学趣味，首先，在于天趣，“近取诸物，远取诸身”，通过形象地描摹对象，达到传达的审美目的。其次，在于奇趣。好奇之心人皆有之，是人类审美期待的原始动力。“文字歌”对汉字采用不规范的汉字解读，或绕着弯子说话，委婉曲折地表达所指，故意制造悬念，巧设关节，形成误读、歧义。这些都突破了人们的惯性思维，反映出谜者出奇制胜的认知方式，造成一种幽默诙谐的修辞效果，听者趣味横生，使人愉悦、使

① 曹石珠：《汉字修辞学》，西安出版社 2004 年版，第 31—41 页。

② 徐放鸣：《审美文化新视野》，中国社会科学出版社 2008 年版，第 64 页。

人开心，达到某种精神上的满足。再次，在于俗趣，即通俗之趣，不像文人拆字那样文气十足。瑶族“文字歌”解读的是民间常用字。这些字使用率高，实用性强，笔画简单，是一般民众很容易掌握的。在形式上以歌体形式呈现，比之散文体字谜更有优势，更利于流传。加之修辞法的介入，给歌体“锦上添花”。

三　瑶族“文字歌”的当下意义

瑶族“文字歌”的个案分析，提醒我们在民众的文化创造、汉字与少数民族文化的关系以及新农村文化建设中，有必要重新审视如下问题。

1. 重新认识瑶族与汉字的关系

瑶族与汉字有着特殊的关系。这种关系的形成，除了对歌与歌堂传书传统外，还得益于道教的传播。

宋代传入瑶区的道教，其传播载体主要是汉文经书。这些经书也就成为瑶族习读汉文的教科书。一般瑶族男子到了成年时期都要由瑶族师公、道公举行“挂灯”受戒仪式。“挂灯”、受戒时除师父秘授仪式与法术外，抄写师父传予的汉文经书，便是徒弟的一大功课。先由师父逐字逐句逐篇教念教写，经过一段时间，直到把全部经书念熟抄下方算结业。云南河口瑶族乡水槽村蓝靛瑶“度戒期间，受戒者住在度师家中，不吃荤……等到夜深人静时，方由师父传授各种宗教仪式和课目，学到一定程度后，可自己回家念诵经书，念完18本后，度戒才算结束”。[①]

由于瑶传道教的原因，在瑶乡，男性青年即使没有机会进学堂，也能通晓汉字，甚至有着较高的汉文化修养。瑶族为了传播本民族传统文化，对后代进行历史文化教育，也会通过宗教拜师途径和乡学、自学方式接受

---

① 黄贵权：《瑶族——河口瑶族乡水槽村（云南民族村寨调查）》，云南大学出版社2001年版，第163页。

汉字扫盲。

部分瑶族迁徙到东南亚和欧美以后，也将这种习字风气带出国门。在老挝、泰国都曾办过自己的学校，自编汉文启蒙课本，在族人中传授本民族历史文化。甚至在泰国难民营里还买来汉语字典，聘请汉文修养较高的汉人作为老师，学习汉字。所以现在尽管他们祖上都有好几代人客居他乡，但仍然珍藏着祖宗传下来的汉字经书，并有不少人还能认读。

瑶歌的文字传统可以为瑶汉关系研究提供生动例证。

汉字是华夏民族的杰出贡献，是中华各民族的共同财富。它不仅对汉族文化生活产生着巨大影响，对少数民族文化生活以及世界文化也产生着巨大影响。本来汉字是民众的创造，汉字只有在民众的不断使用中，才会焕发出生命的活力。瑶族民众不仅能用汉字记录本民族的文化，还善于用汉字编字谜歌，拆字解义，这是需要对汉字字形、字义有着熟练的把握程度的。

汉字字谜中最为常见的汉字修辞格是拆字、减笔、增笔，以及这几种辞格的综合运用，在瑶族“文字歌”也有生动体现。不过用得最多的还是俗字。例如前面所举瑶族拆字歌“一点一横长，三步楼梯架到墙。大口肚里安小口，今夜酒宴第一高”，拆解“高”的异体字“高”，此字在敦煌俗字中也有出现，可见瑶族受汉字影响之年代久远。

2. 重新认识各族民众与汉字文字的关系

语言文字是人类思维活动的中介与载体，它承载着人类文化的继承、发展和传播重任，同时又是文化的凝聚体和重要组成部分。瑶歌是瑶族语言文字艺术的智慧结晶，在长期的使用与传承过程中，瑶歌已经成为瑶族传统文化的一个重要的载体与标志，瑶歌中蕴藏的文字传统，是瑶族在不利于自身文化发展的历史条件下，崇尚文化、创造文化的标志。这一传统是一笔珍贵的精神财富，值得我们认真总结，加以继承和弘扬。

在汉字创造上，一向存有分歧。汉字究竟是汉民族所创，还是各民族共创？认为汉字“是汉人创造文明的工具，是汉民族智慧的结晶”[①] 的观点，仍然代表相当一部分人的认识。瑶族“文字歌”让我们看到瑶歌的多面性与丰富性，看到瑶歌中所包含的文化传统及文字精华。一方面可以知道汉字对少数民族文化所产生的影响，另一方面可以了解瑶族文化对汉字文化的改造和灵活运用。我国南方很多民族都拥有汉字类俗字（有的称为土字），也拥有类似瑶族的“文字歌”。“文字歌”在中国民歌中也许只是一个很小的类别，微不足道，容易被忽略，但是它的作用不容小觑。我们可以从中总结出汉字在少数民族方言中运用的特殊规律，为汉字文化在不同族群中的传承和运用提供借鉴，为中华民族的文化认同提供有力依据。

3. 重新认识传统“文字歌”在当代社会生活中的作用

民歌历来都是民众的开心伴侣，养心良药。任何时候，只要唱起民歌，就会忘却烦恼。即使是悲歌也能带给人们以心灵共振后的快感。尤其是“文字歌”中所具有的趣味之美、修辞之美、诗性之美与智慧之美，是千百年来民众创造的非常可贵的文化传统，值得我们在建设社会主义新文化过程中认真地加以总结和发扬光大。

现代社会对娱乐、休闲的要求应该比传统社会更为迫切。作为民歌的一种，“文字歌”用智慧建构汉字迷宫，供民众劳动之余斗智逗趣，娱情怡性，恢复身心活力。它的几大传统功用：游戏、欣赏、教育、创造都可以在现代社会人群中继续发挥作用。

瑶歌“文字歌”寓教于乐，在轻松愉快的歌唱环境中，疲惫的心情得到休整，又能普及汉字文化知识，使民族文化得以延续。“文字歌”虽然可以写出来，借助手抄本流传，但它的本质是属于人民大众的。通常是为“唱”而写、为“传”而写，为“记忆”而写，而不是相反。它的文化属

① 李纯甫：《汉字体现的汉人自然观念及原始崇拜》，《抚州师专学报》1992年第4期。

性还是姓“民”，不姓“文”。借助文字的书面载体，瑶歌也获得更为丰富的传承传播范式，超越时空局限，流传得更广泛、更久远。

瑶歌“文字歌”所体现的文字传统为瑶族新文化建设奠定了坚实基础。

新文化建设，是一个逐步积累、持续发展的过程。任何民族文化的发展，都离不开传统文化的根基。“一个民族的精神和文化素质固定由某一种文字形式来体现，在长期的历史承袭过程中形成一种习惯势力，使这种文字成为该民族文化特点之一，成为该民族传统文化中重要的组成部分。文字的文化特质既体现在文字形式本身之中，也体现在用该种文字所记录的文献之内。”[①] 瑶歌“文字歌”及其文化传统，体现了瑶族人民在统治阶级的文化垄断和文化压迫下，争取文化自主和文化平等的积极抗争精神。瑶族是历史上不断迁徙的民族。因为不断迁徙，居无定所，又经常受到迁徙地文化的冲击，保留祖先传下来的文化尤为重要。瑶族保留民族文化的方法除了口传心授外，还借助汉字的书写习读，将民族记忆用纸笔传抄下来，使本民族历史不至于在颠沛流离的迁徙中流失、中断。尤其是世界瑶族，从古到今不断地迁徙、游移，居住国度在三种以上。习读汉字，抄写祖传文献为他们保留了本民族祖传下来的重要文化信息，也成为他们艰难迁徙历史的见证。而“文字歌”就是他们在被剥夺接受正规文化教育权利的条件下，自我教育的手段之一。

瑶歌“文字歌”及其文化传统，还展示出瑶族人民在汉字运用上的创新和智慧，谜歌作为一种大众的文化现象，首先与一个民族的思维方式密切相关。了解制谜的巧思过程，对于了解瑶族思维方式有重要意义。

相对文人字谜研究，民间字谜的研究历来都是薄弱环节，尤其是少数民族的字谜歌，更是弱中之弱，这与社会上的偏见有关。传统观念鄙视文学艺术的娱乐性。试想过去连小说、戏曲都被视为“鄙野之言”，“淫邪之

---

① 张公瑾：《汉字的文化属性》，《民族语文》1999 年第 1 期。

辞”，地位低下的民歌更不在话下。民间字谜歌清新自然、形式灵活，具有民族性、地域性，反映老百姓的审美情趣，有很强的审美价值和文化价值。加强搜集与抢救、加强对少数民族字谜歌的研究，建立包括少数民族字谜歌在内的真正意义上的中华字谜库，对于推动中华字谜的发展，保护字谜文化的多样性，有着重要意义。同时大学里的民间文学课程中也应强调字谜的分量，建立课外兴趣小组和研究社团，为字谜的研究培养后续人才。

如前文所指，“文字歌”从常见的文字中，重构、演绎出全新的文化内涵，当然也体现出一种可贵的文化创造精神。瑶族同胞在生产生活中借助汉字创造的瑶用俗字中有大量的汉语借音、借字成分，都记录在生动有趣的“文字歌”中，代代传承下来，反映当地丰富的语言资料，为研究瑶用俗字的构造理据提供了鲜活的样本。这对于瑶族方言俗字的研究，都将大有裨益，最终为少数民族认知科学理论的建立提供语言素材。

全媒体时代少数民族小说的发展策略

杨　彬*

（中南民族大学中南少数民族审美文化研究中心）

摘要：在新媒体不断丰富直至进入全媒体时代的过程中，少数民族小说采取了追求民族意识、张扬宗教意识、运用少数民族思维写作、坚持民族文化交融中平等视角等策略，克服了全媒体时代少数民族小说发展的弊端，使少数民族小说朝着生态化、心灵化、内涵化的方向发展，为少数民族小说在全媒体时代找到一条可持续发展的道路。

从传播学界开始，大家都在惊呼全媒体时代来临了。进入 21 世纪以来，随着科学技术的不断发展，传播手段的不断创新，出现了太多的新媒体，因此，传统媒体与新媒体都被大量使用，因而出现“全媒体”（omnimedia）的概念，“‘全媒体’的‘全’包括报纸、杂志、广播、电视、音像、电影、出版、网路、电信、卫星通信在内的各类传播工具，涵盖视、听、形象、触觉等人们接受资讯的全部感官，而且针对受众的不同需求，选择

* 【基金项目】国家社会科学基金资助项目：12BZW095

最适合的媒体形式和管道，深度融合，提供超细分的服务，实现对受众的全面覆盖及最佳传播效果”。[①] 全媒体的资讯呈现出全媒体传播、全媒体采编、全媒体运营的趋势。在这种背景下，小说作为一种依靠文字塑造文学形象、张扬文化内涵、传播审美内涵的传统文学形式，面临着极大的挑战。按照徐则臣先生所说：在全媒体时代，整体感和陌生感正在消失，因此，靠讲一个完整的故事，提供一些陌生化的风俗风情，已经难以如以前单一媒体时代和部分媒体时代那样广泛引起人们的关注了。因此，全媒体时代，关于小说的生存状态，当下的学人基本上有以下几种观点：第一，全媒体时代给小说带来很大的冲击。因为全媒体时代消灭了很多人们认知中的盲点和死角，也就是说，现在通过报纸、杂志、广播、电视、音像、电影、出版、网路、电信、卫星通信等媒体，没有什么是人们完全不知道的，小说如果还是按照以往方式进行写作，很难再引起读者的热情。第二，全媒体时代虽然给予小说创作很大的冲击，但是并没有影响到小说创作的根基，作为纸质媒体的一种重要文学形式，小说仍然依靠文字想象力给予人精神上的愉悦感，因此即使在全媒体时代，文学尤其是小说依旧在传媒中占有相当重要的位置。第三，全媒体时代毕竟给予了文学很大的冲击，尤其是小说，因此，在全媒体时代，文学创作和小说创作不能对当下全媒体对文学和小说的冲击坐视不管，作家和评论家要积极应对，在保持文学的本质和优势的前提下，采取一些新的策略，积极吸纳新媒体的新方法，让文学在全媒体时代能够不落后于时代，让“以文字为基本媒介、以神思专注的捧读作为人类审美享受和精神骄傲的文学依然体面地存在，并生生不息”。[②]

---

① 百度百科：全媒体时代，http：//baike. baidu. com/link? url＝Z5CSC4eauhCZWfJY67OW8qN _ w4n1lk3XzI2wVxVvvu _ AdIE8bSj9v5v - wJjwR85dm1 _ 5nej1N _ vACBNksPsZkq。

② 胡军：《探寻新媒体时代文学发展之路》，http：//www. chinawriter. com. cn 2009 年 8 月 20 日 12：46。

全媒体时代少数民族小说的发展策略

少数民族小说是小说中一种颇具特色的形式，少数民族小说在以往的发展中，以其少数民族的特色屹立于中国小说之林，其优势是采用展示少数民族的风俗风情的方法，达到陌生化的效果。但在全媒体时代，这种方法已无法激起读者的兴趣。因此，在全媒体时代，少数民族小说必须采取新的策略，让少数民族小说在全媒体时代得到更好的发展。

一

少数民族小说在纸质媒体为主的时代，其主要策略是展示少数民族的风俗风情。在 19 世纪 50—70 年代，少数民族小说在当时政治化的格局下，采取展示少数民族风俗风情的方法，给读者带来陌生化的效果。他们在作品中大量展示少数民族风俗风情、描写少数民族地区的物象和景色、穿插汉语直译的少数民族语言、塑造具有少数民族特点的人物。虽然此阶段少数民族的风俗风情只是这些少数民族地区阶级斗争生活的点缀，是阶级斗争故事展开的少数民族环境，是小说政治主题的少数民族色彩渲染，此阶段少数民族的风情和文化没有成为当时少数民族小说的主角。但是，少数民族小说的这些努力还是让全国读者感受到了清新的少数民族特色，为中国当代文学添加了少数民族文学的异样的风景。因此，展示少数民族风俗风情的方法成为了当代少数民族小说最普遍和最常用的方法，也是纸质媒体时代少数民族小说的独特优势。少数民族作家主要采取这些具体方法来展示少数民族的风俗风情：第一，将当时的显性叙事设置在少数民族地区。将当时主要的叙事类型：革命斗争叙事、土地改革叙事、农业合作化运动叙事、新人新风尚叙事、歌颂新婚姻法叙事等设置在少数民族地区，这种叙事设置扩大当代文学的内涵和描写领域，同时也凸显了少数民族小说的陌生化特色。第二，采取凸显少数民族的风俗风情的方法。最突出地凸显少数民族特色的策略，是在作品中大量描写少数民族地区的自然风光。读者阅读这样的描写，了解到少数民族地区独特的风景，从而得到陌生化的美的享受，并对少数民族风光充满了憧憬。少数民族作家在描写少数民族的自然风光时，对自己民族特有的自然风光注入了浓浓的感情，读者从中可以读到作者那热爱自己的民族的情感。因此，少数民族自然风光在1950年到20世纪70年代的少数民族作家的笔下，充满了雄伟、壮丽、辽阔、清新、奇峻等美好的特点。同时，这些自然风光是当代文学十七年少数民族小说故事发生的场域，和地理环境一起构成少数民族独特的地域特色。另一个突出的策略是少数民族独特的风俗描写。少数民族人民在几千年的发展过程中，形成了和汉族不同的风俗。在衣食住行、婚丧嫁娶、节日礼仪、信仰禁忌等方面都有各自独特的地方。这是区别各族人民的最主要的标志。玛拉沁夫的《茫茫的草原》因为是长篇小说，因此作品中的风俗描写更加丰富多彩。在作品中大量描写蒙古族牧民的风俗习惯，展示蒙古族的草原文化。作品描写内蒙古族草原人民在共产党领导下翻身解放的伟大斗争，是一部具有新中国文学史诗性的作品。但作品和同时代汉族的红色经典的不同之处在于，作品在一个充满硝烟氛围的阶级斗争中，描写了蒙古草原上颇具自然美和浪漫气质的蒙古族特色。作品中有很多蒙古族风俗的描写，比如作品中关于那达慕的描写，具有很丰富的民俗学意义，描写独特的少数民族风俗成为少数民族汉语作家凸显少数民族特色的重要策略之一。另外，为了凸显自己民族的特色，少数民族作家常常选择自己民族典型的物象，突出民族特色。比如蒙古族小说常常出现草原、骏马等物象，彝族小说中常常出现金沙江、门板、天菩萨等物象。因为少数民族作家对自己民族的典型物象非常熟悉，运用起来得心应手。少数民族典型物象的运用将这两者结合起来，成为少数民族汉语小说中表达少数民族特色的一个重要策略。

但是进入全媒体时代后，少数民族的地理环境、少数民族的自然风光、少数民族的物象特定不再具有遥不可及不能了解的陌生化特点，在任何一个媒体中，都有关于各个少数民族地区的地理风光、风俗风情的介绍，尤其是网络，可以说是应有尽有。因此少数民族小说还是采用以上的方法，将失去其独特性。何况，展示少数民族风俗风情的方法本身就具有背景化、表面化的缺点。因此，全媒体时代少数民族小说必须采取新的方法、新的策略，才能在全媒体时代得到更好的发展。

二

进入全媒体时代，少数民族小说经历着小说共同的时代变故，少数民族作家在媒体逐渐发达的过程中，采取一系列策略，凸显少数民族特色，克服以往展示少数民族风俗风情方法的弊端，从外到里，运用文字描写少数民族生活的内在追求，展现小说的独特魅力，凸显少数民族特色。其具体做法是凸显少数民族意识和宗教意识，这种策略是在新时期少数民族小说的发展过程中逐渐形成的。

在 19 世纪 80 年代初，少数民族小说克服以往只是展示少数民族风俗风情的弊端，开始由外及里凸显少数民族意识。开始少数民族意识的自觉追求。这种对少数民族意识的自觉追求，将少数民族小说从学习汉族文学、靠近汉族文学的框架中提升到追求少数民族的独立品德的状态中，将以往风俗风情变成文化主体，成为具有少数民族文化风尚的生活文化，从表层描写到具有文化底蕴的深层挖掘，从罗列各种少数民族的风俗风情到将少数民族的风俗风情审美化。19 世纪 80 年代的少数民族小说实现了质的飞跃。虽然这种超越，还只是部分作家的追求。但是给予中国当代少数民族文学的意义是非凡的，它直接开启了 19 世纪 90 年代少数民族文学张扬民族意识、张扬宗教意识、认同民族文化、传承民族文化和传播少数民族文化、表达少数民族族群体验等少数民族汉语小说的独立品德。这种主体性的追求，使得少数民族汉语小说成为不可替代、难以逾越、具有独一无二的品格和价值的文学类型。在新媒体不断发展时代，少数民族小说采取以下几种具体策略张扬少数民族文化、凸显少数民族小说的独特魅力。

（一）自觉追求少数民族意识

19世纪80年代后期，少数民族作家开始了自觉的少数民族意识的追求，自觉地描写本民族的文化心理，追求本民族意识，不以靠近汉族文学为追求，而是在深入民族文化心理的基础上，追求本民族的意识。不只是在主流文学思潮中展示少数民族风俗风情，而且是在少数民族历史、文化的内核中自觉地描写少数民族意识、少数民族文化心理，从而昭示着新时期少数民族汉语小说的一种新的内涵出现，即是开始表达少数民族族群文化，自觉描写少数民族意识。突出代表有鄂温克族作家乌热尔图。鄂温克族是东北的狩猎民族，这个民族在现代化的发展过程中逐渐失去了自己的家园和自己的以打猎为主的生活状态。乌热尔图以一种具有深沉忧患意识的笔触，描写鄂温克族的狩猎生活、民族意识，以及那种鄂温克族特有的人和自然、人和动物相依相生的关系。乌热尔图以鄂温克族的文化心理选择题材、塑造人物、推动故事情节，也用鄂温克族的意识看待和解释小说中的人物的所作所为，用鄂温克族意识建构独特的鄂温克族文学特质。乌热尔图具有强烈的鄂温克族民族意识，他在自己民族中成长，他以自己的民族而自豪。鄂温克族特有的狩猎文化、原始文化是乌热尔图创作的源泉，鄂温克族特有的对自然敬畏、对森林热爱、和动物相依相生的观点是乌热尔图的生命本能，是乌热尔图的民族文化心理。乌热尔图说："我力求通过自己的作品让读者能够感觉到我的民族的脉搏的跳动，让他们透视出这脉搏里流动的血珠，分辨出那与绝大多数人相同，但又微有特异的血质。"[①] 这种独特的民族意识，使得乌热尔图努力地追寻自己民族的独特文化意蕴和民族意识，以敖鲁古雅鄂温克族独特的民族生活、民族心理、文化经验作为自己创作的土壤。

---

① 乌热尔图：《写在〈七岔犄角的公鹿〉获奖后》，《民族文学》1983年第5期。

（二）追求民族文化之根

1985年前后，中国文坛出现寻根文学思潮。这个以汉族文学为创作主体的文学思潮，其主要特征是运用文化主题取代政治主题，立足于民族文化传统，寻找中华民族之根。其目的是为了抵抗现代化过程中人欲横流、灵魂漂浮、和自然关系紧张等弊端。这种状态在少数民族地区和少数民族作家那里，具有更真切的感受，现代化对少数民族文化传统的冲击更加明显。因此在寻根文学思潮中，一批少数民族作家加入到寻根文学中，开始少数民族小说的寻根之旅。少数民族小说加入寻根文学思潮，和以往追随主流文学思潮不同，不是一味地对主流思潮追赶和靠近，而是汇入寻根文学思潮中，成为寻根文学主要的内容之一。从某种角度来说，少数民族的寻根文学占了新时期寻根文学的半壁江山。1989年，经过长时期的军旅小说创作之后，满族的血脉牵引着朱春雨走向母族，开始把目光回观到自己的母族——满族的历史文化中，创作了长篇小说《血菩提》，开始他的民族寻根之旅。朱春雨是满族，他对自己的母族有天然的基于血缘的亲近，因此他用充满崇敬的情感去描写他的民族，这是民族的认同和血缘的追寻。巴拉人——这支因为逃避女真人杀戮而藏匿在深山老林，无拘无束地生活在长白山的民族，他们的生活状态、历史脉络以及他们的宗教信仰是作者重点描写的部分。作者通过这部分描写，追寻满族巴拉人的历史脉络、生活习俗、宗教信仰、图腾崇拜，以及他们的生命意识。对巴拉人的历史文化的追寻，对巴拉人文化心灵的描绘，使得该作品具有民族学、民俗学、文化学的价值。

藏族作家扎西达娃是用作品寻找藏族文化之根的著名作家。扎西达娃是用汉语写作的藏族作家。但是扎西达娃是一个地道的藏人，对藏族文化有着深刻的理解。扎西达娃是第一个运用魔幻现实主义方法描写西藏生活的藏族作家，他的《西藏，系在皮绳结上的魂》、《西藏，隐秘岁月》、《去西藏的路上》等小说，具有比较典型的魔幻现实主义特色。他的作品将西藏神秘的藏传佛教和原始苯教文化、浓郁的藏族民族风情、纯净高远的高原自然环境结合起来，将神话、历史、魔幻、虚构、过去、未来等因素杂糅在一起，运用魔幻现实主义手法将西藏世界描写得亦真亦幻。《西藏，系在皮绳结上的魂》打破时空顺序，打破幻觉和现实的界限，引导读者进入具有浓郁藏族神秘特色的氛围中，领略西藏的神秘宗教、神奇自然、魔幻现实、历史传说。有人将魔幻现实主义分为主观魔幻现实主义和客观魔幻现实主义，比如莫言，有人就称其为主观魔幻现实主义，因为那种亦真亦幻的特色，是作家极具主观化的外现。而扎西达娃的魔幻现实主义小说被称为客观魔幻现实主义，因为藏族文化原本就有魔幻的一面，藏族文化中的藏传佛教和原始苯教都具有浓郁的魔幻色彩，扎西达娃并不是将魔幻色彩主观化，然后强加在他的藏族小说中而远离藏族文化特色，而是在藏族文化的内核中，找到藏族文化内在的文化心理，找到藏族文化的深层密码，在此基础上，将藏族的现代和过去，神话和现实、宗教和心灵、历史时空和现代时空交相呈现，构成藏族小说中独特的民族意识。也就是说，扎西达娃只是客观地描写了藏族特有的魔幻特色。扎西达娃采用象征和隐喻等手法，运用现代手法观照西藏的历史文化、神话传说、宗教信仰，在魔幻而清晰的氛围中，追寻母族的文化之根。扎西达娃运用这种魔幻现实主义手法，不断地穿越时空，追寻藏族的历史，探寻藏族的文化，寻找藏族文化之根。

（三）正面表达宗教意识

宗教意识是少数民族的鲜明特色，但是在以往的少数民族小说中，宗教意识表达很少。按照当时的主流意识，认为宗教是欺骗人民的工具。在以往的少数民族小说创作中，一般把宗教和政治等同起来，认为如果政治是反动的，宗教也是反动的，而且主要描写宗教中摧残人性的消极因素，将宗教作为封建迷信或者少数民族人民的精神枷锁。因此在这段时间中，少数民族小说对宗教要么不涉及，要么采取批判宗教的态度，没有从少数民族主体的角度去描写宗教，没有去描写和宗教水乳交融的少数民族的独特的宗教意识和民族意识。在19世纪50—70年代的少数民族小说中没有正面描写宗教意识，其实是当时少数民族小说的一大缺憾。进入新时期后，少数民族作家开始从本民族的宗教信仰方面思考本民族的文化特质，开始从宗教角度思考本民族的审美追求。因此，新时期的少数民族小说不再回避宗教问题，而是将宗教作为本民族一个突出的文化现象进行观照。对那些宗教信仰浓厚的少数民族，该民族宗教信仰的文化精神、宗教的神秘性以及宗教的意象世界，都对少数民族小说产生了极大的影响。

在藏族作家扎西达娃的小说中，宗教意识描写趋于自觉，《系在皮绳扣上的魂》中的那位义无反顾、一往无前地追寻净土香巴拉的塔贝是一个虔诚的信徒，这是一位具有强烈宗教色彩的人物，扎西达娃在魔幻的氛围中，将藏族的宗教意识描写得深刻而浓烈。而《西藏，隐秘岁月》中次仁吉姆则是一位只有在西藏的藏传佛教和原始苯教影响下才会出现的具有神秘力量的人物，作品用神的意识描写人物，用神的心灵感悟万事万物，是宗教意识的正面表达。

对少数民族宗教意识全面地正面地表达，当是1989年著名作家霍达发表的长篇小说《穆斯林的葬礼》。用什么态度描写宗教意识，是新时期少数民族小说一个重要问题。霍达的《穆斯林的葬礼》在中国当代文学史上第一次正面地、以审美的姿态、以尊敬的笔触描写伊斯兰教信仰。作品将宗教意识和民族意识结合起来，歌颂一个民族积极向上、追求美好的品德，并将民族的信仰和热爱中华民族文化结合起来，从人性、审美等角度描写回族的宗教信仰，虽然同时也描写宗教信仰束缚下人性的扭曲，但是《穆斯林的葬礼》已经和以往对宗教意识持否定和批判的态度不同，对少数民族的宗教信仰开始了以尊敬的、审美的、正面的态度描写的先河，为19世纪90年代少数民族汉语小说张扬宗教意识的特点奠定了基础。作品站在回族的主体立场上，描写汉文化和回族文化的相互影响，描写伊斯兰文化和汉族文化在现代社会中的协调互补和多元宽容，试图在两种文化心理的矛盾中，找到一种能包容两种文化的途径。因此，各个少数民族作家在以中华民族文化为主体的一体中，常常采用展示民族特色和宗教特色等少数民族特有的文化来展示多元的丰富性，用少数民族特有的文化心理来表现本民族的特质。这是新时期少数民族小说所追求的特色，也是新时期少数民族作家张扬少数民族意识的重要策略。

从这些少数民族小说的方法来看，少数民族作家在媒体越来越丰富的新媒体时代，采用追求民族意识、宗教意识寻找少数民族文化之根等手法，逐渐深入到少数民族文化的深处，弥补一般媒体有关少数民族文化描写的表面化的缺陷。从人性角度描写少数民族的生活，深入到人性的深度，对少数民族的历史和现实进行审美观照，是新媒体时代少数民族小说的策略。

三

随着信息时代的发展，新媒体越来越丰富，进入19世纪90年代以后，继承了19世纪80年代少数民族小说的传统并得以进一步加强。从开始有意识追求到强烈张扬少数民族的民族意识、宗教意识、神话意识，成了19世纪90年代少数民族小说的主要特点。因此，这个时期的少数民族作家都把张扬少数民族意识、展示少数民族文化作为创作的基本目的，也把这作为传承少数民族文化的基本策略，和19世纪80年代相比，这种意识不是逐渐觉醒和趋于自觉，而是已经成熟。其主要策略是张扬少数民族意识和宗教意识，采用少数民族思维写作。

（一）强烈张扬民族意识和宗教意识

从文化角度描写少数民族生活，强烈张扬少数民族的民族意识和宗教意识，是19世纪90年代少数民族作家主要采取的策略。回族作家张承志在1991年发表了他的著名小说《心灵史》，这是张承志在作品中张扬回族的民族意识和宗教意识最强烈的作品。张承志大都不采取描写风俗民情的方法来表现回族文学特色，他一直以来都是以描写回族意识见长。《心灵史》发表于1991年。他写作回族，不是为回族而写作，而是作为回族来写作。张承志成为回族穆斯林哲合忍耶的一员。他说："我沉入了这片海。我变成了他们之中的一个。诱惑是伟大的。我听着他们的故事；听着一个中国人怎样为着一份心灵的纯净，居然敢在二百年时光里牺牲至少五十万人的动人故事。在以苟活为本色的中国人中，我居然闯进了一个牺牲者集团，我感到彻骨的震惊。"① 张承志把自己作为一个哲合忍耶的成员，用鲜明的回族意识、明确的哲合忍耶意识写作《心灵史》，这是张承志张扬民族意识和宗教意识的最强烈的写作。少数民族小说到了《心灵史》这里，经历了少数民族小说从外在描写到内在表现再深入到民族、宗教意识骨髓的真切感受的巨大变化，进入到真正具有少数民族内涵的写作阶段。

（二）少数民族神话思维写作

19世纪90年代的少数民族小说，在经过了描写少数民族风俗民情，张扬民族宗教意识和民族意识等方法以后，找到一种传承和传播少数民族文化的新的方法，那就是运用少数民族的神话思维描写少数民族意识。这种只有少数民族才具有的神话思维，使得少数民族小说具有真正的少数民族思维，获得少数民族真正的独有的特质。鄂温克族作家乌热尔图在19世纪90年代发表了《你让我顺水漂流》、《丛林幽幽》、《萨满，我们的萨满》等小说，采用少数民族神话思维写作。这种独特的鄂温克神话思维表现如下：

1. 鄂温克族人和动物合二为一的思维。这是神话思维中不分物我的思维，是不以人为主体，人和动物相通相融的思维，是所有动物都平等的思

① 张承志：《心灵史》，花城出版社1991年版，第1页。

维。在鄂温克族神话中有很多人熊成婚，熊是鄂温克族的祖先等故事。乌热尔图采用鄂温克族这种神话思维，构思了小说《丛林幽幽》。在《丛林幽幽》中，赫戈蒂是一头具有神秘力量的大母熊，她具有主宰人的情感和生活的能力，乌妮拉被熊挠了肚子，结果生出熊孩赫戈。后来赫戈和母亲一起杀死赫戈蒂，却发现赫戈蒂就是额沃，是奇勒查家族的老祖母。这种描写就是采用的鄂温克族独有的关于熊和人通婚，以及熊是鄂温克族祖先的神话思维，是将动物视为同类、动物具有人的意识的神话思维的具体表现。除了对熊的看法具有特殊的神话思维，对鹿的描写也是采用这种神话思维来描写。鹿是鄂温克族人的朋友，是和人具有一样思维和情感的朋友，它们的忧伤就是人的忧伤。《老人和鹿》、《雪》等作品中的关于鹿的描写，就是运用这种神话思维进行的。鄂温克族老人认为只有鹿的声音才是他心目中的歌。在《雪》中，乌热尔图描写鹿采用人的思维，鹿是通灵的动物，鹿能够托着人的灵魂远行。因此鄂温克人能够听懂鹿唱的忧伤的歌，那歌是这样唱的："妈妈，妈妈，你肩上沾了什么？妈妈，妈妈，你肩上怎么红啦？我的孩子，没有什么，从山坡跳下来，山丁子树叶沾在身上。妈妈，妈妈，你怎么哭啦？妈妈，妈妈，你为什么躺下？我的孩子，你可要记住。两条腿的人呐，让我的眼流泪；我的孩子，你可要记住。两条腿的人呐，让我的心淌血……"[①] 这是鄂温克族特有的神话思维，这种神话思维也就是鄂温克族的民族思维。

2. 鄂温克族对自然敬畏的思维。鄂温克族人对自然有敬畏之心，这种敬畏之心包括对自然的敬畏和对动物的敬畏。对自然的敬畏在于鄂温克族人从不认为人可以改变自然，他们认为人只能在自然中获得有限的东西，不能按照自己的欲望去贪婪地索取。这从他们在狩猎生活中对动物的态度可以看出来。鄂温克族是个狩猎民族，他们对待动物有着今天看来可持续

---

① 乌热尔图：《你让我顺水漂流》，作家出版社1996年版，第42页。

发展的思维。他们为了生存必须猎杀熊，但是他们又敬仰熊、畏惧熊，认为熊是他们的祖先，因此熊具有超自然的神秘力量。这在《丛林幽幽》中有突出的表现，熊是人的老祖母，说明了鄂温克族将熊作为图腾的缘由。在《棕色的熊》中，描写了鄂温克族对熊的敬畏心理，“我”从小就耳濡目染看到父辈们对熊的敬仰和畏惧之情：宰杀了熊后，猎手都很伤心。吃熊肉时，要学乌鸦叫，并要说明不是人在吃熊肉，而是乌鸦在吃熊肉。熊死后要把熊的骨架放到高高的树上安葬。“我”15岁时，独自拿起猎枪去打猎，在与熊的搏斗中，从熊的厉害中经历了紧张和恐惧，明白了祖祖辈辈敬畏熊的原因。在乌热尔图的小说中，读者们了解了鄂温克族人对熊的敬畏之情。鄂温克族人从不直接称呼熊的名字，而是称作祖父（鄂温克族语言叫“合克”），或者称作祖母（鄂温克族语言叫“额沃”），有时也直接称作熊神（鄂温克族语言叫“阿米坎”）。萨满是能通灵的人，因此萨满经常自称熊神。人与熊的关系如此，人和其他动物的关系也是如此，比如《七岔犄角的公鹿》，少年敬畏公鹿的彪悍、勇猛、力量，敬畏公鹿勇斗饿狼的勇敢，把公鹿当成心目中的英雄。在危急时刻为帮助公鹿自己负伤，将那有着七岔犄角的公鹿放走，并由此得到一直不喜欢他的继父的喜爱。鄂温克族特别喜欢鹿，尤其是驯鹿。他们把鹿当作自己的亲人，也当作孩子们学习的榜样。在《雪》中，猎人伦布列、多新戈和申肯大叔为了活捉一头鹿，和鹿进行了一场艰苦卓绝的搏斗，作者在这篇小说中，在人和鹿的角逐中，作者用充满敬仰、热爱的情感描写鹿的特点：高傲、自尊、勇敢、顽强，尤其令鄂温克族人最敬仰的是鹿追求自由的精神。鄂温克族猎人在和鹿的较量中，学习鹿的美好品德，和鹿共享山林。这是鄂温克族特有的思维，这种敬畏自然、敬畏动物的思维，在当今时代具有非常重要的意义。当人类对自然、对人类的朋友不怀有敬畏之心，而对自然疯狂掠取、对野生动物疯狂屠杀而破坏生态平衡之后，人类必然给人类自己带来灭顶之灾。因此人们通过阅读乌热尔图的小说，应该得到启发和警醒。

3. 鄂温克族的萨满意识。鄂温克族信仰萨满教。萨满是通神之人，她能将鄂温克族人的历史、心灵、愿望融为一体，能表达鄂温克族人神秘的心灵以及神秘的文化。乌热尔图在他的作品中采用萨满的思维，采用神性、神秘等特征描写鄂温克族人的生活和心灵，表达对自然的热爱和对祖先的敬畏之情。萨满的表达就是鄂温克族人精神和文化的表达。在很多作品中，乌热尔图采用萨满作为叙述者、回忆者，萨满用神性思维描述事物，在外人看来神秘的不可知的事情，在萨满看来却是实际存在的。这种方法有人说是西方的魔幻现实主义手法，实际上这是采用了萨满思维的写作，是鄂温克族人特有的神性思维。

乌热尔图运用以上这些鄂温克族的思维来进行小说创作，就是本着一个鄂温克族人的心灵来写作。乌热尔图想运用汉语描写鄂温克族人的生活和心灵，用汉语传承鄂温克族的历史文化、思想信仰，其最好方式就是用汉语描写鄂温克族的民族意识、宗教意识，而最有效的方法就是用汉语描写鄂温克族的思维，这种思维不管用什么语言表达，都是鄂温克族的思维，是鄂温克族区别于汉族和其他民族最鲜明的标志。这是乌热尔图对鄂温克族文学，对中国少数民族文学的贡献之一。而乌热尔图对中国当代文学，对少数民族文学的贡献之二在于，他小说中那基于鄂温克族的强烈的环保意识，那对人类破坏自然、不敬畏自然的状态的揭露和批判，提醒人们应该敬畏自然、敬畏动物与自然和谐相处，对当今疯狂攫取自然、屠杀野生动物的人们具有极大的启示和警醒作用。乌热尔图这种环保意识，这种对人类的警醒作用，是采用对鄂温克族人那敬畏自然、敬畏动物的做法的描写，对破坏自然、无限攫取自然的后果描写来实现的。鄂温克族的优良品质经由乌热尔图的描写，一方面展示了鄂温克族优秀的民族特色，比如正直、礼貌、毅力、殷勤周到、少粗鲁和野蛮贪心、永不怯懦、永不背叛等，这是人类都应具备的优秀品质。随着社会的发展，很多人对于自然疯狂攫取、对金钱无限崇拜、对人类的朋友不断杀戮，已经给人类带来了极大的伤害，如森林缩小、野生动物灭绝、沙尘暴雾霾铺天盖地等，人类已经受到了破坏自然的惩罚，但是很多人还没有警醒。乌热尔图的小说给人类提出了警示，但愿人们能从乌热尔图小说中得到启示。

四

21世纪后全媒体时代给予少数民族文学更大的挑战。进入21世纪后，中国的市场经济进入到深层次和全面发展的时期。少数民族文化和少数民族作家不仅面临着全媒体的挑战，还面临着现代化、全球化的挑战。少数民族文化在现代化的冲击下出现碰撞、交融的趋势。因此，21世纪的少数民族小说不能像19世纪90年代以前那样，只是单一的张扬少数民族意识，而要探讨少数民族文化和汉族文化交融、少数民族文化和西方文化的碰撞的深层次问题。21世纪少数民族小说，不再只是表达少数民族文化融于汉族文化、西方文化的努力，而是开始采用双重视角，在不断融合的文化中坚持保持少数民族文化，并在少数民族小说中追求人类共同的审美特性。

（一）现代化进程中的民族文化坚守

在中国的现代化发展中，各个民族也在逐渐现代化。在这个过程中，各个民族普遍和其他民族交往，尤其是各个少数民族的文化呈现出向汉族文化、西方文化学习并逐渐融合的趋势，这是一个令少数民族作家难以接受又不得不接受的过程。一方面，少数民族作家希望能保持自己的民族文化，在多元一体的文化格局中保持自己独特的一元的特色；另一方面，少数民族作家又希望能够在现代化过程中接受先进文化，促使少数民族文化和主流文化、世界文化接轨。这是一个惶惑矛盾却又充满希望的时代。在21世纪，少数民族小说在民族现代化和民族融合过程中保持少数民族文化的追求更加明显。

蒙古族作家郭雪波的小说就是力图在现代化过程中保持少数民族文化的典范。

他的生态小说就是要在现代化过程中极力表现蒙古族独特的生态意识。随着现代化的发展和人们对草原的不断攫取，蒙古草原上因此不断沙化。作为出生在科尔沁草原的蒙古族作家，郭雪波对这种现状心急如焚，于是他拿起笔来创作“沙漠小说”和“动物小说”。其实，“沙漠小说”和“动物小说”都是生态小说。蒙古人和草原与动物是唇齿相依的关系，草原被破坏，相生相伴的动物就会遭殃，动物遭殃，人的生活也会受到很坏的影响。他的小说表达了对草原不断沙化的忧患。他的小说《大漠魂》、《沙狼》、《银狐》、《大漠狼孩》等作品都表达了这种忧思。首先，作为蒙古族作家，他的描写对象都是蒙古草原上的人和动物，他基于蒙古族对自然、对草原、对大漠、对动物的热爱，展示了蒙古族特有的生态意识。蒙古人民对动物充满爱，这种爱是蒙古族特有的悲天悯人的爱，是蒙古族信仰佛教、喇嘛教、萨满教形成的独特意识，也是蒙古族世世代代与草原、动物、大漠和谐关系的表现。郭雪波用蒙古人的意识描写动物，描写沙漠，描写草原，表达对人类破坏草原、掠杀动物这些行为强烈的忧患意识。

土家族作家叶梅的《最后的土司》中则将两种文化的碰撞和交融描写得惊心动魄。小说依然采用土家人和汉族人对比的写法，张扬土家族的民族意识和宗教意识，叶梅小说中民族意识的描写比宗教意识的描写更加鲜明。《最后的土司》中覃尧是龙船河的最后一代土司，李安是闯入土家地区的汉族人，两种文化的冲突导致一系列悲欢离合的故事。虽然作品尽量客观地描写文化碰撞给彼此带来的伤害和影响，但是作为土家族作家的叶梅在情感上还是更多倾向于土家族文化。从作品看，土司覃尧比起李安要爽直、宽厚得多，对女人，土司覃尧比李安也要好得多。李安对伍娘的折磨以及最后带走孩子导致伍娘之死，主要是汉族文化在李安身上的凸显。

虽然两人对造成伍娘之死都负有主要责任，但从作品可以看出作者的情感倾向于土司覃尧。这里可以看出作者在描写文化碰撞和民族融合中，保持少数民族文化特色的追求。

（二）民族文化交融中平等意识追求

少数民族文化在新媒体时代，文化交融现象更加突出，在民族交融过程中，采取什么态度和观点是当今一个重要的问题。阿来的小说《尘埃落定》很好地解决了这个问题，那就是对平等意识的追求。

阿来在他著名的文章《阿来：穿行于异质文化之间》中说："我是一个用汉语写作的藏族人。"表明他穿行于藏汉文化之间的状态。他对于藏汉文化的交汇、碰撞没有如批评家所说的那种焦虑症，因为他认为，"在我的意识中，文学传统从来不是一个固定的概念，而像一条不断融会众多支流的、从而不断开阔深沉的浩大河流。我们从下游捧起任何一滴，都会包容了上游所有支流中全部因子。我们包容，然后以自己的创造加入这条河流浩大的合唱。我相信，这种众多声音的汇聚，最终会相当和谐、相当壮美的带着我们心中的诗意，我们不愿沉沦的情感直达天庭"。[①] 阿来在两种异质文化中平等地穿行，阿来的这段话表明他对待藏汉文化的平等、包容的心态，这也是他运用双重文化视角创作《尘埃落定》的缘由。《尘埃落定》超越以往少数民族汉语小说的新的特点，就是阿来在作品中进行了有目的的双重平等文化视角的写作。阿来虽然是回藏血统，但是他受到的文化影响却是藏汉文化的影响。他从小在藏区长大，但后来考上中专后系统地学习了汉语，因此藏汉文化都对阿来有很深的影响。《尘埃落定》具有以藏族为主的藏汉文化融合的特色，是一部用藏汉双重文化视角写作的藏族汉语小说。阿来说："'我'用汉文写作，可汉文却不是'我'的母语，而是'我'的外语。不过当'我'使用汉文时，却能比一些汉族作家

① 阿来：《阿来：穿行于异质文化之间》，《中国文化报》2001年5月10日。

更能感受到汉文中的美。”他说，“我是藏族人，我用汉语写作”，这样就形成了跨文化或者双重文化平等视角。作品最有特点的是塑造了傻子这个人物形象。这个人物形象的成功塑造就包含了作者对于多重文化交融的理解，他站在藏族文化的主体上，描写这个汉藏混血儿的傻与不傻，从而在汉族双重文化之间建立阿来的独特文化视角。作品围绕傻子的人生故事展开，他的一生构成了作品的主要脉络，他亲历了藏族土司由盛而衰直至土崩瓦解、尘埃落定的整个过程。

傻子是麦琪土司和汉人太太生的混血儿，是土司父亲酒后生出的傻儿子。

因此，傻子具有藏汉文化的双重视角和双重思维，他不完全是藏族父亲的思维，也并不全是汉族母亲的思维，他夹杂在两种文化之间，傻子可以同时拥有两种不同的眼光、观点和心态。因此，傻子不明白为什么可以随意鞭打家奴，他也不明白土司们都生活在一片土地上，还都是亲戚，可为什么总要打仗？更不明白汉人和红汉人为什么能控制土司的命运？这肯定不是藏族土司的思维，因此麦琪土司不喜欢他，叫他傻子。说到傻子，他之所以傻，也是因为他处在两种文化之中穿行，从而具有和纯藏族血统的哥哥大不同的思维。因此夹在汉藏两种文化视角之间的傻子就具有双重文化的特性，表面看起来是个傻子，实际上他是一个穿行于双重文化空间，领悟双重文化优点和缺点的聪明人。一方面，他可以在两种对立的历史、文化空间自由出入，按照人的本性评价双方的优劣长短；另一方面，因为和土司们的惯常思维不一致，因此显得不合时宜，傻里傻气。因此，傻子就常常陷入不知道自己是谁的境地。“我”不像聪明人哥哥那样聪明，和藏族贵族们的思维常常不一样。因此，在麦琪土司、土司太太和他哥哥看来他就是傻子。其原因就是他是汉藏混血儿，是一个表面愚蠢实则聪明的傻子。这个傻子形象的多重内涵正好印证了汉藏文化交融的内涵。关于聪明人和傻子的表述，在很多民族的文学和哲学中都有描写，关于傻子大智若愚的特点，也是很多民族都有描述。看到《尘埃落定》中的傻子，我们会很快就会想到满族的贾宝玉、汉族的郭靖、藏族的阿古顿巴等人物，可见，傻子这个人物已经超越了藏族文化，具有人类的共性。同时，作品描写了麦琪土司庄园里各色人等的贪欲、享乐、复仇、追逐权力等特点，这也是人类的共性。汉藏文化融合到人类的共同特性中，就形成了和谐美。

傻子这个人物设置十分巧妙，作品将主人公设置为傻子具有丰富的文化内涵。作品一开始描写傻子二少爷很多不同于常人的傻话和傻事，他每天早上醒来第一句话就是问“我”是谁？“我”在哪里？他总是说出和做出很多让父亲、母亲、哥哥以及周围人看来很傻的话和事。但实际上这些话却充满了哲理，说出了事情的真相，傻话实际上都是真话。比如“哥哥因为我是傻子而爱我，我因为是傻子而爱他。”这句话仔细分析就包含很多的内容，哥哥因为“我”是傻子而爱“我”，是因为“我”是傻子，傻子是不会也没有能力和哥哥争夺土司的继承权的，而“我”是傻子，自然不会知道哥哥多么的不希望我聪明，甚至还有杀死弟弟的想法，因此“我”还是如爱哥哥一样的爱他。“聪明人就是这样的，他们是好脾气又是互不相让的，随和的又是固执己见的。”这句话实际上说明了聪明人“聪明”的实质。

傻子形象具有藏汉文化交融的特色。傻子这个形象是藏汉文化交融的典范，藏汉优秀文化和谐交融，形成了这个具有人类共性的形象。

首先，傻子形象的塑造受到藏族机智人物阿古顿巴的影响。阿古顿巴是藏族民间故事中的机智人物。阿来还以这个人物为原型写过一篇名为《阿古顿巴》的小说。阿古顿巴是个专跟贵族、官员作对的下层人物，他是类似阿凡提的人物，他常用最简单的方式去对付贵族们最复杂的心计，并且常常获胜。这是藏族文化的延伸，藏族文化内涵在傻子身上得到充分表现。

其次，傻子具有汉族文化中老庄哲学的大智若愚的内涵。庄子认为，理想的人应该“大智若愚”，“大巧若拙”，傻子在小事情上傻，但在大事情上则充满智慧，因此傻子具有大智若愚的特点。

最后，傻子的形象包含汉族文化中儒家文化的特色。傻子虽然也有残暴的时候，但善良仁慈是傻子主要的特点。他对待下人仁慈，对待小厮们宽厚，会为下人挨打而流泪，真心地为翁波意西的不平遭遇伤心。当别的土司领地上的人因饥馑快要饿死的时候，他指挥下人用大锅炒麦子进行施舍，挽救了很多人的生命。这里我们可以看到儒家文化的“仁义”中内涵，所谓“仁”就是具有不忍之心，就是善良之心。阿来要表达的是各个民族具有各自的特点，但是作为人类有很多方面是有共通性的，从傻子的形象可以看出，他首先是一个藏人，一个具有鲜明藏族文化特色的人物，但又是具有汉族道家文化、儒家文化特色的人，这些优秀的人类文化特色集中在傻子身上，说明人类的共通性。阿来穿行在异质文化之间，在保持自己民族文化的基础上，用平等的视角看待各种文化，同时探讨人类的共同特性。《尘埃落定》中关于多民族文化的和谐融合的探讨，可以为少数民族小说在全媒体时代找到一条新的思路。

在新媒体不断丰富直至全媒体时代，少数民族小说采取了一系列策略，克服了全媒体时代少数民族小说发展的弊端，使得少数民族小说朝着生态化、心灵化、内涵化的方向发展，为少数民族小说在全媒体时代找到一条可持续发展的道路。

历史理解与文学叙述

——论当代藏族作家小说创作

田美丽

（中南民族大学中南少数民族审美文化研究中心）

摘要：作为中国民族文学的重要组成部分，藏族小说以其强烈的历史感引人注目，作家们主要用两种方法表现他们的历史理解，一是通过对重大历史转折期的宏观把握，写社会变迁对藏族社会的深远影响；二是注重挖掘日常生活中蕴含的历史内容，表现普通藏民的存在状态。在表现形式上，藏族作家通过对感觉的重视、对声音的敏感以及对叙事时间的把握，显示出强烈的民族特征。

无论过去还是现在，西藏不仅是一个现实的存在，而且还是人们文化想象的承载者。许多旅行者和短暂的客居者来到这片土地，走马观花地参观一番，迫不及待地用摄影、文字等各种手段向人们传达他们对西藏浮光掠影的印象。在一般外来者的想象中，西藏是一片神秘、宁静的土地，人们年复一年地遵循古老的习俗生活着，无论城乡，藏民喜欢吃糌粑、喝酥油茶；寺庙里，喇嘛们念着经、做着各种法事；朝圣的路上，虔诚的信徒不断地转动着经筒、磕着等身长头，在这片宗教氛围浓郁的雪域里，时间似乎是停滞不前的。一些电影和游记中的记述满足了我们对这片神秘土地的想象。但这并不代表生于斯、长于斯的藏族人的真实体验。外界人惊诧于西藏的原始性，而生活在其中的人则感觉到它的流动性。

藏族作家一般都对历史有浓郁的兴趣，热心表现西藏的“变”，高原雪域环境使其长期处于封闭状态，西藏社会发展和思想变化长期滞后于内陆地区，但在近百年来，它也不断地与外界进行着主动的和被动的交流，不断受到国际风云变幻的影响，承受着整个国家政治、经济变迁的冲击，从农奴社会一下子进入社会主义社会，西藏发生了翻天覆地的变化。无论新中国成立前后政治风云的影响，还是改革开放以来人们在思想和生活上所受到的冲击，都使那些生于斯、长于斯的人们难以在封闭的环境中重复以往的生活。在传统与现代的更迭中，生活中处处呈现出令人眼花缭乱的景观，精神世界受到前所未有的震撼和冲击，身处这一地区的人们很容易感觉到历史生成的过程。所以，新中国成立后的藏族作家都热衷于写大变革中的西藏。

藏族作家主要以两种方式表达西藏之变：一是从历史变革的大方向着眼，展现改朝换代的大变化。他们或采用了阶级分析的观点，将西藏的解放纳入整个民族解放进程中，使藏族社会的变化成为民族政策叙述的有机组成部分，或在历史进程中强调个人的命运，从某一独特的视角来叙述社会变迁。二是在日常生活中发现西藏的独特性。在一些细微处捕捉岁月留下的痕迹，写普通百姓生活中发生的无声的变革。

大历史叙述关注的焦点之一是西藏人在经历政权和政策变化时生活和观念的改变。老一辈藏族作家对西藏解放前后这段时期比较感兴趣，描绘藏族民众在同代表红色政权的士兵和军官接触的过程中，如何在思想意识中摆脱藏族上层统治者愚民政策的影响，逐步提高自己的思想境界，接受新政权。新中国成立后涌现出来的第一批藏族作家大多保持着对历史大叙述的追随，降边嘉措、益希单增就是这样的典型作家，他们分别在1950年和1951年加入进藏中国人民解放军，在民族学校和部队获得了知识文化，并开始文学创作。他们对自己民族的日常生活十分熟悉，并且见证了西藏的历史性变革，这使他们的创作得心应手。降边嘉措的《格桑梅朵》表现了藏族民众对进藏解放军的认识过程，益希单增的《幸存的人》写出了藏族上层老爷的荒淫、残暴和普通民众的反抗，他的另一部长篇小说《迷茫的大地》则以一个贵夫人的养子和养女的感情为线索，写出了解放军进入西藏对具有朴素阶级观念的藏民的影响。作家主要从政治角度来写西藏的变革，表现藏族民众，特别是出身卑微的藏民对新政权的接受过程，他（她）曾经受到了藏族贵族统治者的蒙蔽，曾经不假思索地对汉人充满畏惧和仇恨，但在双方接触的过程中，感性体验很快扭转了理性偏见。

年轻作家则更注重对这段历史的个性化表达，他们往往选择通过上层社会的边缘人来看历史的风云变幻。央珍《无性别的神》中的女主人公从小就被家人视为不祥的人，她没有养成贵族小姐的娇奢习气，在20世纪上半叶风云变幻的时代里，她从自己周遭的变化中看到了社会的变迁，并最终能够在西藏解放的时候以坦然的心态面对新的政权。阿来的《尘埃落定》中，叙述人麦琪土司的二少爷是一个傻子，家族对他并没有什么期待，他凭借直觉应对身边的事情，最终见证了土司制度的终结。央珍与阿来的历史叙述都打上了强烈的个性化气息。大历史叙述的另一个焦点就是对新中国成立后藏族社会变迁的反映，如丹珠昂奔《白雪山、红雪山》写改革开放对西藏人的精神冲击，多杰才旦《有一个早晨》写“文革”给西藏社会带来的灾难。这些作品沿袭主流历史叙述的模式，并以独特的民族性引起文坛乃至整个社会的普遍重视。

20世纪80年代以来初登文坛的青年作家表现出对日常生活的极大兴趣，这也与现代史学界对日常生活的关注一致，“在有记载的历史表面之下存在着不间断的日常生活之流，就像现代音乐会的基础低音一样，不断地按节奏重复奏出一个低沉的音节。在这个音节之上，人们可以听到千变万化的历史事件的美妙旋律。在史料的书面语言之下也隐藏着另一种语言，即是日常生活中使用的但被忘却的那种语言，在有意识的和有记载的历史之下还存在着一个无意识——或下意识的——历史，这个历史没有被记载”。[①] 作家自愿担当起历史的补缀者，向人们展现蕴藏在日常生活中的历史印痕。新崛起的作家们在对历史转型期的表现中，更注重具体的人的感觉，从而使大的历史变革成为人精神活动的背景。他们努力表现西藏的平常情态，揭示西藏人内在的心灵世界。阿来认为：“在中国有着两个概念的西藏。一个是居住在西藏的人们的西藏，平实、强大，同样充满着人间悲欢的西藏。那是一个不得不接受的现实，每天睁开眼睛，打开房门，就在那里的西藏。另一个是远离西藏的人们的西藏，神秘、遥远，比纯净的雪山本身更加具有形而上的特征，当然还有浪漫，一个在中国人嘴中歧义最多的字眼。而我的西藏是前一个西藏，而不是后一个西藏。”[②] 观光者看到西藏凝定的生活习惯和缓慢的生活节奏，土著居民感觉到平静之下的千变万化。旅藏作家往往描绘西藏的宁静，藏族作家则看到了西藏的喧嚣。在民族表现中，很难说是本民族人还是其他民族人更有优势，本民族作家往往能够洞察自己民族中日常又本质的生活，往往对自己民族中的一些外在特征熟视无睹，其他民族的作家可能过分热衷于介绍这个民族的不同凡响之处，带着猎奇的心理去描述各种现象，反而忽略了日常生活的意义。想象中的西藏和现实中的西藏之间存在着距离，藏族作家意识到这一点，他们努力让人们看到西藏人生活中日常和本质的一面。

按照某个僵化的时间观念和时代尺度是难以把握西藏的本质的。年轻的藏族作家已经不满足于对民俗化的西藏的简单呈现，不再急切地炫耀西藏的特异之处，他们喜欢表现日常生活化的西藏，以平淡之心对它进行精心的描绘，深入到它的内部，将它们以特定话语的形式呈现在读者，特别是汉族读者面前。张炜、莫言等汉族作家是通过对民间奇异故事的叙述，

① ［英］巴勒克拉夫：《当代史学主要趋势》，杨豫译，上海译文出版社1987年版，第107页。

② 阿来：《西藏是一个形容词》，《阿来文集》（诗文卷），人民文学出版社2001年版，第272页。

使小说具有诡异的效果，对于藏族作家来说，日常生活的描写足以让汉族读者产生奇异之感。扎西达娃之所以喜欢采用魔幻现实主义的手法来表现西藏，就在于魔幻现实主义能够真正揭示出西藏原始和现代、信仰和科学相互交错，多种历史时空中现象并存的现实。

原来的政教合一的模式被打破，西藏经历着历史上前所未有的变革，外来的思想和器物逐渐渗透到藏民的日常生活中，从而使他们的日常生活中包含着浓郁的时代信息。《野猫走过漫漫岁月》中，艾勃的母亲将一切她认为神奇的东西纳入佛龛，“除了永恒不变的铜佛和经书以外，任何一样在信徒眼里属于神奇和不可知的东西都作为值得膜拜的偶像连同菩萨挤在里面被供奉起来，直到后来这些东西被人司空见惯才明白它们原来不属于神圣的东西，只是人类发明新产品后一件件被扫地出门，但此后仍有新奇的东西源源不断地被充实进来”。从佛龛供物中可以看出他们生活中对外来物质文明的接受程度。而永远不变的铜佛和经书，也可以看出他们信仰的恒定性。西藏的变与不变是联系在一起的。《夏天酸溜溜的日子》中那些穿牛仔裤，嚼口香糖，热衷现代派艺术实验的年轻艺术家，他们虽然受过欧风西语的洗礼，但也意识到民族精神的巨大影响力。《西藏，隐秘岁月》中，一代又一代的次仁吉姆在悠长的岁月中走过，充满现代气息的女医生不自觉地回应了老人的呼声，显示出民族精神像基因一样在不知不觉中传承下来，在灵魂深处，原始的和现代的人之间血肉难分。就像《西藏，系在皮绳结上的魂》中所写的那样，“不管现代的物质文明怎样迫使人们从传统的观念意识中解放出来，帕布乃冈山区的人们，自身总还残留着某种古老的表达方式”。在扎西达娃那里，“西藏的历史与现存不仅是他故事的基本内容，也是他对本民族价值重新进行现代审视和评价的依据。”①

① 王绯：《魔幻与荒诞：攥在扎西达娃手心儿里的西藏》，《西藏隐秘岁月》，长江文艺出版社 1993 年版，第 388 页。

不断发生的政治事件就像是飞扬的尘埃，当它们落下之后，我们更容易认清历史和现实，认清民族的文饰和精髓。相对于局外人对其固有生活节奏的推崇，藏族作家更愿意表现在不断变幻中找寻出那些渗透在日常生活里的民族精神的真正载体。

无论是历史叙述还是日常生活展现，藏族作家的创作都显示出强烈的民族特征。不是穿了少数民族的衣服就是少数民族了，真正体现少数民族特性的不是那些一眼可以看透的外在的东西，而是这个民族独特的精神气质。藏族文学的民族特征不仅保存在他们的一些生活习惯、风俗信仰和作家偶然写出的民族化的警句中，还表现在他们特别的理解世界的方式上。

20世纪80年代以来，藏族作家们不满足于对本民族的表面化描绘，他们逐渐抛弃了靠外在的民族特征来显示民族性的做法，而是注重对民族精神的传达。不仅要自然地将本民族的日常情态呈现出来，而且要在呈现中显示出本民族独特的感觉世界的方式。20世纪80年代以来的藏族作家不断探索能够更好地传达民族精神的独特的文学表达方式，从而使他们的创作不仅区别于汉族作家，也与其他少数民族的作家拉开距离，藏族作家的创作主要有以下几个特点。

首先，藏族作家十分强调直觉。无论对自然界还是人类社会，仅仅用理性来认识是远远不够的，藏族人有更多的时间与自然直接接触，他们也更多地用感性的方式来理解自然界和人类社会的风云变化。藏族作家对感觉的强调，很好地表现了藏族人特别的精神状态。阿来的《尘埃落定》在表现社会变迁的小说中，采用了傻子少爷的视角，就是强调直觉的力量。《尘埃落定》中出现了两种基本的人生态度，一种以麦琪家的傻少爷为代表，另一种是以大少爷为代表，前者靠感官了解外部世界，以直觉参与历史，看似愚蠢，却也能在混乱的时代中屡屡成功，而后者费尽心机追求世俗的功名和享乐，到头来却处处碰壁。在无法用理性来把握的世界上，精明的人无法认识到自己周围正发生的变化，无法适应时代的步伐，他们越是努力，也就越受到挫折。傻少爷的叙述为我们再现了一个充满感性的历史，并给这段历史打上浓重的个人印记。

其次，藏族作家普遍对自然声音十分敏感。西藏工业发展滞后，交通工具比较原始，这也使人们远离现代文明制造的各种噪声，在孤独的环境中，在空旷的地域里，人对各种声音具有高度的敏感性，长期以来，藏民与大自然的关系十分紧密，他们倾听天籁，并在其中注入自己丰富的想象，这种能力在进入文明社会之后长期保留下来。在扎西达娃的小说中，声音具有重要的地位。作家既描写那些偏远山区居民对自然界各种声音的下意识接受，也写拉萨青年在人工音响中对民族声音的寻觅。《西藏，系在皮绳结上的魂》一开始，叙述人就是从声音的角度来认识自己熟悉的地域。《泛音》中的次巴在拉萨的角落专心寻找先祖的声音。声音成为人们寻根的重要线索。

最后，藏族作家在小说时间处理上别具匠心。当代藏族作家反对将西藏神秘化，但他们却并不拒绝用魔幻现实主义的表现形式来展示西藏的斑驳景象。在高原的环境中，人的意识活动会有一些与平原不一样的反应，人们对时间的感觉也与平原地区相去甚远，魔幻现实主义的手法更适合表现他们的精神状态。现代文明进程中的藏族民众，他们将古老的习俗信仰与现代化的生活融合在一起，本应属于不同历史阶段的现象并列存在，单纯的线性时间难以表达当代藏族人对世界的感觉，时间在一定程度上可以跳跃和逆转。匪夷所思的情节、变化多端的时间表现形式，作家借此达到对民族本质的洞察、对历史真实的追问。《西藏，系在皮绳结上的魂》中，人们既定的思维方式跟不上飞速变化的时代，临死前的活佛将奥运会转播当成了佛法现象。《流亡中的少爷》中，人们不知道中央政府的外交政策早已经发生了变化，与一对英国旅游的夫妇进行漫长、滑稽的友好谈判。《西藏，隐秘岁月》中，利用魔幻现实主义将长长的历史压缩。《世纪之约》中，桑杰从现在一下子就跳到了朋友前世的生活中去，眼看着加央班丹少爷不断变小，由成年人变成婴儿，最后钻进女人的子宫里。匪夷所思的情节、逆转的时间，生命多重状态的轮回，只有领悟了藏族独特的思维模式，才更容易被理解和认同。

在文学日趋多样化的今天，藏族作家不仅发出了自己的声音，而且以可贵的艺术探索，将藏族独特的生存状态和精神面貌展示出来，藏族文学充分显示出自己的民族性，并以此在中国乃至世界文坛上为人所注意。

故事采集者日记

——论邢公畹 1940 年代的云南边地书写

段凌宇

（中南民族大学中南少数民族审美文化研究中心）

摘要：本文以邢公畹 1946—1948 年间创作的系列小说为研究对象，聚焦边地书写进入国族叙事的历史过程，通过对“如何讲述一个边地故事”的分析，探讨其文体意识与历史象征。他将传统的志怪、行记与人类学者的民族志及现代平民文学融为一体，边地书写在向国族叙事靠拢的同时，保留了不同国家/族群/阶层/宗教信仰者的声音。将“他者”的故事纳入以民族国家为主体的叙事框架，不仅是一个文体问题，也意味着历史观念的变化。关注政权交替前夕的边地书写，呈现其丰富的面向，意在突破既有的文学研究框架，打通不同学科、民族志与文学创作、现代文学与当代文学的界限，揭示一般文学研究所不及的侧面。

1946—1948 年，一位叫邢公畹的年轻人在京津两地的报刊上连续发表了七篇小说，得到了文坛前辈沈从文、冯至的赞赏。沈从文在他主编的《益世报·文学周刊》上著文道：“天津《大公报·星期文艺》常载邢楚均

（即邢公畹）有关西南地方性故事，用屠格涅夫写《猎人笔记》的方法，操游记、散文和小说故事而为一，使人事凸浮于西南特有天时地理背景之中，一切还带点‘原料’意味，特别值得注意。”[①] 邢公畹其时是南开大学的一位青年教师，由于他日后主要从事语言学研究，这些作品并未得到足够的重视。如果将它们放置到现当代边地书写的脉络中，考察这些作品中体现的文体意识与历史象征，写于政权交替前夕的七篇小说，有着特别的意义。

19世纪末以来，中国面临着日益严重的边疆危机，边地与非汉族群的重要性日益凸显。随着民族国家观念的传播和一些新兴学科如语言学、民俗学、人类学的引介，边地社会、非汉族群的生活逐渐脱离历史上的“文野区别”和“蛮夷想象”。在文学领域，《南行记》将边地的浪漫气息带进了新文学，并将西南边民视为与中原底层人一样的“受苦人”。沈从文从道德与人性层面肯定湘西苗民，同时对他们的未来怀有深深的忧思。抗战开始之后，知识分子和普通民众对边地的了解前所未有地加深了，产生了不少新闻报道、调查报告和旅行记。不过，相应的文学书写并不多。难能可贵的是，邢公畹在这七篇小说里不仅细致地刻画了20世纪40年代云南边地复杂的状况，也对转折时期如何讲述边地故事作出了自己的省思。

不同的“故事”和“讲故事”的方式在其中并存，壮心不已的遗老、土司家中的“多余人”大学生、流亡傣乡的德国犹太牧师、准备起事的傣民，古诗词、碑文、新白话文、德国民谣、非汉族群的神话传说……边地书写在向国族叙事靠拢的同时，保留了不同国家/族群/阶层/宗教信仰者的声音。如果将邢公畹对“讲故事”的追索置于边地书写的传统中，将叙述与新兴民族国家的建构联系起来考虑，就会发现它并非只是“叙述的圈

① 沈从文：《新废邮存底（273）——一首诗的讨论》，《益世报·文学周刊》1947年9月20日。

套”。将“他者”的故事纳入以民族国家为主体的叙事框架，不仅是一个文体问题，也意味着历史观念的变化。

一 志异、民族志与小说

最初在报纸上发表时，邢公畹把这一系列作品称为“故事采集者日记”。贯穿这批作品的叙述者，身份基本和邢公畹本人是吻合的：一个搜集少数民族语言和风俗的学者——“故事采集者”。自中央研究院历史语言研究所的研究生毕业后，他到南开大学文科研究所边疆人文研究室工作，同时在西南联合大学中文系任教。[①] 沈从文、冯至激赏的七篇小说，正是1943年2—7月，他到云南西南部红河流域进行语言调查时的一桩“副产品”。此前一年，南开大学得到石佛铁路（云南省内石屏到佛海的铁路）建设经费资助，成立了边疆人文研究室，为该工程提供沿线的经济、社会、人种、风俗、语言、地理环境等方面的资料。邢公畹此行就是受研究室和铁路工程筹备委员会的委托，到红河流域的傣族区和彝族区调查语言。

何为“故事”？在楔子部分，叙述者带领读者进入了一个关于叙述困境的寓言：剃头匠为了保全家人的性命，只能把“皇帝长了一双驴耳朵”的秘密埋在心底。多年之后，他忍不住向地洞倾诉了秘密，生命也走到了尽头。“故事”在叙述的冲动与不得不为之的沉默间不断延宕，剃头匠被讲述的欲望所推动，却不得不保持沉默，一旦说出就意味着死亡。最后，叙述者终于显现出冲决罗网的力量，要将虚拟的倾听者——公主从宝座上拖下并且取消她。他要说出“人民的琐事”，并且要“连自己也说进去，为了要证明这故事是真的”。

“说故事”这一叙述行为处于中心位置而又被不断质疑、不断延宕。

① 参见《邢公畹先生自述》，《南开语言学刊》2004年第2期。抗战期间，三校虽然实行联合办校，却都保留了各自的研究机构。

说一个怎样的故事，向谁讲述，什么是有价值的故事，言说与沉默的悖论，真实与虚假被反复追问。不过最终叙述者表达了同旧的故事决裂的愿望，他要讲述一个新的故事——人民的故事。如果说所有的文学变革都与“说什么”、“怎么说”和“对谁说”有关，在邢公畹写作的时期，一个新的“人民叙事”即将开始，只是他如此挂念于叙述的中止、死亡、沉默，那么多的犹疑是否别有深意？

“故事”意味着一种历史经验，如果把“故事采集者日记”放置到中国文学边地书写的传统中，至少与以下三点有关：

1. 志怪及文人笔记。一方面，中国传统史传对于统治疆域的边陲地带和非汉族群的记载较为简略，着眼于治理沿革和地方政权的兴衰；另一方面，对其的想象又不时出现在《搜神记》、《博物志》、《广志》和一些文人笔记中，描绘他们的“奇风异俗”，甚至进行动物化、妖魔化和色情化的书写。即使沈从文早年表现湘西原始状态的小说，也没有完全脱离这种色彩。“故事采集者日记”源于邢公畹的实地调查，对边民的描绘已经与传统文人不同。不过，读者对于“异”的期待，仍是20世纪40年代边地书写的潜在背景。

2. 旅行记和民族志书写。除了史传和志怪小说，“行记”与“游记”也是边地叙述的重要文类。明清时期，中原王朝对于云南的管理逐渐深入，士人或为仕宦，或为游历，相关书写记录逐渐增多。不少内容来自于亲身观察，实录的色彩大大加强。它们都属于宽泛意义上的民族志。① 尽管在新学视域下，它们有着不可克服的缺陷。人类学家陶云逵曾有过这样的论断：“以往的探讨，多半是‘我族中心’，无论中外，均是如此。”② 民

① 民族志的基本含义指对异民族社会、文化现象的记述，广义的民族志包括游记、官员和传教士的报告等，狭义的民族志指马林诺夫斯基以来以人类学田野调查的方法为依托的学术研究成果的载体。

② 陶云逵：《云南土著民族研究之回顾与前瞻》，《边政公论》第一卷第5、6期合刊（新年号）1942年1月10日。

国以来，丁文江、杨成志、凌纯声、陶云逵、芮逸夫等都曾对云南做过近代意义上的调查研究。除了进行具体的、历史化的描述，文化态度的转变也至为重要。邢公畹也是一位受到良好训练的学者，他在红河地区的调查历时五个月。他跟摆夷和倮倮学习他们的语言，并找到了几位“报告人”，讲述当地的传说和故事，“故事采集者日记”正是对此行的记录。

3. 平民文学。“五四”以来，以白话文抒写平民的生活，逐渐成为新文学的主流。在民俗学领域，神话、传说、民间故事被视为“国民的心声”得以搜集整理；在文学创作中，民俗事象也成为王鲁彦、蹇先艾等作家笔下乡土世界的象征。与此一脉相承，邢公畹在楔子中也声明要抛弃帝王将相故事套路，书写“人民的琐事”。“他们活着，梦着，折磨着，然而无人能经验他们的苦难，听一听他们生活的歌谣，参一参他们故事中的梦想。他们所说的故事，和他们自己的故事，我想皆不曾为世人所知。”[①] 在邢公畹笔下，边民不再是志怪里的“异类”，而是与汉民族一般沉默而良善的人民大众。

文坛前辈沈从文也是一个“说故事的人”，[②] 看来叙述边地生活，“故事”有着“小说”难以取代的某些优势。不过，沈从文的“故事”装载的多半是湘西原始生活，邢公畹书写的则是此时此地的云南现实。沈从文将它们的特点归纳为“游记、散文和小说故事而为一”，又还保留着“原料”意味，是颇为中肯的。所谓的“原料”感，多少是由于作品还保持着实地调查的原型。将这七篇作品连缀起来看，就是一位人类学者的田野经历：他如何走进村寨，取得当地人的信任，开展自己的调查。他记录下村寨中的风俗与现实，也包括自己和当地人打交道的经验，参与观察中遭遇的种种挫折，已经具备了一篇现代民族志的基本要素。调查语言是“我”的主

---

① 邢公畹：《灯——故事采集者日记之一》，《民生导报·每周文艺》1946 年 12 月 29 日。

② 苏雪林：《沈从文论》，《文学》1934 年第 3 卷第 3 期。

要工作，作品留下了少数民族民间传说的宝贵记录，除此之外，对祭祀和宗教风俗的描写，也能看出一个人类学者的敏感。但也不能把它们简单地看作纪实性写作，对文本结构的把握和对材料的剪裁上，都可见出作者的良苦用心，使之具有戏剧性张力。如果把七篇作品视为一个整体，起于《灯》——希望的隐喻，终于《燎》——革命的火种，就有了一种历史象征的意味。

“故事采集者日记”中，“我”请了一位傣族老人白大爹“摆古”（讲故事）。白大爹的故事来自同一社群前人的经验，经由叙述，讲故事人的经验转化为听故事人的经验，在口耳相传中社群价值不断延续下去。当民俗学者、人类学者把“故事”从活生生的口语领域剥离出来，也是经验开始分裂的时刻，他并不需要从说故事的人那里习得实用经验。采集来的“故事”一旦被写入学者的书籍，将进入另一种交流和传播的领域。对于熟悉印刷文化的读者而言，人类学者、民俗学者和小说家成为另一种“讲故事的人”，他们像泛海通商的水手带来遥远地方和悠久年代的故事。在邢公畹这一系列的作品中，正是故事被迫中断的地方，现代文学的叙述开始了。

因为“一个白白净净的年轻西装客人”的到来，酿起了一次傣族的变乱，在冲突中白大爹被杀，民俗学意义上的“故事”采集戛然而止。邢公畹对白大爹之死的叙述，采用的模式正是“压迫与反抗”这一中国现代文学经典的模式。西装客人是新来的“卫生委员”，决心按照“文明”社会的标准改造傣乡，禁绝户外的粪肥，并以罚款之名中饱私囊。终于酿成了严重的冲突，白大爹被闻讯而来的地方军官杀害。“现代”的故事里，非汉族群被看作是“底层的底层”，比中原的底层人民受压迫程度还更深一层。白大爹讲述的美丽传说只能提供破碎的经验，只有从属于更宏大的历史叙述，它们才能带来完整的意义世界。

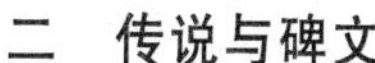

二　传说与碑文

在中国古代的书写传统中，受王朝中心的观念影响，正统史书和地方志的非汉族群形象，往往围绕朝贡、叛逆、征伐和奇风异俗来描绘。至于各种“风土志”、“行记”和笔记小说，涉及的内容有所拓展，但在对边地和边民的基本想象模式上仍受制于史传传统。即便是记述亲身游历的行记，也很难摆脱中央—边缘、征服—被征服、文明—野蛮的成见，笔触多带贬抑色彩。以上这些记述都属于“他说”，中原汉族文人记录下征伐异族的历史，描述他们对于边地的观感，来自本地人的声音几乎完全缺席。

边民的声音能够进入知识者的文化视野，不能不说与新的历史观颇有关系。广义的故事——歌谣、传说、神话、风俗作为“国民心声”进入学者们的文化视野。民俗学界不遗余力地挖掘，正是要让最广大的“无声的人民”发出声音，在历史舞台上讲述他们的生活和诉求。随着时局的变化和调研工作深入西南诸省，“民”的含义更增添了“地方”和“种族”的含义。与邢公畹一道前往红河地区调研的人文地理学者黎国彬曾对此加以说明：“十年前，汉人毫不注意这些蠕伏在西南边远的残山剩水间的特种民族，一任他们处服于地理的隔离下。搜罗了典籍的记载，摆夷给我们的印象是迷与惑。……战争给我们十年浪迹，我们沿着中国地形的台阶向西方往上爬行，到了一处在命名上地理意义就并不怎样明确的区域，云之南。惯常在经院里研讨的学者们，面临这广漠的洪野，在经院里研求出的理论，一点一滴地在野外工作的搜求中证实了。摆夷，这几乎被我们遗忘了的民族，便常常在学人的笔下出现。中国的冒险家们也会攀悬溜索，驾驶排舟，渡过急流和峡谷。初民们的乡村与社会，都划入我们的社会学家，语言人类学家和地理学家们的研究范围。”①

① 黎国彬：《摆夷的人文地理》，《边疆人文》第4卷合刊，1947年12月。摆夷，清初至中华人民共和国成立前，对傣族的他称。

邢公畹精通非汉族群的语言，是大部分写作者不具备的优势。这让他有可能穿透表面的游历见闻，顺着语言进入个体的心灵和族群的历史。身为语言学家，他对人们使用的语言及背后不同的生活世界非常敏感。刚刚进入村寨，叙述者就已经观察到村民“彼此说话时却用另一种奇怪的语言”，采集故事时也强调“若是汉话说不好也不要紧，跟我说故事正要用夷话”。这些带给读者“陌生感”的“故事”，大多通过人物自己的语言呈现，作品保留了大量的直接引语，而且大大超过一般写作者的惯例，数百字甚至上千字不加截断地呈现原貌，包括人物的讲述，也包括与主干情节并无关联的传说与碑文。这也是形成“原料”感的原因之一。虽然还不能等同于“土著自己发声”，比起史传中的语焉不详，已经是极大的进步了。

“故事采集者日记”包含着丰富的民俗成果，七篇作品中记载了不少各民族神话、传说、歌谣的片段，为没有话语权的边民保留了一些记录。叙述者邀请了傣族老人白大爹说故事，“许多美丽动人的故事连同着蓝色的烟雾从他的嘴里出来”。这是一个典型的人类学家的工作环境，来自外方的学者倾听本地人讲述的地方经验。这时的邢公畹从一位小说家游移到了人类学者的位置，任由这些“美丽动人的故事”占据“日记”的主要篇幅，而它们与情节主干并无多大关系。白大爹讲述的有关捕鱼的风俗、禁忌、“掩面水虫”和龙的传说，都是这个水边民族生活与信仰的反映。它们从属于一个本地人的话语系统。

在此之外还有一套“古碑”代表的话语系统。白大爹所处的傣族山寨，竖立着一块古碑。“碑的高处约一丈，刻工很坏，加上风雨的消磨，十分之二三的字都显得模糊了。没有额，也没有座，丑陋地深深立根于云南红壤中。夕阳在上面涂了一层淡淡的胭脂红。”[①] 碑上刻的是一百五十多

① 邢公畹：《白大爹和古碑——故事采集者日记之六》，《大公报·星期文艺》1947年12月14日。

年前的一场变乱，当时城里的汉人和四乡各族联合起来，把差役们的剥削情形层层上告，可官家只是推卸责任，层层下达告示，没有任何实际的举措减轻各族民众的重负。古碑上所刻的就是巡抚、州官、县官的三篇告示，作者不惜全文摘录。在“官家”的话语系统里，告示和碑文都是义举、廉政的证明。在傣族人看来，却是迫害加剧的标志。“一代一代传下来说：自从这家伙竖起来之后，我们的日子就一年坏似一年了。”① 两套话语呈现的，是中央和边民两种不同的历史叙述。碑文作为官方说法得以留存，而传说——来自边民的自我言说却不被外界认知。

在我们的常识中，传说与历史是截然不同的——“历史”是曾经发生的真实的过去，而“传说”只是玄奇怪诞的茶余饭后之谈。不过，即使在正统史传中，仍然混杂着来历不明的传说，不少民族的族源神话都堂而皇之地进入历史叙述。更多不能被纳入正统历史叙述脉络的传说和故事，尤其是有关下层人/非汉族群/女性的言说，在口耳相传中自生自灭，后人只能在志怪笔记和文人学者采风录中略窥一二。晚近以来，一些历史人类学家对此有不同的认知，他们认为，历史和神话/传说是两种不同形式的“社会记忆”（social memory），分别表达了不同社会群体的自我认同。换言之，它们之间并非有绝对的区分，而都真实地流露了述说者或书写者的情感与意图。②

邢公畹敏锐地意识到了两套并存的话语系统及背后不同的历史认知，“碑文”式的历史叙述充斥着历朝历代的史传，而神话传说只流传于族群内部，这意味着汉夷之间话语分配的不公。一些非汉族群有语言而无文字，有文字的族群也未必有对应汉族“史传”的文献传世，他们的历史观

① 邢公畹：《白大爹和古碑——故事采集者日记之六》，《大公报·星期文艺》1947 年 12 月 14 日。

② 参见王明柯《历史与神话：人类族群的历史记忆》，《父亲那场永不止息的战争》，浙江人民出版社 2012 年版，第 113—118 页。

念和记录，不少就隐藏在史诗、神话和一些民俗事象中。邢公畹记录下非汉族群“生活里的歌谣”、“故事中的梦想”和发生在他们身上的故事，也是知识者民粹关怀的体现。他敏感地捕捉到“民族间政治上的主奴之势”，是伴随着话语的威权扩散的。没有政治、经济权利的边民，同样不能让自己的故事为上层的、中央的、汉族中心的人们知晓。

三　从“灯”到“燎”

抗战时期，大批知识分子随政府和高校南迁，遗憾的是表现边地与边民的文学作品却相对匮乏。由于地理和语言的阻隔，西南联大作家群基本生活在省会昆明，很少涉足民族现象复杂的地区。即便有，也是短期的“游历”或者“路过”，对边地实情缺乏深入的了解。这一时期，他们的作品多是关于南迁知识群体，西南边地的他者——复杂的民族现象和边疆问题仍未充分进入作家的视野。即使如沈从文这样早年以描绘湘西苗民见长的作家，云南经验也从具体的“人事”跳脱开来，升华为抽象的“自然”。此外，文学写作也需要一定时间来消化急剧扩充的社会经验，如何将边民形象纳入新文学的版图还在摸索中。之前的创作实践提供的成功经验并不多，“多民族”与“边地”并未在这一时期的文学作品中得到充分的表现。

对20世纪三四十年代的边疆现实的呈现，更多的是由民族学、人类学界和报刊媒体来承担的。其中，南京国民政府领导下的中央研究院历史语言研究所于1938年迁至昆明北郊的龙泉镇，次年恢复工作。该所为抗战时期的民族学研究做了大量工作，邢公畹即在此师从著名的民族语言学家李方桂教授。史语所的训练对他治学的影响主要有：第一，将文献考据与田野调查相结合，运用人类学的基本方法进行语言调查；第二，从事历史比较语言学的工作，不仅研究汉语，还要研究非汉族群的语言。[①] 毕业之后，

① 参见《邢公畹先生自述》，《南开语言学刊》2004年第2期。

他到南开大学边疆人文工作室工作，参与编辑《边疆人文》，刊物的着眼点在于“人文”：语言、传说、碑文、风俗、宗族与图腾、占卜、民歌、礼俗、人文地理记录与研究。这段经历对他影响甚深，无论其日后从事小说创作还是语言学研究，都充满了对非汉族群的关怀。

当时的边地现实，已非静止悠远的“故事”可以容纳了。列强屡屡犯华，边疆地区也同内地一样卷入了中国社会深重的危机之中。至20世纪30年代，“外蒙早已苏化……康藏时起纠纷，而尼泊尔又复有内犯之状态；滇北之界约未定，而滇南矿产问题又渐趋严重。各国利用我国内部多事之机会，益复肆其侵略，于是边疆更岌岌不可终日矣”。[①] 同时，国民政府加强了对基层的控制，边民在政治、经济体制中逐渐失去了化外之民的豁免权，一步一步更深地卷入了族群自身和整个国家的危机中。在此时势下，边地之于中原地区，之于世界体系里的中国的关系都需要重新界定，原有“天下”观中的华夏——蛮夷需要重新审视。

进入20世纪40年代中后期，变革迫在眼前，邢公畹对边地的历史进程有了全局性的观照。《祭衣》写了云南新平磨盘山上一户土司家的变故。普家是当地的土司世家，仇人张家是新兴的大田主。由于结亲、引水等矛盾，两家结下了世仇。普家二少爷被张家杀害，普老夫子决定报仇雪恨，斩草除根。从省城大学赶回来的三少爷途中与叙述者——采集故事的学者相遇，“我”也因此得以目睹“祭衣”的仪式。“祭衣”，就是把祖先的衣服摆出来祭祀，希望仰仗祖先的英灵报仇雪耻。

“大厅里布满着安息香的烟雾，地上遗留许多纸灰，灵桌上的东西已经消灭，那张桌子也从屋角移到护壁前面来，上面架起一张太岁椅子，椅子上摊开一袭明代官员常朝视事的公服。这袭衣服保藏得很好，虽然有些

---

① 徐益棠：《十年来中国边疆民族研究之回顾与前瞻》，《边政公论》第一卷第5、6期合刊，1942年1月。

折损和霉迹，但大体上是没有敝坏的。这是一袭大红绫子的团领衫，外加一条放着银光的束带。衫子上用金线绣了一条四爪龙，当胸绣了个张开嘴的龙头侧面，右肩上搭着一只强有力的爪子。……红烛的焰舌跳动着；帽珠眨着精灵似的眼睛，大红袍上的金龙在烟雾中翻腾着。一段神秘的中古史屹然凝立于我的面前。”[①] 两家的仇怨，牵涉到边地一段复杂的历史。明代以来，中央政府用“改土归流”的方式治理西南边地，世袭的豪强土司逐渐衰弱、瓦解，新兴的各种势力各分得一杯羹。世袭土司普家与新兴势力张家的矛盾，是地方格局变动的一个体现。近代以来政局乱象更甚，英法殖民者经营周边国家，地方势力各自为营。边地的乱局与整个中国社会的溃败，以及与周边国家关系的变化有密切关系。邢公畹写得阴风惨惨，颇有“五四”乡土作家蹇先艾、台静农的意味。同时，也说明他借用了乡土作家对内地乡村的价值判断——黑暗的、腐朽的、封建的。

如果说《祭衣》是边地黑暗历史的象征，那《白大爹和古碑》及《燎》则是对正在进行的边地变革的呈现。白大爹死后，傣乡的空气突然紧张起来，年轻的男人逃亡进了深山。叙述者采集故事的工作不得不终止了，故事与民俗的世界，最终要融汇到历史变革的浪潮中去。在离开普家的路上，“我”遇到一群躲避抓壮丁的傣族人出来开荒，他们决心用双手创造一个新的世界。“五百年，大运转，红羊黑马对面喘；只怕硬，不服软，你们官家算个卵。”[②] 星星之火终成燎原之势，边地社会内部涌动着一股暗潮，全面的社会变革即将到来，邢公畹这一系列作品也终止于《燎》。这种朝向未来的历史视野，用卢卡奇的话说是一种“远景”意识。[③]

邢公畹的七篇作品创作于1946—1948年，正是共和国成立前夕，其

① 邢公畹：《祭衣——故事采集者日记之三》，《大公报·星期文艺》1947年5月11日。

② 邢公畹：《燎——故事采集者日记之七》，《大公报·星期文艺》1948年2月29日。

③ ［匈］G. 卢卡奇：《历史小说中新人道主义发展的远景》，收入《人道主义、人性论研究资料》第二册，商务印书馆1964年版，第358—379页。

中体现出的历史意识尤其值得注意。始于《灯》，终于《燎》，暗示了边地革命的到来。边民已经不再是“异类”，甚至不仅是“无声的人民”，而是潜在的变革力量。在新的历史想象中，他们不仅是受压迫者，更是觉醒者、反抗者。这一重想象，还有待1949年后作家们发扬光大。有学者认为，少数民族文学是社会主义文学的产物，从国家倡导和文学制度建立的角度看，这一说法有其合理性。[①] 需要补充的是，国族建构具有延续性，受民族国家观念和民粹思潮的影响，至迟在20世纪40年代，将非汉族群视为民族国家内部受压迫的底层这一观念已经基本形成。

四　家国之外

邢公畹试图将边地见闻纳入现代文学的“家国”叙事，但在此之外，仍有一些人生境况旁支逸出。他们之中有流落边地的前清士人，也有在傣族村寨传教的德国犹太牧师，还有土司家里的多余人“大学生”。在同盟—敌对的世界体系中，在进步—落后的历史观中，他们的存在很难引起重视，甚至被视为不合理或不合法，也很少进入新文学的视域。邢公畹细细描摹了这些零余者的来路与现状，实属难能可贵。

他不仅记录下边民用母语讲述的故事，还留意到了当时即使在汉语世界里也并存着不同的“语体”。普诚——在省城念大学的三少爷，喜欢援引“五四”式的抒情诗，“日记”留下了他忧郁的自述。而普家的坐馆先生赵老夫子则以七绝抒发遗民心结。科考落第后，他来到蛮烟瘴雨的边地谋生。辛亥国变三十余年，他仍以前清遗老自居。“连昌宫殿新成日，恨煞天涯老病身；三十余年涂炭尽，开元犹是旧君臣。”[②] 新青年普诚对其不屑一顾，“看形式便已知道了内容。对于这种假古董，我没有什么话说。

① 参见刘大先《革命中国和声与少数民族“人民”话语》，《中外文化与文论》2013年第2期。

② 邢公畹：《红河之月——故事采集者日记之五》，《大公报·星期文艺》1947年7月27日。

在今日，中国诗歌的写作，我们已不在表现的中介上有所争论，而在于表现方法上的探讨了”。普诚与赵老夫子使用的不同语体颇有象征性，不同语体的使用者具有不同的历史意识。“五四”以来的话语世界中，赵老夫子这样的遗老和他们“披发彷徨吟不得”的心路历程很少受到关注。他们使用“过时”的文体和典故来支撑自己的道义选择，无论是生存方式还是言说，在新的历史/文学革命论中都失去了合法性。邢公畹却不吝篇幅录下这位前清秀才在变动的时代中蠢蠢欲动的野心与伤怀，叙述者用平实的白话文（而非普诚式的抒情诗）讲述他的故事，也照录了他自陈心迹的四首七言绝句。

进入20世纪40年代，单向度的知识分子启蒙普罗大众，以及政府自上而下地开发边地，是否真的能获得成功？随着田野调查的深入，叙述者对此就有更多的疑虑。少爷普诚空有改变家乡的理想，希望能等来一个“好乡长”，将家乡变成一个“乐园”。叙述者用略带调侃的语调说他是“一个最合意的诗底家”。普诚的理想与国民政府“开发边地”浪潮是大抵相通的。这一时期的基层控制大大加强，设立了保甲制，在边民中征兵、纳粮，也进行一些教育与卫生改革。不过，政策一旦进入边疆地区，往往就成为畸形的样态，乃至引起流血冲突。白大爹之死就与所谓的卫生改革有关，新来的卫生委员推行政策受阻，他竟鞭打民众，并称：“我没有面子，就是国家没有面子。”沈从文的《长河》中对“新生活运动”进入湘西地区的情形也有所反映。现代国家推行的行政制度和文化观念，如果没有对地方社会的尊重，不仅不可能实现启蒙与拯救，对边民而言甚至可能是一场灾难。这是对挟“现代”之名施加新的压迫的揭示，也是对“现代”、“文明”、“国家”本身的反思。

“故事采集者日记”还触及了晚清至民国间西南边陲复杂的宗教状况。晚清以来，基督教在西南一些非汉族群间传播，这与中国在西南边陲逐渐失去控制力，周边国家逐渐沦为英法殖民地便于传教有关，更与边民们艰难的历史与现实处境有关。一定程度上它加速了某些族群的社会与文化进程，设立医院、开办学堂、引进西学，原本有语言无文字的民族如傈僳族、苗族在传教士的帮助下创立了文字。由于种种原因，这一现象在文学领域很少得到展现。《怀乡歌》是笔者见到的反映基督教在中国西南边陲传播的较早作品。在希特勒统治德国、发起欧战的时期，犹太牧师带着妻儿来到云南元江县傣族聚居的地区传教。在德国，牧师的亲人因为犹太血统受到迫害。在中国偏僻的傣乡，他又被视为敌国的子民，时时受扰。他们创办了教会小学，可是毕业了的学生一朝当上乡长，照样横征暴敛，连牧师夫妇也不放过。牧师的妻子如此表述政治身份及文化身份被撕裂的痛苦："这里没有上帝，也没有法律。"即使是偏远的西南边陲，也处在第二次世界大战的时空之中。从未正面出场的世界史和中国革命史，正是这些零余者身后长长的阴影。邢公畹捕捉到了一个第一次世界大战中在中国偏僻傣乡传教的德国犹太牧师身上所能具备的历史的丰富性，同盟国—敌对国、日耳曼人—犹太人、汉族—非汉族群、孔孟之道—基督教传统—原始宗教、现实困境—宗教理想间的抵抗、撕裂、缠绕。面对宗教与族群的复杂现象，对其的理解，不是简单的"启蒙"话语或者"国家"话语能够完成的。

"故事采集者日记"是一个饶有意味的个案，它以人类学者的亲身经历为原型，通过多种语体和大量直接引语，使作品在叙述者的声音之外，还保留了不同国家/族群/阶层/宗教信仰者的声音。如果用普通的文学标准来衡量，数百字甚至上千字铺陈的直接引语、碑文和传说，对推进故事进程并没有太大帮助，都属于旁支而可以删除，这样我们看到的就只是一个知识分子的独白而非现在的多声部。而 1949 年之后的很长一段时间里，他者的、离散的声音几乎完全消融在"阶级—国家"叙事中。这些写作于政权交替前夕的作品，既传达出变革前夜的历史信息，一定程度上又保留着"他者"的声音，显得更加难能可贵。

在"非虚构写作"、文学与人类学的关系被广泛讨论的今天，我们也许可以把邢公畹视为一个先行者。文体的含混伴随着意义的丰富，“故事”作为连接文学与人类学的体裁，提供了一种开放叙事的可能。叙述者的文化态度同样值得注意，他敏于观察却不急于评判，让不同的声音甚至相互抵触的比如普诚和坐馆先生都自行登上纸面，充分显露自己的生活形态和话语，叙述者只加以轻微的嘲讽或反省。这份敏锐与克制间的平衡，与他的学科背景有关——人类学对族群与文化多样性的尊重。时隔将近七十年回顾邢公畹的写作，希望能对我们今天如何呈现边地的“社会事实”能有所启发。[①]

① 高丙中教授指出，1949年之后的很长一个历史时期，中国社会在运作中所需要的对事实的叙述是由文学和艺术及其混合体的广场文艺来代替的。同一时期，社会科学的民族志叙事基本阙如，而这对于现代国家在内部维持明智的交往行为本是不可缺少的。民族志写作对于呈现社会现实及发现社会文化的多样性，具有不可替代的作用。参见高丙中《写文化——民族志的诗学与政治学》总序，第1—5页，商务印书馆2006年版。邢公畹这些带有民族志色彩的文学创作，不仅在文体上具有新意，文化态度更值得后人借鉴。